बुनियादी तालीम

बुनियादी तालीम

संपादक

ए. अरविंदाक्षन

मिथिलेश

राजकमल प्रकाशन

ISBN : 978-81-267-2424-6

मूल्य : ₹595

पहला संस्करण : 2013
दूसरा संस्करण : 2019

प्रकाशक : राजकमल प्रकाशन प्रा. लि.
1-बी, नेताजी सुभाष मार्ग, दरियागंज
नई दिल्ली-110 002

शाखाएँ : अशोक राजपथ, साइंस कॉलेज के सामने, पटना-800 006
पहली मंजिल, दरबारी बिल्डिंग, महात्मा गांधी मार्ग, इलाहाबाद-211 001
36 ए, शेक्सपियर सरणी, कोलकाता-700 017

वेबसाइट : www.rajkamalprakashan.com
ई-मेल : info@rajkamalprakashan.com

मुद्रक : बी.के. ऑफसेट
नवीन शाहदरा, दिल्ली-110 032

BUNIYADI TALEEM
Edited by A. Arvindakshan & Mithilesh

संपादकीय

पिछले हफ्ते एक टी.वी. चैनल ने नर्सरी स्कूल में बच्चों के प्रवेश के मुद्दे को प्रमुखता के साथ दिखाया था, जिसमें अपने बच्चों के प्रवेश के लिए भागदौड़ करने वाले माँ-बाप को, उनके तनावों को और तमाम मुश्किलों को वृत्तचित्र में शामिल किया गया था। चैनल का यह वृत्तचित्र दिल्ली महानगर से संबंधित था। लेकिन यह महानगरों की ही बात नहीं है बल्कि छोटे-छोटे शहरों में ऐसी 'कहानियाँ' मिलती हैं। यह विदित बात है कि भारत के अनेक छोटे-छोटे शहरों में आजकल इंटरनेशनल स्कूलों की भरमार है। पब्लिक स्कूल का चलन बहुत पहले से ही शुरू हुआ था। यह हमारे यहाँ की प्राथमिक शिक्षा का बहुत बड़ा यथार्थ है। अलावा इसके हमारी प्राथमिक शिक्षा के यथार्थ का एक और रूप है जो गाँवों व कस्बों में फैली सरकारी पाठशालाओं का है। प्रतिष्ठित इंटरनेशनल स्कूलों, पब्लिक स्कूलों में पढ़ने वाले अभिजात वर्ग के तथा नवोदित मध्यवर्ग के बच्चों की शिक्षा पद्धतियाँ हैं तो सरकारी स्कूलों में, खासकर गाँवों के स्कूलों में पढ़ने वाले बच्चों की शिक्षा पद्धतियाँ हैं। इनमें कोई समानता नहीं है। इन अलग-अलग शिक्षा पद्धतियों को हमारे देश ने बिना किसी वैज्ञानिक आधार पर मान्यता दी है।

माध्यमिक शिक्षा के क्षेत्र में भी यह अंतर देखने को मिलता है। शिक्षा पद्धतियों में जो असमानता है उसे सरसरी दृष्टि से देखा नहीं जा सकता है। यह शिक्षा क्षेत्र की और हमारे समाज की भी गंभीर समस्या है। इन्हीं परिदृश्यों के रहते जब हम गांधीजी द्वारा परिकल्पित तथा कार्यान्वित बुनियादी शिक्षा की बात करते हैं तो अजीब सा अनुभव महसूस हो सकता है क्योंकि गांधीजी की बुनियादी शिक्षा-परिकल्पना के साथ आज के शिक्षा जगत का कोई संबंध नहीं है। भारत के गाँवों की सरकारी पाठशालाओं से, यद्यपि बुनियादी शिक्षा कार्यान्वित नहीं है, गांधी जी की शिक्षा-परिकल्पना के कुछ नमूने मिल सकते हैं। उदाहरण के लिए मातृभाषा में शिक्षा। यह सिर्फ भाषा-अध्ययन तक सीमित नहीं

है क्योंकि सभी विषयों को मातृभाषा में पढ़ाया जाता है। दूसरी बात है कि किंचित मात्रा में नियमित पाठ्यक्रम के साथ हस्तकला से परिचित कराने तथा उसमें दक्षता प्राप्त करने की दिशा में पाठ्यक्रम को अभिविन्यासित किया गया है। इसका तात्पर्य यही है कि भारतीय ग्रामीण पाठशालाओं में गांधी जी की शिक्षा-दृष्टि के कुछ अच्छे उदाहरण मिलते हैं। इन ग्रामीण पाठशालाओं के अलावा भारत भर में व्यापित केंद्रीय विद्यालयों एवं नवोदय विद्यालयों में भी कुछ अच्छे उदाहरण मिलते हैं। लेकिन ग्रामीण सरकारी पाठशालाओं की दुस्थिति का भी एक पक्ष है जो केंद्रीय विद्यालयों व नवोदय विद्यालयों का नहीं है। बुनियादी सुविधाओं से वंचित ग्रामीण छात्र भले ही मातृभाषा में पढ़ाई करें फिर भी मातृभाषा उनकी आगे की पढ़ाई में साथ नहीं दे सकती है। इस तरह से देखें तो बुनियादी शिक्षा का परिदृश्य संतोषजनक नहीं है, भले ही बिहार एवं गुजरात में बुनियादी शिक्षा के प्रचार में लगी पाठशालाएँ अब भी मिलती हैं।

विचारणीय विषय यही है कि गांधी जी द्वारा परिकल्पित बुनियादी शिक्षा की मूल्यदृष्टि क्या है और आज उसे किस तरह से देखा-परखा जाना चाहिए तथा आज की नूतन शिक्षा पद्धति के साथ इसको कैसे मिलाया जाना चाहिए।

पहली बात मातृभाषा की है और जैसे ऊपर संकेतित किया जा चुका है कि साधारण पाठशालाओं में याने सरकार द्वारा अनुमोदित पाठशालाओं में मातृभाषा से पढ़ाई होती है। यह सही है। परंतु इसका एक विषम पक्ष भी है। ऐसी पाठशालाओं में हर साल विद्यार्थियों की संख्या घटती जा रही है और वहाँ के अध्यापक परेशानी में हैं। इससे जाहिर यही होता है कि सिद्धांततः हमने सरकारी स्कूलों में मातृभाषा को स्थान दिया और उसी सरकार द्वारा अनुमोदित ऐसी पाठशालाएँ भी हैं जहाँ मातृभाषा की पढ़ाई या तो नाम मात्र के लिए या नहीं के बराबर और बाकी सभी विषय अंग्रेजी के माध्यम से पढ़ाए जाते हैं। अंग्रेजी के वर्चस्व के प्रति आज हमारे बीच में आकर्षण है और आज भी एक गलत धारणा है कि अंग्रेजी ही हमारे लिए ज्ञान के गवाक्ष को खोल सकती है। भूमंडलीकरण ने इस धारणा को और पुख्ता कर दिया है। मातृभाषा वाली पाठशालाओं ने ऐसा कोई आदर्श हमारे सामने अभी तक रखा नहीं है कि मातृभाषा के माध्यम से पठन-पाठन मात्र एक इच्छित आदर्श नहीं है बल्कि वह एक नैतिक आदर्श है जिसके माध्यम से ही हम अपना आत्मगौरव, आत्मविश्वास और सहअस्तित्व वाली

बात सुदृढ़ कर सकते हैं। गांधी ने इस आशय को बढ़ावा दिया था। आत्मसम्मान की भावना को और गहन सामाजिक बोध से वंचित पठन-पाठन को उन्होंने कतई प्रोत्साहित नहीं किया था। वे अंग्रेजी के ऐसे विरोधी नहीं थे। मातृभाषा के लगाव और उससे अपनी अस्मिता को जोड़कर देखने के पीछे मात्र कुछ विद्यार्थियों का मसला नहीं है। इसका संबंध विद्यार्थियों की समझ या नासमझ से भी नहीं है। उनकी बुनियादी शिक्षा-परिकल्पना में मातृभाषा में पढ़ाई की संकल्पना की पृष्ठभूमि में एक सुदृढ़ देश के आत्म गौरव की बात ही सक्रिय थी। उसमें ऐसा एक समाज था कि जो सहअस्तित्व पर टिका हुआ था जिसके लिए अपनी भाषा की जरूरत थी। लेकिन गांधी के इस आशय को सरलतापूर्वक समझ लिया गया और मातृभाषा वाली बात मामूली लोगों के खाते में आसानी से डाल दी गयी। गंभीरता का यह सरलीकरण उपनिवेशवादी दृष्टि का क्रियाकलाप ही था। भाषा के माध्यम से ही हम अस्मिता-आत्मसम्मान से युक्त अस्मिता के तीन सवालों के जवाब ढूँढ सकते हैं- हम कौन हैं? हम क्या हैं? और हम किसलिए हैं? गांधीजी सचमुच एक आत्मसजग पीढ़ी भारत के लिए तैयार करना चाहते थे। इसलिए प्राथमिक शिक्षा में मातृभाषा को केंद्र में रखा। हमारी आत्महीन मानसिकता ने तथा उपनिवेशवादी व्यावहारिक दृष्टि ने (आज की शब्दावली में उसे बाज़ारवादी दृष्टि भी कह सकते हैं) बाज़ार-हेतु शिक्षा के माध्यम को अंग्रेजी में परिवर्तित किया। आज यह बात रूढ़मूल हो गयी है कि अंग्रेजी के बिना शिक्षा अधूरी है। सभी सरकारी संस्थाएँ प्रत्यक्षतः यह बात कह रही हैं। हमारे ज्ञान आयोग ने भी अंग्रेजी को प्रथम कक्षा से शुरू करने की बात पर ज़ोर दिया है। अर्थात् हमारी राष्ट्रीय दृष्टि बुनियादी स्तर पर मातृभाषा से शिक्षा प्रदान करने के पक्ष में नहीं है। इसका नतीजा यह हो गया है कि एक खोखली उदारतावादी दृष्टि के तहत ग्रामीण पाठशालाओं में मातृभाषा के जरिए शिक्षा प्रदान की जाती है और आगे भी जैसे माध्यमिक स्तर तथा महाविद्यालय के स्तर पर भी मातृभाषा में अन्यान्य विषय पढ़ाए जाने की सुविधाएँ हैं। इस स्थिति के रहते ही, जिसको सर्वाधिक वैज्ञानिक और सटीक बनाने की आवश्यकता है, राष्ट्रीय स्तर पर ज्ञान आयोग गठित किया गया जिसने मातृभाषा के स्थान पर अंग्रेजी को स्थापित किया है। इसने दरअसल दो तरह के नागरिक समाज का सृजन किया है। एक, मामूली समाज और दो, विशिष्ट समाज। ऐसे अनेकानेक विरोधाभासों के रहते हमें गांधीजी की विशिष्ट परिकल्पना बुनियादी

शिक्षा पर विचार करना पड़ रहा है। इसमें मातृभाषा वाली बात मात्र आस्थावादी या आदर्शवादी नहीं है। वह शतशः यथार्थवादी है। लेकिन अब तो इसका कार्यान्वयन समस्यात्मक है। जब समाज की मानसिकता बंटी हुई हो, समाज ही दो-तीन वर्गों में विभाजित हो बुनियादी शिक्षा के महत्वपूर्ण तत्व जो मातृभाषा में शिक्षा है, अव्यावहारिक ही लग सकते हैं। लेकिन जैसे कहा गया है कि समाज का शिक्षा पद्धतियों के नाम पर बंटवारा विषम स्थितियाँ पैदा कर रहा है। अब तो यह स्वीकृत तथ्य है कि प्राथमिक पाठशालाओं से लेकर उच्च शिक्षा तक के विभिन्न स्तरों पर भिन्न-भिन्न प्रकार की शिक्षा पद्धतियाँ स्वीकृत हैं। प्राथमिक शिक्षा से लेकर उच्च शिक्षा तक के विभिन्न स्तरों पर निजीकरण ने इस स्थिति को अधिकाधिक जटिल बना दिया गया है। निजी संस्थाएँ, अपने स्तर पर प्राथमिक स्तर पर भी 'उच्चतम स्तर की शिक्षा' विद्यार्थियों को प्रदान करने का दावा करती हैं जो वैश्विक मानकों की पूर्ति करने में सक्षम हैं। सरकारी स्तर की प्राथमिक पाठशालाओं व माध्यमिक स्तर की पाठशालाओं में बुनियादी सुविधाओं की बेहद कमी है। सरकारी स्तर की उच्च शिक्षा दी जाने वाली चुनी हुई संस्थाओं में सुविधाएँ उपलब्ध हैं, लेकिन बहुतायत बुनियादी सुविधाओं से वंचित हैं। यह दोहरापन शिक्षा के लक्ष्य को अलक्षित करने वाला है। ऐसे में हमें यह सोचना चाहिए कि मातृभाषा के माध्यम से शिक्षा, सभी तबकों के विद्यार्थियों को समान सुविधाओं वाली पाठशालाओं की परिकल्पना और उन्हें सुविधाएँ उपलब्ध कराना, शिक्षा पद्धतियों को समान बनाना, अध्यापक-प्रशिक्षण को वैज्ञानिक बनाना, सुविधाओं से वंचित सामाजिक तबके के विद्यार्थियों को समकक्ष तक ले आने योग्य पद्धतियों व योजनाओं का अखिल भारतीय स्तर पर आविष्कार करना आदि समान दृष्टि से जब तक कार्यान्वित नहीं होगा तब तक बुनियादी शिक्षा की यह मातृभाषा में शिक्षण का सपना अतीत का अवैज्ञानिक सपना ही सिद्ध हो सकता है।

इधर भारत के स्कूलों के विद्यार्थियों के स्तर में आयी गिरावट को लेकर चिंता व्यक्त की गयी है, खासकर गणित, विज्ञान और प्रौद्योगिकी जैसे विषयों की। यह एक सरल बात नहीं है। इसका सही विश्लेषण किया जाना जरूरी है। जिन विद्यार्थियों की ज्ञान सीमा की गिरावट बतायी गयी है उनमें अधिकतर विद्यार्थी अंग्रेजी माध्यम के हैं। तब सवाल यह उठता है कि अंग्रेजी के माध्यम से शिक्षा उपलब्ध कराने से ज्ञान का वैज्ञानिक ढंग से बढ़ना जरूरी नहीं है। ज्ञान, चाहे गणित

का हो, विज्ञान का हो, प्रौद्योगिकी का हो या प्रबंधन का हो, उसकी समस्याओं को सुलझे हुए ढंग से विश्लेषित करने की क्षमता बचपन से विकसित की जानी चाहिए। उसके लिए सबसे बढ़िया माध्यम मातृभाषा ही है। लेकिन उस दृष्टि को संदेह की दृष्टि से देखें तो समस्या उत्पन्न होती है। वस्तुतः हमारे यहाँ शिक्षा को रोजगार के साथ जोड़कर देखा गया है। ज्ञान का अर्जन मुख्य नहीं है और उसके लिए जिस प्रकार की शिक्षा रीतियाँ आवश्यक हैं, वे भी मुख्य नहीं हैं, मुख्य है रोजगार। भारत में गलत ढंग से यह भी माना गया कि रोजगार अंग्रेजी ज्ञान के माध्यम से ही संभव है। इस दृष्टि से हमारे ज्ञानार्जन पर ऐसा एक मोटा आवरण डाल दिया है जिसने हमारी शिक्षा नीति को सूचनाप्रधान बनाया है न कि वैज्ञानिक और ज्ञानप्रधान। लगातार 'ग्लोबल' कहते रहने से कोई फायदा नहीं है बल्कि शिक्षा को यदि सचमुच 'ग्लोबल' बनाना है तो उसे प्रथमतः 'लोक परक' भी बनाना होगा। हम पहले-पहले अपनी मिट्टी में पैर रखें तदुपरांत आसमान की ओर देखें। जब गांधीजी ने बुनियादी शिक्षा की बात की है तब संभवतः ऐसी एक पीढ़ी की परिकल्पना उन्होंने की होगी जो हमारी मिट्टी की, आसमान की, अपनी तथा दूसरों की आत्मसजगता और आत्मसम्मान पर गौर कर सके। उसके लिए मातृभाषा (याने हमारी मिट्टी की भाषा) ही सर्वोपरि उपयोगी है। मातृभाषा को माध्यम बन।ने के पीछे उनकी आत्मसजगता की बात ही मुख्य है। यहाँ पर अंग्रेजी और भारतीय भाषाओं को आमने-सामने खड़ा करने तथा आपस में लड़ाने की बात नहीं है। लेकिन आज हमारे समाज ने, राष्ट्रीय नीतियों ने शिक्षा के माध्यम को इस गलत अर्थ में ले लिया। भूमंडलीकरण ने देशों को कुछ ज्यादा ही नज़दीक लाने का कार्य किया तो यह बद्धमूल धारणा रूढ़ और मूढ़ होती गयी कि अब शिक्षा का एकमात्र माध्यम अंग्रेजी ही हो सकती है। दरअसल विकसित देशों के साथ यदि हमें अपनी समकक्षता दर्शानी है तो ज्ञान-क्षमता के बल पर ही हम यह दिखा सकते हैं न कि अंग्रेजी ज्ञान के बल पर। जिस देश को ज्ञानक्षम बनना है उसे सदैव आत्मगौरव के साथ प्रस्तुत होना है। इस प्रकरण में ही गांधीजी की भाषा-दृष्टि तथा बुनियादी शिक्षा को देखा जाना चाहिए।

गांधीजी के हस्तकला शिक्षण को भी हमारे समाज ने सरलीकृत ढंग से लिया। यद्यपि हस्तकला शिक्षण पूरे भारत में वर्ष 1962 तक प्रयोग में रहा जो धीरे-धीरे अवहेलित होता गया और आज वह बिल्कुल नहीं है। श्रम आधारित शिक्षण स्वावलंबन के लिए अनिवार्य है।

गांधीजी वही चाहते थे न कि बच्चों को कातना-बुनना आदि सिखाना। उनका मतलब यह नहीं था कि सीमित अर्थ में हस्तकला सीखें। ज्ञान को उन्होंने मात्र पोथियों तक सीमित नहीं रखा उसे मन, मस्तिष्क और हाथ से जोड़ना चाहा याने श्रम से जोड़ा। उनका उद्देश्य स्पष्ट और पारदर्शी था। लेकिन उसी को यदि सरलीकृत करके देखें तो वह अवैज्ञानिक और विद्यार्थियों के लिए हानिकारक भी प्रतीत होगा। गांधीजी की इस महत्वपूर्ण परिकल्पना के सरलीकरण के पीछे दरअसल हमारी अपनी विभाजित मानसिकता केंद्र में है। हमारे अपने बहुत से सेवा कार्यों को हमने निम्नतम तबकों के लिए बाँटा और जाति केन्द्रीकरण को मज़बूत किया। उच्चवर्ग को हमने श्रम से अलग रखा और इस तरह श्रम विभाजन के जरिए जाति विभाजन मज़बूत रहा। गांधीजी का बुनियादी शिक्षा के माध्यम से उसके हस्तकला कौशल से अभीष्ट यही था कि समाज में व्याप्त श्रम विभाजन और उससे जुड़ा जाति विभाजन खत्म हो जाए। उसका सरलीकरण स्वातंत्र्योत्तर समाज में हुआ। अब भी हमारा समाज प्रोन्नति नहीं कर रहा है तो 'व्हाईट कॉलर जॉब' के प्रति हमारा आकर्षण ही है। उसमें कोई श्रम नहीं है। उसमें उच्चता का एहसास होता भी है। ब्रिटिश शासन ने जो शिक्षा पद्धति लागू की उसमें श्रम के लिए कोई स्थान नहीं। बाबू वर्ग का निर्माण ही उसका उद्देश्य था जिस पर एक प्रबुद्ध और अधिकारग्रस्त वर्ग शासन करेगा। नौकरशाही ने इस विचारधारा को सुदृढ़ कर दिया और शिक्षा को उसके अनुरूप विकसित किया गया। यह ध्यातव्य है कि गांधीजी ने श्रम केंद्रित शिक्षा का प्रवर्तन अंग्रेजी शिक्षा के प्रचलन के समय किया था। उनका आशय यही था कि श्रम की उच्चता-सामान्यता के आधार पर बंटे हुए समाज को समाप्त करना और समदर्शी समाज को विकसित करना। ब्रिटिश लोगों के आगमन के बहुत पहले ही हमारा समाज श्रम के आधार पर जातिमूलक हो गया था। ब्रिटिश शिक्षा पद्धति ने उसको सशक्त बनाया और सामान्य श्रमजीवी तथाकथित निम्न तबकों को शिक्षा से दूर रखा। ऐसे एक रूढ़ समाज के सामने, गांधीजी जी की यह वैकल्पिक शिक्षा पद्धति आयी थी और हमारे राष्ट्रनिर्माण के कार्यकर्ताओं ने उसे खारिज तो नहीं किया बल्कि उसे सरलीकृत करके धीरे-धीरे उसे निष्कासित किया।

श्रम का महत्व है। लेकिन उसमें उच्च नीचत्व नहीं है। बच्चों को श्रम का महत्व सिखाया जाना चाहिए तथा स्वावलंबन का मार्ग दिखाया जाना चाहिए। गांधीजी एक नए समाज को स्थापित कर रहे थे जिसे

हमारे नीति विशेषज्ञों ने हाशियीकृत किया।

गांधीजी के कई विचार और उनके द्वारा कार्यान्वित कई योजनाएँ, जिनसे बुनियादी शिक्षा का सर्वाधिक महत्व है, आज हमारे लिए अप्रासंगिक लग सकती है। कोई भी विचार तत्व और उनके कार्यान्वयन को समय के अनुरूप बदलना होगा न कि उसके बुनियादी तत्वों को। शिक्षा नीति एक देश के लिए, उसके भविष्य के लिए उसके नागरिक बोध के लिए बहुत ही महत्वपूर्ण हैं। जनतांत्रिक समाज में शिक्षा का सर्वाधिक महत्व है। इसलिए शिक्षा नीति को राष्ट्रनीति के रूप में देखा जाना चाहिए। बुनियादी शिक्षा के तत्वों को नए सिरे से आविष्कृत करके हमें प्रयोग में लाना होगा जिससे एक समावेशी शिक्षा नीति विकसित हो और एक समावेशी समाज का भी निर्माण हो। समाज में जब-जब उच्चनीचत्व पुरज़ोर हुआ, अधिकार जब-जब केंद्र में रहा है, अधिकारग्रस्त भाषा, काल और थल महत्वपूर्ण हो जाते हैं तो विद्रोह होने लगते हैं। विद्रोहों को समाज के संदर्भ में देखा नहीं जाता, अधिकार के संदर्भ में देखा जाता है। ऐसी समस्याओं से घिरे हुए हमारे समाज को, हमारे जनतंत्र को क्यों बचाया नहीं जा पा रहा है?

हमें ऐसी एक शिक्षा पद्धति की जरूरत है जो समदृष्टि पर आधारित हो और हमारे लोक से जुड़ी हो और बाद में वैश्वविकता को संबोधित करने लायक हो। अबकी हमारी शिक्षा नीति कई दृष्टियों से असफल सिद्ध हो गयी है, यह मानी हुई बात है। हमें वस्तुतः एक सूचनाप्रधान शिक्षा-पद्धति नहीं बल्कि एक ज्ञान केंद्रित, समाज केंद्रित समदर्शी शिक्षा-पद्धति की जरूरत है जो केंद्र और राज्य की नीतियों के दलदल में खत्म न हो जाए। गांधीजी की बुनियादी शिक्षा की बुनियादी मूल्य दृष्टि संभवतः अब भी हमारी मदद कर सकती है।

पुस्तक में बुनियादी तालीम के विभिन्न पक्षों पर सारगर्भित लेख प्रस्तुत करने का प्रयास किया गया है। इस विषय पर गंभीर चिंतन के लिए यह एक प्रवेशिका का कार्य करेगी इसी आशा के साथ पाठकों के समक्ष प्रस्तुत।

—ए. अरविंदाक्षन

अनुक्रम

नयी तालीम का जन्म

महात्मा गांधी

मुझे आपके सामने दो बातें रखनी हैं। एक प्राथमिक शिक्षा के बारे में और दूसरी उच्च शिक्षा यानी हाईस्कूल और कॉलेज की शिक्षा के बारे में। मैं इस खयाल का हूँ कि प्राथमिक और माध्यमिक दोनों शिक्षाओं को मिला दिया जाए। वजह यह है कि मुझे इस चीज का बहुत पुराना अनुभव है, और उम्मीद है कि आगे चलकर आप भी इसे कबूल करेंगे। सन् 1915 से अब तक हिन्दुस्तान के गाँवों में जितना मैं घूमा हूँ और जिस हद तक उनके अन्दर मैं पैठा हूँ, उतना शायद ही कोई घूमा और पैठा हो। दक्षिण अफ्रीका में भी मैंने इसका खूब अनुभव किया है, क्योंकि वहाँ भी मेरा ज्यादातर सम्बन्ध गिरमिटियों से रहता था और मैं उन्हीं में काम करता था। इस तरह करीब 22-23 वर्ष की उम्र से इन लोगों के बीच रहकर जो अनुभव मैंने पाया है, उससे मैं उनकी हालत को बखूबी जानने लगा हूँ और थोड़ा-बहुत यह भी जानता हूँ कि उनके साथ हमारा व्यवहार कैसा होना चाहिए। प्राथमिक शिक्षा की जो शक्ल आज है, उसे मैंने गाँवों में देखा है और इधर तो मैं एक गाँव में ही रहने लगा हूँ और जब सेगाँव के इन लड़कों की पढ़ाई को देखता हूँ तो फौरन समझ लेता हूँ कि यह क्या चीज है। क्योंकि उसका न कोई ढंग है, न ध्येय है। इसलिए समझता हूँ कि अगर हम देहात को कुछ देना चाहते हैं तो जरूरी है कि सेकण्डरी तालीम को प्राइमरी के साथ मिला दिया जाए। इसलिए अब हमने जो कुछ बनाया है या बनाने जा रहे हैं, वह शहरों के लिए नहीं, बल्कि पूरा-पूरा गाँव के लिए है।

कॉलेजों के बारे में मानता हूँ कि मेरा तजुरबा बहुत कम है, नहीं-सा है। लेकिन कॉलेज के विद्यार्थियों से जितना ताल्लुक मेरा आता है, उतना शायद बहुत थोड़ों का आता होगा। सच है मैं कभी उनका प्रोफेसर नहीं रहा, लेकिन उनके दिल से अपना दिल मैंने जरूर मिलाया है। जहाँ मैं उनकी ख्वाहिशों और आकांक्षाओं को जानता हूँ, वहाँ उनकी कमजोरियों और बुराईयों से भी वाकिफ हूँ। फिर थोड़ी बहुत 'कॉमनसेन्स' भी तो मुझमें है। मगर यह सब कुछ होते हुए भी मैं जानता हूँ कि मेरा कॉलेज का अनुभव नहीं के बराबर है। परन्तु आज तो हमें प्राथमिक शिक्षा पर ही

पूरे तौर से विचार करना है।

मेरा ख्याल है कि आजकल देहाती मदरसों में लड़कों को जो कुछ पढ़ाया जाता है, उससे देहातवालों को नुकसान ही होता है। लड़के कुछ समय के लिए मदरसे जाते हैं, मगर वहाँ जाकर भी उन्हें असंतोष रहता है। उनमें से अधिकतर या तो शहरी बन जाते हैं या गाँव के प्रति अपना कर्तव्य भूल जाते हैं और कुछ तो बदमाशी वगैरह भी सीख लेते हैं। इसलिए अपने अब तक के अनुभव से मैं कह सकता हूँ कि हमारी मौजूदा प्राइमरी तालीम से गाँववालों को कोई फायदा नहीं पहुँचता!

तो सवाल होता है कि इस प्राथमिक शिक्षा का स्वरूप क्या हो? मेरा जवाब यह है कि किसी उद्योग या दस्तकारी को बीच में रखकर उसके जरिये ही यह सारी शिक्षा दी जानी चाहिए। आप जानते हैं, मेरे चार लड़के हैं। जिनमें एक तो बागी हो गया है, बाकी तीन मेरे साथ हैं। चन्द धन्धों की मार्फत मैंने इनको जो तालीम दी है, उससे इन्हें फायदा ही पहुँचा है। अपनी वकालत के दिनों में भी मैं घर पर कुछ-न-कुछ उद्योग किया करता था और बच्चों को भी बढ़ईगिरी वगैरह की तालीम देता था। जूते बनाने का काम मैंने श्री केलनबैंक से सीखा, जो खुद इसे 'ट्रेपिस्ट मोनेस्टरी' में सीखकर आये थे, क्योंकि वे लोग हिन्दुस्तानियों को सिखाते नहीं थे। इस तरह जिन्होंने मुझसे तालीम ली, मैं नहीं समझता है कि उनकी दिमागी हालत कमजोर रही या कोई नुकसान उन्हें पहुँचा। टॉलस्टॉय फार्म में भी शिक्षा का यही तरीका रहा। वहाँ तो तरह-तरह के लड़के थे। अच्छे-बुरे और बदमाश सभी। इनमें हिन्दू भी थे, मुसलमान भी थे और पारसी भी थे। ये सब एक साथ मिलजुल कर रहते थे और अपने-अपने धर्मों का पालन भी करते थे। वजह इसकी यह थी कि मैंने इनको सिर्फ किताबी तालीम नहीं दी, बल्कि साथ-साथ कुछ धन्धे भी सिखाये। इनमें कुछ ने चमड़े का काम सीखा, कुछ ने बढ़ईगिरी सीखी और चन्द ऐसे भी निकले जो आज इन धन्धों के जरिये काफी कमा रहे हैं। इन सबको मैंने वही सिखाया, जो मैं खुद थोड़ा-बहुत जानता था।

लेकिन आज मैं जो चीज आपके सामने रखने जा रहा हूँ, वह पढ़ाई के साथ-साथ एक धन्धा सिखा देने की चीज नहीं है। मैं तो अब यह कहना चाहता हूँ कि लड़कों को जो कुछ सिखाया जाए, सब किसी-न-किसी उद्योग या दस्तकारी के जरिये ही सिखाया जाए। आप कह सकते हैं कि मध्ययुग में हमारे यहाँ लड़कों को सिर्फ धन्धे ही सिखाये जाते थे। मैं जानता हूँ, लेकिन उन दिनों धन्धों के जरिये सारी तालीम देने की बात लोगों के सामने न थी। धन्धा सिर्फ धन्धे के खयाल से सिखाया जाता था। हम तो धन्धे या दस्तकारी की मदद से दिमाग को भी आला बनाना चाहते हैं। आज हालत यह है कि लौहार का बच्चा लोहारी नहीं जानता और सोनार का लड़का सोनारी छोड़ बैठा है। इन्होंने किताबी तालीम तो पायी, मगर अपने पेशों को भूल गये, हैं। अगर वे पढ़-लिखकर भी अपने पुश्तैनी धन्धों को न छोड़ते और उनमें

तरक्की करके दिखाते, तो हिन्दुस्तान की जैसी बुरी हालत हो गयी वैसी न हो पाती।

आज देहात में कहीं भी चले जाइए, अच्छे बढ़ई, लोहार या कारीगर के दर्शन नहीं होते। मेरे साथी गाँवों में बैठकर काम कर रहे हैं। उनका भी यह तजुरबा है कि वहाँ जो बढ़ई वगैरह हैं, वे अपने धन्धे के लिहाज से नाकामयाब से हैं। दूर क्यों जाएँ, इस चरखे ही को ले लीजिए? जो सारे हिन्दुस्तान में फैला हुआ था। मगर अंग्रेज इसे इंग्लैण्ड ले गये और वहाँ इसमें इतनी तरक्की कर दी कि बड़ी मिलें खड़ी हो गयीं। मेरा आशय यह नहीं है कि उन्होंने जो कुछ किया बहुत अच्छा किया। मगर इसमें तो कोई शक नहीं कि जब उन लोगों ने इतनी तरक्की कर ली, तो हम जो कुछ अपना था, उसे भी खो बैठे।

इसलिए मेरी दरख्वास यह है कि हम सिर्फ उद्योग या दस्तकारी ही न सिखायें, बल्कि इन्हीं के जरिये बच्चों को सारी तालीम दें। मसलन तकली ही को ले लीजिए। इस तकली का पाठ हमारे विद्यार्थी का पहला पाठ होगा, जिसके जरिये वह कपास का, लंकाशायर का और अंग्रेजी सल्तनत का बहुत कुछ इतिहास सीख सकेगा। मैं खुद भी यही कर रहा हूँ। मेरा पोता (लड़के का लड़का) छः साल का है। वह लिखता तो बहुत मामूली है और लिखना मैं अभी उसके लिए जरूरी समझता भी नहीं, वह ज्यादातर मेरे साथ हवाखोरी के लिए जाता-आता है और घर पर तकली चलाना भी सीखता है। इस तकली में आज उसे जो दिलचस्पी है और इसके जरिये वह जो इल्म हासिल कर रहा है वैसा हमारे पुरखे (बुजुर्ग) शायद नहीं करते थे। यह तकली कैसे चलती है, इसका क्या उपयोग है और इसके अन्दर क्या-क्या ताकत पड़ी हुई है, वह यह सब खेल ही खेल में बल्कि जान लेता है। इसके जरिये थोड़ा गणित का ज्ञान भी मिल जाता है। क्योंकि तकली पर जो सूत कातता है, अगर उस सूत के तार उससे गिनवायें जाएँ और पूछा जाए कि कितने तार कते, तो धीरे-धीरे इसके अन्दर से उसे गणित का भी ज्ञान कराया जा सकता है और खूबी यह है कि उसके दिमाग पर इन सबका जरा भी बोझ नहीं पड़ता। सीखनेवाले को तो पता भी नहीं चलता कि वह कुछ सीख रहा है। वह खेलता-कूदता और गाता रहता है, तकली चलाता है और इसी में बहुत-कुछ सीख लेता है।

अब आप देखिए कि मैं इस चीज पर जोर देता रहता हूँ। सिर्फ तकली की बात मैं इसलिए कह रहा हूँ कि मैंने उसकी ताकत और उसके 'रोमांस' का अनुभव किया है और आज तो इस तकली के जरिये ही हम अपने करोड़ों बालकों को शिक्षा दे सकते हैं। इसलिए मेरा फर्ज हो जाता है कि मैं इस काम के लिए आप लोगों के अन्दर दिलचस्पी पैदा कर दूँ। इसलिए आप देखते हैं कि मैंने इस परिषद् में राष्ट्रीय विद्यालयों और विद्यापीठों के शिक्षकों को और शिक्षामंत्रियों को बुला लिया है। अगर उन्होंने और आप सबने इस चीज को अपना लिया तो यह जल्द ही हो सकता है। मगर इसके पहले जरूरी है कि हमलोग आपस में इस पर दिल खोलकर बहस कर

लें। जहाँ तक मेरा तजूरबा कहता है मैं तो प्राथमिक शिक्षा के लिए तकली को ही बीच में रखना चाहता हूँ लेकिन अगर आप लोगों के खयाल में कोई धन्धा आता हो, तो आप निःसंकोच उसे सुझाइए, ताकि हम उस पर भी विचार कर लें। तकली मुझे सबसे ज्यादा इसलिए जँचती है कि इसे छोड़कर और धन्धों के लिए हमारे पास कोई सामान मौजूद नहीं है। तकली को न ज्यादा खर्च की गरज है न सरंजाम की। मैं जानता हूँ कि इसे लेकर आप कामयाबी तक पहुँच सकेंगे और इससे तो मैं भी आपकी मदद कर सकता हूँ। लेकिन इसे छोड़कर दूसरा कोई धन्धा ऐसा नहीं है, जिसे मुल्क की मौजूदा गिरी हुई हालत में, हम यहाँ से वहाँ तक जारी कर सकें।

यह अच्छा ही हुआ कि सन् 1920 से अब तक कांग्रेस ने इतने जोरों का काम किया कि आज आधे से ज्यादा हिन्दुस्तान में उसकी मिनिस्ट्री है और मैं देख रहा हूँ कि मिनिस्टिर लोग काफी काम कर रहे हैं। इसके लिए उन्हें मुबारकबाद देना चाहता हूँ। याद रखिए कि यह जो मिनिस्ट्री कांग्रेस के हाथ में आज आयी है, उसकी वजह यह है कि पिछले सालों हमने काफी रचनात्मक काम कर लिया। आगे भी इस मिनिस्ट्री को उसी हद तक कामयाबी मिलनेवाली है, जिस हद तक रचनात्मक काम में सफल होगी।

तो अब मिनिस्टर लोगों के समाने मैंने अपनी योजना रख दी है। वे चाहे इसे पूरा करें, चाहे ठुकरा दें। मगर मेरी सलाह है कि वे प्राइमरी तालीम के लिए तकली को ही बीच में रखें और उसी से लड़कों की पढ़ाई शुरू करें। पहले साल लड़कों को सब कुछ तकली ही के बारे में बताया जाए, फिर दूसरे साल तकली के साथ-साथ और बातें भी शामिल की जाएँ। तकली के जरिये कमाई भी काफी हो सकेगी और इसके फैलाव में कोई रूकावट भी न आएगी, क्योंकि इसके सूत से जो कपड़ा तैयार होगा उसके पहननेवालों की संख्या हमारे यहाँ इतनी है कि अपने ही बच्चों द्वारा बनाये गये कपड़े को छोड़कर दूसरा कपड़ा खरीदने की हमें जरूरत न पड़ेगी और यह कपड़ा खरीदना हम पसन्द भी करेंगे।

मैंने सोचा है कि यह पाठ्यक्रम कुल सात साल का रखा जाए। इसमें जहाँ तक तकली का सम्बन्ध है, विद्यार्थी बुनाई तक के व्यावहारिक ज्ञान में (जिसमें रँगाई और डिजाईनिंग आदि में शामिल होंगे) निपुण हो जाऐंगे। कपड़ा जितना हम बना पायेंगे, उसके लिए तो ग्राहक तैयार हैं ही।

मैं इस बात के लिए बहुत ही उत्सुक हूँ कि दस्तकारी के जरिये विद्यार्थी जो कुछ पैदा करें, उसकी कीमत से शिक्षक का खर्च निकल आये, क्योंकि मुझे यकीन है कि देश के करोड़ों बच्चों को तालीम देने के लिए सिवाय इसके दूसरा कोई रास्ता नहीं है और न यह मुमकिन है कि हम उस वक्त तक ठहरे रहें, जब कि सरकार अपने खजाने से हमें आवश्यक रुपया दे या वायसराय फौजी खर्च कम कर दें। इसी तरह का कोई और कारगर जरिया निकल आये। आप लोग यह भी समझ लीजिए कि

प्राथमिक शिक्षा की इस योजना में सफाई, आरोग्य और आहारशास्त्र के प्रारम्भिक सिद्धान्तों का समावेश भी हो जाता है। इसमें बच्चों की वह शिक्षा भी शामिल समझिए, जिससे वे अपना काम खुद करना सीखेंगे और घर पर अपने माँ-बाप के काम में भी मदद पहुँचायेंगे। आजकल हमारे बच्चों को न सफाई का खयाल होता है न साफ-सुथरेपन का। वे न अपने पैरों खड़े होना जानते हैं और न इनकी तन्दुरूस्ती ही ठीक रहती है। मैं चाहूँगा कि उनके लिए संगीत के साथ लाजिमी तौर पर ऐसी कवायद और कसरत वगैरह का इन्तजाम हो जाय, जिससे उनकी तन्दुरूस्ती सुधरे और जीवन तालबद्ध बने।

मुझ पर यह इल्जाम लगाया जा रहा है कि मैं साहित्यिक या अदबी शिक्षा के खिलाफ हूँ। मगर बात ऐसी नहीं है। मैं तो सिर्फ वह तरीका बता रहा हूँ जिससे ऐसी शिक्षा दी जानी चाहिए। मेरे 'स्वावलम्बन' के पहलू पर भी हमला किया गया है। कहा गया है कि जहाँ प्राथमिक शिक्षा पर हमें लाखों रुपया खर्च करना चाहिए वहाँ उल्टे हम बच्चों से ही वसूल करने जा रहे हैं। साथ ही यह अंदेशा भी बताया जाता है कि इसमें मुल्क की बहुत-कुछ ताकत नाहक खर्च होगी। लेकिन अनुभव इस अंदेशे को गलत साबित कर चुका है और जहाँ तक बच्चों पर बोझ डालने या उनको शोषण सर्वनाश से बयाने के लिए नहीं है? तकली बच्चों के खेलने का एक काफी अच्छा खिलौना है। महज इसलिए कि वह एक उत्पादक चीज है, यह नहीं कहा जा सकता कि वह खिलौना नहीं है या खिलौने से किसी कदर कम है। आज भी देहात के बच्चे किसी हद तक अपने माँ-बाप की मदद करते ही हैं। खेती-किसानी की बातों में तो हमारे सेगाँव के बच्चे मुझसे कहीं ज्यादा जानते हैं, क्योंकि उन्हें अपने माँ-बाप के साथ खेतों में काम करना पड़ता है। लेकिन जहाँ बच्चों को इस बात का बढ़ावा दिया जाएगा कि वे कातें और खेती के काम में अपने माँ-बाप की मदद करें, वहाँ उन्हें यह महसूस करने का मौका भी दिया जाएगा कि उनका सम्बन्ध सिर्फ उनके माँ-बाप से ही नहीं, बल्कि अपने गाँव और देश से भी है और उन्हें इनकी भी कुछ सेवा करनी है। इसलिए मेरे खयाल में तो तालीम का यही एक तरीका आता है। मंत्रियों से मैं यह कहूँगा कि खैराती तालीम देकर वे मुल्क के बच्चों को असहाय या अपाहिज ही बनायेंगे, जबकि उनकी शिक्षा के लिए उनसे मेहनत कराकर वे उन्हें बहादुर और आत्मविश्वासी बना सकेंगे। तालीम का यह तरीका हिन्दू, मुसलमान, पारसी, ईसाई सभी के लिए एक-सा होगा। मुझसे पूछा गया है कि मैं धार्मिक शिक्षा पर कोई जोर क्यों नहीं देता? वजह यह है कि मैं उन्हें स्वावलम्बन का धर्म तो सिखा ही रहा हूँ जो मेरे खयाल में सब धर्मों का असली रूप है।

हाँ, जो लोग इस तरह की तालीम लेकर तैयार होंगे, उन्हें रोजी देना राज का फर्ज होगा और जहाँ तक शिक्षकों या अध्यापकों का सवाल है, प्रोफेसर शाह ने लाजिम सेवा का तरीका सुझाया ही है। इटली का और दूसरे देशों का उदाहरण देकर

उन्होंने इसका महत्त्व भी बता दिया है। उनका कहना है कि जब मुसोलिनी इटली के नौजवानों को मुल्क की सेवा के लिए राजी कर सकता है, तो हम क्यों न कर सकेंगे? अपना रोजगार शुरू करने से पहले अगर हमारे नौजवनों को एक या दो साल के लिए लाजिमी तौर पर सेवा का या पढ़ने का काम करना पड़े, तो उसे गुलामी कहना कहाँ तक ठीक होगा? पिछले सत्रह वर्षों में हमारी आजादी के आन्दोलनों ने जो सफलता पायी है, उसमें नौजवानों का हिस्सा कम नहीं रहा है, इसलिए मैं उनसे कहूँगा कि वे अपनी जिन्दगी का एक साल देश की सेवा के लिए मुफ्त दे दें। खुशी-खुशी दे दें। इसके लिए कानून बनाने की जरूरत भी हुई तो वह जबरदस्ती नहीं कहलाएगी, क्योंकि हमारे अधिकांश प्रतिनिधियों की रजामंदी के बिना ऐसा कानून बन ही नहीं सकेगा।

इसके लिए मैं उनसे पूछ लूँगा कि हाथ-मेहनत या दस्तकारी के जरिये दी जानेवाली यह शिक्षा उन्हें पसन्द है या नहीं। इनकी उपयोगिता की मेरी कसौटी तो यह होगी कि मैं इसे स्वावलम्बी बना दूँ। सात साल के अन्त में बालकों को इस काबिल हो जाना चाहिए कि वे अपनी पढ़ाई का खर्च खुद अदा कर सकें और अपने परिवार के कमाऊ पूत बन सकें।

आज कॉलेजों की शिक्षा ज्यादातर शहरी है। यह तो मैं नहीं कहूँगा कि प्राथमिक शिक्षा की तरह यह भी बिलकुल असफल रही है, फिर भी इसका जो नतीजा हमारे सामने है, वह काफी निराशाजनक है। अगर ऐसा न होता तो आज ग्रेज्युएट बेकार क्यों रहता?

तकली को मैंने एक मूर्त उदाहरण के रूप में सुझाया है। क्योंकि विनोबा को इसका सबसे ज्यादा व्यावहारिक अनुभव है, अगर इसके बारे में किसी को कुछ एतराज हो तो उनका जवाब देने के लिए वह यहाँ मौजदू हैं। काका साहब भी इस बारे में कुछ कह सकेंगे, हालाँकि उनका अनुभव व्यावहारिक की बनिस्पत सैद्धान्तिक अधिक है। उन्होंने जनरल आर्मस्ट्रांग की लिखी हुई 'एजुकेशन फॉर लाइफ' (जीवन की शिक्षा) पुस्तक की तरफ और उसमें भी खासतौर से 'हाथ की शिक्षा' वाले अध्याय की ओर मेरा ध्यान खींचा है। स्वर्गीय मधुसूदन दास थे तो वकील, मगर उनका यह पुख्ता खयाल था कि अगर हमने अपने हाथों और पैरों से काम न लिया तो हमारा दिमाग कुन्द पड़ जाएगा और अगर उसने काम किया भी तो वह शैतान का ही काम करेगा।

हमारे यहाँ कौमी झगड़े होते रहते हैं लेकिन यह कोई हमारी ही खासियत नहीं है। इग्लैण्ड में भी ऐसी लड़ाइयाँ हो चुकी हैं और आज ब्रिटिश साम्राज्यवाद सारे संसार का शत्रु हो रहा है। अगर हम कौमी और अन्तर्राष्ट्रीय संघर्ष को बन्द करना चाहते हैं तो हमारे लिए जरूरी है कि जिस शिक्षा की मैंने यहाँ हिमायत की है, उससे अपने बालकों को शिक्षित करके शुद्ध और सुदृढ़ आधार पर उसका आरम्भ करें।

मेरी इस योजना की तह में अहिंसा रही हुई है और हालाँकि, इसे मैंने सम्पूर्ण मद्यनिषेध के राष्ट्रीय निश्चय के सिलसिले में सुझाया है कि, तब भी मैं कहता हूँ कि अगर सरकारी आमदनी में कोई कमी न हो और खजाना हमारा भरा हुआ रहे तो भी हमारे लिए शिक्षा का यही तरीका उपयोगी होगा, बशर्ते कि हम अपने बालकों को शहरी न बनाना चाहें। हम तो उन्हें अपनी संस्कृति, अपनी सभ्यता और अपने देश की सच्ची प्रतिभा के प्रतिनिधि बनाना चाहते हैं और मेरे खयाल में स्वावलम्बी प्राथमिक शिक्षा के सिवाय दूसरे किसी ढंग से हम उन्हें ऐसा बना नहीं सकते हैं।

इस मामले में यूरोप हमारा आदर्श नहीं बन सकता, क्योंकि वह हिंसा में विश्वास करता है और इसलिए उनकी तजवीजें और कार्यवाहियाँ हिंसा पर निर्भर रहती हैं। रूस ने जो कामयाबी हासिल की है उसको मैं कभी इनकार नहीं करता, लेकिन मानना होगा कि उसका सारा दारोमदार, जारेजबर और हिंसा पर रहा है। अगर हिन्दुस्तान ने हिंसा को छोड़ देने का निश्चय कर लिया है तो उसे जिस अनुशासन में होकर गुजरना पड़ेगा, शिक्षा का यह तरीका उसका खास अंग होगा। हमसे कहा जाता है कि इंग्लैण्ड शिक्षा पर लाखों रुपया खर्च करता है और अमेरिका का भी यही हाल है, मगर कहनेवाले भूल जाते हैं कि उनका यह धन लुट का धन होता है। लूट या शोषण की इस कला को उन्होंने विज्ञान का रूप दे रखा है और यही वजह है कि वे आज अपने बालकों को इतनी महँगी शिक्षा दे सकते हैं। लेकिन हम शोषण की बात न तो सोच सकते हैं और न सोचना पसन्द ही करेंगे। इसलिए हमारे पास शिक्षा की इस अहिंसात्मक योजना के सिवाय और कोई उपाय नहीं रह जाता है।

(प्रस्तुत विचार गांधीजी द्वारा 22-23 अक्टूबर 1937 को आयोजित वर्धा परिषद शिक्षा परिषद के उद्घाटन-समारोह के मुख्य वक्ता के रूप में दिए गए वक्तव्य का संपादित हिस्सा है।)

साभार, समग्र नयी तालीम, संपा. शिवदत्त, गांधी सेवा संघ, सेवाग्राम

आज के संदर्भ में बुनियादी शिक्षा को समझना

हृदयकांत दीवान

फिलहाल हमारे सामने मुद्दा यह नहीं है कि हम बुनियादी शिक्षा को मुख्यधारा में लाएँ बल्कि यह है कि मुख्यधारा को बुनियादी शिक्षा के विचार के अनुरूप बनाएँ। शिक्षा तंत्र का मुख्य उद्देश्य और सिद्धान्त है कि वह शिक्षा को समाज के सबसे उपेक्षित लोगों की आवश्यकताओं को पूरा करने के लिए अपने आपको उपयुक्त बनाए। यह सुनिश्चित करे कि वह समुदाय के द्वारा पैदा की गईं आकांक्षाओं एवं ज्ञान को प्रतिबिम्बित करे। साथ ही यह भी सुनिश्चित करे कि सभी को समान रूप से अवसर मिले। वे अपने समाज एवं समुदाय की आवश्यकताओं की पूर्ति कर सकें। यहाँ ज़रूरत यह है कि हम अपने हित को एक सीमा तक सर्वहित में मिला दें, जो कि समाजीकरण के लिए भी ज़रूरी है। यहाँ मंशा यह नहीं है कि हम वैयक्तिकता को पूर्ण रूप से त्याग दें, बल्कि सबके हित और लाभ के लिए उसे कुछ कम कर दें। यहाँ उपलब्ध सामग्री के प्रति लालची होने के बजाय साफ़गोई और खुलेपन में संतुलन लाने और हम बुनियादी शिक्षा के द्वारा क्या फैलाना चाहते हैं, इस पर गम्भीर चिन्तन की ज़रूरत है। इसके लिए मूलभाव बलिदान और संयमी अस्तित्व नहीं है, वरन् विलासपूर्ण जीवन और उपभोक्तावाद की सीमाओं को पहचान पाना है।

इस विमर्श में शक्ति में कमतर लोगों के ज्ञान के उपयोग एवं आदर को शामिल करना महत्त्वपूर्ण है। यह उनके सशक्तीकरण की ओर एक कदम भी हो सकता है। उच्च शिक्षा व स्कूली शिक्षा दोनों में ही इस ज्ञान के लिए आदर भाव पैदा करना बहुत बड़ी चुनौती है।

भारत स्वेच्छा से एक लोकतांत्रिक गणराज्य है। बहुत बड़े जन आन्दोलन के बाद इसकी वृहद् संविधान सभा ने लोकतंत्र और समानाधिकारवादी रास्ते पर जाने का निश्चय किया। यह वह रास्ता है जिस पर हमें चलने की ज़रूरत है और उसमें शैक्षिक संस्थाओं को मदद करनी है। लोकतंत्र नागरिकों की शासन में सहभागिता और समाज के आगे जाने के रास्ते को विकसित करने में ज़िम्मेदारी के साथ भागीदारी करने पर

टिका होता है। सभी लोगों के सीखने के लिए समान जगह बनाने के लिए यह पहचानना आवश्यक है कि सभी समुदाय जीवन के प्रति अपने विचारों और अपनी संस्कृति का संरक्षण भी चाहते हैं और साथ ही उसमें बदलाव भी। मसला यह है कि कहाँ हमें उनकी इच्छाओं का सम्मान करने की ज़रूरत है और कहाँ उन्हें बदलाव के लिए राज़ी करने की। जिस तरह बुनियादी शिक्षा का रास्ता समुदाय व उसके ज्ञान के साथ जुड़ने की अपेक्षा करता है, उससे यह भी पता चलता है कि यह प्रक्रिया कैसी होनी चाहिए। यह मामला नए विचारों को लानेवाले और परम्पराओं का संरक्षण करने वालों के बीच सार्थक अंतःक्रिया का है। ये वार्ताएँ और अंतःक्रिया किस रूप में होंगी और संतुलन के आयामों का चुनाव कैसे होगा, इसी से इसकी प्रगति निर्धारित होगी। ऐसे परिवर्तन सामूहिक मंशा नहीं वरन् वैयक्तिक रूप से जो जैसे चाहे वैसे चुनावों से संचालित होते हैं, और इनके परिणामस्वरूप लोकतंत्र विरोधी, अनुदारवादी विचारों और हिंसा की भी उत्पत्ति होती है। कई बार परिवर्तन की गति गम्भीर अलगावों को जन्म देती है। भारत में शिक्षा पर बहस स्वतंत्रता से पहले की है और बाद की बहस इस ओर भी इशारा करती है कि ज्ञान में पहले से ही व्याप्त विचारों के विकास और नए विचारों के आने में संतुलन की ज़रूरत है।

शिक्षा के शासन तंत्र की संस्कृति भी इस चर्चा का बहुत महत्त्वपूर्ण घटक है, क्योंकि इसमें ही सबको शामिल करने की भावना का वास्तविक रूख तय हो पाएगा। वर्तमान ढाँचा, जो कि केन्द्रीकृत है और बड़ी तेज़ी से इसका और अधिक केन्द्रीकरण होता जा रहा है, वह इस कार्य के लिए अनुपयुक्त है। बुनियादी शिक्षा, स्कूल के शिक्षकों व बच्चों के पालकों की सामूहिक जिम्मेदारी तो मानती है, साथ में उन्हें स्कूल संचालित करने का अधिकार भी देती है। इस ढाँचे की ज़वाबदारी बच्चों की तरफ और वहाँ के समाज की ज़रूरतों की तरफ़ भी है। ऐसे में शिक्षा शासन-तंत्र में ज़वाबदेही का मुंह बच्चों की तरफ़ न होकर अधिकारियों व मंत्रियों की तरफ़ है, जो आम लोगों को और बच्चों को ढाँचे से अलग करता है।

धीरे-धीरे शिक्षा के केन्द्रीकृत ढाँचे की पहुँच विकेन्द्रीकरण के नाम पर और गहरी हुई है तथा शिक्षक व स्कूल की स्वतः कार्य करने की जगह सिकुड़ती गई है। धीरे-धीरे यह नियंत्रण निर्धारण का आधार व स्वयं कुछ कर पाने की जगह राज्य की राजधानी से निकल कर केन्द्र तक पहुँच रहा है। इस बढ़ते नियंत्रण का निहितार्थ तो लोगों की भागीदारी को बेमानी करना है, किन्तु इसके बढ़ने का कारण लगभग गैर प्रजातांत्रिक है। यह दिशा, अविश्वास पर आधारित है और यह मानती है कि लोग सही रास्ते पर नहीं बढ़ सकते। पिछले साठ सालों में शिक्षा इस केन्द्रीकरण की ओर बढ़ी है।

गर्वनेन्स का ढंग ऐसा होता जा रहा है, जिसमें यह माना जाने लगा है कि अधिकारी खास होते हैं व उनमें अधिक समझ, क्षमता व ज़िम्मेदारी होती है। ऐसा

ढाँचा जो ऐसे ही कुछ विश्वस्त, समर्पित और शक्तिशाली व्यक्तियों द्वारा निर्देशित भी है और निर्धारित भी, वह ही उसे उचित ढंग से चला सकता है। यह विचार बुनियादी शिक्षा व उससे जुड़े राजनैतिक दर्शन के खिलाफ तो है ही, देश में लोकतांत्रिक नीति बनाने व लोकतंत्र की तरह चलने के लिए भी सर्वथा अनुपयुक्त है। वर्तमान परिस्थिति में नियमों और कानूनी घोषणाओं के वास्तविक स्वरूप में लोकतंत्र के ये सारे तत्व दूसरे स्थान पर आते हैं। जिस तरह से परिवार और समुदाय सोचता है, वह जिसको महत्त्वपूर्ण समझता है, उसके लिए जगह नहीं है। नीति निर्धारकों द्वारा वृहद् स्तर पर की गई घोषणाएँ, उनका पालन व पालन हो गया ऐसी रिपोर्ट सब जगह से निर्धारकों के ढाँचे पर पहुँचाने में सब लोग लगे हैं।

यहाँ यह कहना आवश्यक है कि ऐसा नहीं है कि ये सारे नियम हमेशा ही अनावश्यक एवं उल्टी दिशा में ले जानेवाले होते हैं। लेकिन यह भी सही है कि इनकी प्रवृत्ति एक हद के बाद लाभकारी नहीं रह जाती। जब तक कि संचालन के तरीके, प्रत्येक स्तर के लोगों की आकांक्षाओं, इच्छाओं और ताकतों को शामिल करने के प्रति संवेदनशील न हों और उनके लिए जगह न हो, तब तक सभी बच्चे शिक्षा में शामिल नहीं हो सकते। शिक्षा के संदर्भ में स्वतंत्रता पूर्व व स्वतंत्रता के बाद हुई बहसों में शिक्षित होने व साक्षर होने में भेद पर काफ़ी प्रकाश डाला गया था। शिक्षा के समाज के साथ जुड़ाव व उसके विकास व संतुलन के साथ संबंध पर ध्यान देने के बाद ही आज के प्रयासों की तुलनात्मक उपादेयता पर विचार हो सकता है। इस तंत्र को समझने की ज़रूरत है कि लोगों की इच्छाओं, प्रेरणाओं और आवश्यकताओं को नज़रअन्दाज़ कर कुछ और थोपना स्थाई नहीं है। मनुष्य स्वभाव से ही स्वतंत्र और स्वायत्त है। उन्हें कुछ नियमों और सिद्धान्तों की ज़रूरत तो है, जिनका वे पालन कर सकें। पर ऐसा नहीं हो सकता कि वे पूरी तरह से परिस्थिति विहीन दृष्टि से बनाई प्रक्रियाओं और बनाए गए नियमों से संचालित हो सके।

उन्हें संचालन में सार्थक भागीदारी चाहिए। बुनियादी शिक्षा में विकेन्द्रीकरण की योजना, समुदाय की सहभागिता और निर्णय लेने में उनकी भूमिका केन्द्र में है। यह सोचने लायक है कि हम पिछले 20 सालों में इससे और दूर होते जा रहे हैं। लोगों की अपेक्षा और मांग तो बढ़ रही है, किन्तु उसकी दिशा के बारे में अपनी सोच व उसे प्रभावित करने की क्षमता घट रही है।

कागज़ों पर तो शिक्षा में समुदाय की सहभागिता को लेकर सहमति है। योजना के दस्तावेज़ों में यह देखा जा सकता है। ऐसे ढाँचे भी प्रस्तावित हैं, जो इसे सुनिश्चित कर सकें, किन्तु व्यवहार में यह नहीं दिखता। शामिल करने का वह भाव, समुदाय की भूमिका और वह तरीका जो यह ताकत उन्हें दे सकें, जिससे वे स्कूलों की कार्य-प्रणाली को एक सीमा तक प्रभावित सकें, इन दस्तावेज़ों व क्रियान्वयन में नहीं दिखता।

यहाँ हम बुनियादी शिक्षा की मूल बातों व उनके बारे में कुछ स्थायी भ्रम को देखते हैं।

मूल सिद्धान्त

बुनियादी शिक्षा के मूल सिद्धान्तों में निम्न बातें शामिल हैं -

(अ) एक ऐसी प्रक्रिया, जो समुदाय, उसके विचारों, सरोकारों और अनुभवों को शामिल करने पर आधारित हो।

(ब) एक ऐसी प्रक्रिया हो जो बच्चे को उसके संदर्भ व अनुभवों के साथ शामिल करने पर आधारित है।

(स) बच्चों की भाषा का उसे शिक्षित करने के लिए उपयोग हो।

(द) सभी बच्चे और समुदाय के सभी सदस्यों तक उनके काम का सम्मान करते हुए और उनके अनुभवों को स्कूल में शामिल करते हुए पहुँचना।

(य) ऐसे एकीकृत अनुभवों का इस्तेमाल करना जो नैतिकता और सरोकार (दिल) अवधारणाएँ, प्रक्रियाएँ और तार्किक क्षमता (दिमाग़) और चीज़ों को उत्पन्न करने की क्षमता, सहनशक्ति, सृजनात्मकता और क्रियाशीलता (हाथ) विकसित करे।

बच्चों में (व समाज में) स्कूल को चलाने में, समुदाय में अपनी काम करने की भूमिका को खोजने और ज़िम्मेदारी ग्रहण करने के साथ आत्मविश्वास और सामाजिक प्रतिबद्धता का विकास करना।

बुनियादी शिक्षा के बारे में कुछ भ्रम

(अ) यह ग्रामीण और ग़रीब बच्चों के लिए है। इन बच्चों को ऐसी शिक्षा की ज़रूरत है, जिससे वे अपने हाथों से काम करके पैसे कमाना सीखें।

(ब) बच्चे की मातृभाषा के प्रयोग का मतलब है कि जो भाषा उनके वर्तमान परिवार, विशेषकर बच्चे के प्राथमिक पालनकर्त्ताओं द्वारा बोली जाती है।

(स) इसके पाठ्यक्रम में तकली घुमाना सीखना और ऐसे ही अन्य व्यवसाय शामिल होने चाहिए और नए विचारों और नयी दिशा में सोचना निषिद्ध है। लगभग 70 वर्ष पूर्व, जब भारत में बुनियादी शिक्षा का विचार विकसित हो रहा था, उस समय स्कूल के लिए चुने गए या प्रचलित उद्योग या व्यवसाय ही बुनियादी शिक्षा के विचार की जड़ में हैं। वही इसका आधार हैं।

(द) स्कूल को खुद द्वारा कमाई गई आय से ही चलाया जाना चाहिए।

(य) स्कूल में जो कुछ भी हो वह एक दूसरे से आवश्यक रूप से जुड़ा होना चाहिए और सभी अवधारणाएँ विभिन्न व्यवसायों में काम करने के द्वारा

ही सिखाई जानी चाहिए।

(र) बुनियादी शिक्षा का मतलब है बच्चे को व्यवसाय के लिए तैयार करना और यह व्यावसायिक शिक्षा की शुरुआत है।

बुनियादी शिक्षा को आज के सन्दर्भ में समझना

शिक्षा, समाज और उसमें चल रहे परिवर्तनों व विमर्शों का एक भाग है। यह समाज की प्रगति और उसके क्रमिक विकास को प्रभावित करती है और उससे प्रभावित भी होती है। शिक्षा की, अर्थव्यवस्था, अवसरों और सामाजिक रूख के साथ जीवंत अन्तःक्रिया होती है। इसीलिए किसी भी शिक्षा-दर्शन के सिद्धान्तों की व्याख्या उन सन्दर्भों में करनी ज़रूरी है, जिसमें वे स्थित होते हैं। बुनियादी शिक्षा के लिए इसका औचित्य विशेष रूप से है। क्योंकि आज इसके अनेक जीवन्त सिद्धान्त जो कि स्वतंत्रता पूर्व की प्रस्तावित रणनीतियों में जड़ हो गए हैं और उस समय के लिए ये रणनीतियाँ उपयुक्त थीं किन्तु आज नहीं। अभी भी इनमें ज़ोर इसके आडंबर व दिखावट पर है, इसके बजाए कि इसकी आज के संदर्भों में स्थापित हो पाने की किस तरह की संभावनाएँ हैं। वास्तव में यह एक बहुत बड़ी विडम्बना ही है, क्योंकि बुनियादी शिक्षा, इसके सिद्धान्तों की व्याख्या और इसका उस समय का स्वरूप तात्कालिक स्वरूप के व्यावहारिक विकल्प के रूप में था। बुनियादी शिक्षा परिवर्तन की आवश्यकता व उसकी संभावनाओं के प्रति व्यावहारिक नज़रिया रखती है, इसे जड़ बनाना इसके सिद्धान्तों के साथ अन्याय है। यह शिक्षा से लोगों के अलगाव को कम करने पर बल देती थी। वह पहचानती थी कि शिक्षा एक दुधारी तलवार है और उसे समुदाय के ज्ञान का सम्मान करना और उन्हें अशिक्षित के रूप में न देखना सीखना होगा। यह श्रम की महत्ता को मानव जीवन के अनिवार्य हिस्से के रूप में पहचानती है और यह भी अपेक्षा (मांग) करती है कि सभी बच्चों को, चाहे वे किसी भी परिवेश के हों, उन सभी उद्यमों में व सरोकारों में भाग लेना चाहिए जो कि उनके समुदाय का हिस्सा है।

यह तर्क दिया जा सकता है कि बुनियादी शिक्षा अवधाराणात्मक विकास और बच्चों को किसी विशिष्ट विषय में सक्षम बनाने पर बहुत कम ध्यान देती है। इसके अस्पष्ट व अनिर्धारित पूर्णता पर आग्रह और थीम्स में कार्य करने पर ज़ोर का निहितार्थ है, विषय संबंधी अवधारणाओं के निर्माण की संभावना को कमतर आंकना।

अब हमारे सामने चुनौती यह है कि विभिन्न विषयों के अवधारणात्मक ढाँचों को नकारे बिना बुनियादी शिक्षा पर आधारित पूर्ण शिक्षा के विचार को प्रस्तुत करना। दूसरी चुनौती, यह है कि इसके सिद्धान्तों का सम्बन्ध बच्चों में अमूर्तीकरण की क्षमता को विकसित करने से जुड़े और यह उसके लिए आधार दे सके। उन्हें हर तरह की

परिस्थितियों के संदर्भ में औपचारिक तर्क करने में समर्थ होने की ज़रूरत है। यह कुछ हदतक स्कूलों में अभी भी करना संभव है, किन्तु थोड़ा आगे बढ़ने पर ज्ञान क्या है और सीखने का क्या मतलब है, के बारे में एक भिन्न विचार की ज़रूरत (मांग) होगी।

गांधी शिक्षा विचार को मुख्य धारा में लाने का मुद्दा

जैसा कि ऊपर कहा गया है, हमारे लिए मुख्य धारा की शिक्षा में बुनियादी शिक्षा को सम्मिलित करने की बजाए गांधी के विचार को लेकर मुख्य धारा को उसके अनुरूप बनाना व लाना एक महत्वपूर्ण मुद्दा है। सामान्यतः हम गांधीजी और बुनियादी शिक्षा के उन मूल बिंदुओं की अनदेखी कर जाते हैं, जो कि हमारे आसपास की दुनिया को बदलने का प्रयास करते समय पर्यावरण, परिस्थिति एवं प्रत्येक व्यक्ति, विशेष रूप से सबसे कमज़ोर व्यक्ति, के अनुरूप हैं। यह बात सिर्फ़ स्वयं के लाभ के बारे में सोचने से अलग प्रकार की बात है। आज मध्यम वर्ग की इच्छाएँ और आवश्यकताएँ भी अंतहीन हैं, हम उन सभी को सब के लिए पूरा नहीं कर सकते, तो क्या करें? यह भी स्पष्ट है कि जैसे-जैसे आवश्यकताओं की पूर्ति होती है, वे बढ़ती जाती हैं और अधिक सुविधाओं की आवश्यकता महसूस होने लगती है। ज़ाहिर है कि आवश्यकताओं को सीमित करना और उनका संतुलन बनाना ही होगा। मानव श्रम के प्रति सम्मान का सिद्धान्त इस बात की ओर इंगित करता है कि प्रत्येक व्यक्ति को किसी न किसी प्रकार का श्रम अवश्य करना चाहिए। चुनौतीपूर्ण कार्य, मानसिक विकास और शारीरिक सक्षमता (फ़िटनेस) में मदद करता है व सृजन करने का विश्वास भी। यह श्रम के महत्त्व को स्वीकार और आत्मसात् करते हुए संवेदनशील बनाता है। हम यह भूल जाते हैं कि बुनियादी शिक्षा का मूल सिद्धांत समाज का सामूहिक रूप से भला करना है, न कि व्यक्तिगत लाभ व आय निर्धारण हेतु बच्चों में स्पर्धा कराना अथवा अध्यापक, प्रशिक्षकों, पाठ्यक्रम निर्माताओं इत्यादि को व्यक्तिगत लाभ पहुँचाना।

सीखना, यानी स्वयं सृजन करना व स्वयं सोचना

बुनियादी शिक्षा में उद्यम को स्कूल में महत्त्वपूर्ण स्थान क्यों दिया गया, इस बात का निर्माणवादी दृष्टिकोण से भी संदर्भ जोड़ सकते हैं। निर्माणवादी दायरे में बच्चा खुद ज्ञान का निर्माण करता है। उसे अपने विचारों पर चिंतन-मनन करने, उनके विश्लेषण, उपयोगिता की परख करने की आवश्यकता है। ख़ोजबीन व मनन साथ-साथ चलते हैं और ठोस अनुभवों की सबसे अच्छी बुनियाद तब पड़ती है जब बच्चे कुछ बना रहे हों व कर रहे हों। इसके लिए बच्चों को कुछ कार्य करने की, सृजन करने की व बनाने की ज़रूरत है। यह बुनियादी शिक्षा के सिद्धान्त के अनुसार है, जिसमें बच्चे

को खुद अपने हाथों से कार्य करना होगा। यह प्रक्रिया बच्चे के शरीर की विभिन्न इंद्रियों को भी सक्रिय रहने के अवसर देती है। बच्चा अपने स्तर पर कुछ रचे और उस रचने के दौरान वह जिन प्रक्रियाओं से गुज़रे, उनसे ज्ञान का अर्जन करे। यदि बच्चे को कुछ रचने का अवसर दिया जाता है तो रटंत शिक्षा से छुट्टी पाई जा सकती है। यानी रचनात्मक परिप्रेक्ष्य में सीखना बच्चे के लिए अपने ज्ञान के निर्माण की एक प्रक्रिया है। पूछताछ, अन्वेषण, प्रश्न पूछना, वाद-विवाद, व्यावहारिक प्रयोग व ऐसा चिंतन जिससे सिद्धांत बन सकें और विचार/स्थितियों की रचना हो सके, ये सभी बच्चों की सक्रिय व्यस्तता को सुनिश्चित करते हैं। साथ काम करने में व चीज़ें बनाने में इन सबकी ज़रूरत है। यदि हमको अच्छी शिक्षा को सुनिश्चित करना है तो बच्चों को ऐसे अवसर प्रदान करने होंगे, जिनमें वे प्रश्न पूछकर, चर्चा एवं चिंतन कर अवधारणाओं को आत्मसात् कर सकें।

सीखने की प्रक्रिया का एक और अभिन्न अंग है, आसपास के वातावरण, प्रकृति, चीज़ों व लोगों से कार्य व भाषा दोनों के माध्यम से अंतःक्रिया करना। बच्चे का समुदाय और उसका स्थानीय वातावरण सीखने में अहम भूमिका अदा करता है। परिवेश के साथ अंतःक्रिया करके ही बच्चा ज्ञान सृजित करता है और वह जीवन में सार्थकता पाता है। हालांकि पाठ्यपुस्तकों की संकल्पना और शिक्षा-शास्त्रीय व्यवहार में हमेशा से ही इस समझ की अवहेलना की जाती रही है। बुनियादी शिक्षा को प्रासंगिक बनाने का अर्थ यही है कि सीखने को बच्चे के परिवेश से जोड़ा जाए। स्कूल तथा बच्चे के प्राकृतिक और सामाजिक वातावरण और स्कूल के बीच की सीमा रेखा को कमज़ोर किया जाए। यह केवल इसलिए नहीं कि अपने परिवेश में बच्चों का अपना अनुभव ज्ञान के क्षेत्र में प्रवेश का बेहतर माध्यम होता है, बल्कि इसलिए भी कि ज्ञान का मतलब ही दुनिया से जुड़ना है।

बुनियादी शिक्षा के एक पहलू को पकड़कर हम बाक़ी के आयामों को अपनाने की दिशा में थोड़ा आगे बढ़ सकते हैं। जब बच्चे को हाथों से किसी चीज़ का सृजन करना है तो उसको कई प्रक्रियाओं से गुज़रना होगा। कोई भी कार्य करते समय उसके साथियों की मदद चाहिए होती है। अलग-अलग हिस्सों को जोड़कर ही कुछ उत्पाद बनते हैं और इससे ही फिर समूह भावना का विकास होता है।

इस प्रकार से बच्चा शिक्षा प्राप्त करते हुए व्यवहार में उपयुक्त मूल्यों की सीख भी आचरण में उतारता है। जब बच्चा कुछ बनाता है व उस पर उसे प्रोत्साहन मिलता है तो उसके मन में संतोष के भाव पैदा होते हैं। मेहनत से एक आत्मबल मिलता है। जब बच्चा मेहनत करता है तो उसमें समस्याओं से जूझने और उनको हल करने की क्षमता का विकास भी होता है। यानी बहुत सी बातें, जो हम शिक्षा में करना चाहते हैं, बुनियादी शिक्षा के सिद्धान्तों को सही ढंग से, परिस्थिति के संदर्भ में पारिभाषित करके की जा सकती हैं।

हमारी कार्यनीति क्या हो?

गांधीवादी अर्थव्यवस्था और उससे उभरने वाले विश्व परिदृश्य को आज के संदर्भ में समझना इतना आसान नहीं है। इस सबको करने के लिए हमें बहुत धैर्य की आवश्यकता है। हमें आत्मविश्वास और सहनशीलता भी चाहिए। आज लोगों की ज़रूरतें और आवश्यकताएँ इस क़दर बढ़ गई हैं कि गांधीजी की किफ़ायत व संतुलन की धारणाओं को समझना व उसका जीवन में उपयोग कर पाना सरल नहीं है। बुनियादी शिक्षा का दर्शन उपभोक्तावाद व लालच के खिलाफ़ है। गांधीवादी अर्थव्यवस्था के संदर्भ में विकास को पुनः पारिभाषित करना होगा। यह सब सभी के लिए सरल नहीं है। शिक्षा का दर्शन समाज के लिए एक आयाम है और जीवन में उपयोगी व अर्थपूर्ण क्या है इसका यह वैकल्पिक दर्शन है। इसी कारणवश यह मुख्यधारा की शिक्षा व अर्थव्यवस्था दोनों पर टिप्पणी है। यह समझना महत्त्वपूर्ण है कि संभवतः यह कभी भी आसान नहीं था।

जिन मुद्दों को हम महत्वपूर्ण मानते हैं, उन्हें पहचानने की आवश्यकता है। हमें बहुत सारी चीज़ें एक साथ हाथ में नहीं लेनी चाहिए और एक ऐसी कार्यनीति तैयार करने का प्रयास करना चाहिए, जिसके द्वारा हम इसे स्वीकार करने हेतु अधिक लोगों को तैयार कर सकें। लोगों के बीच विभाजन का एक सबसे बड़ा कारण है, उनमें परस्पर सामान्य अनुभव के आदान-प्रदान की कमी। इस संदर्भ में यह बात महत्वपूर्ण है कि कुछ कार्य ऐसे हैं, जिनसे प्रत्येक व्यक्ति जुड़ा हुआ है। शिक्षा के लोकव्यापीकरण की ज़रूरत इसे संभव करने हेतु अवसर प्रदान करती है। इसके लिए यह आवश्यक है कि शिक्षा में दोनों पहलुओं का समावेश हो, उन विचारों के साथ कार्य करने का जो अमूर्त है और वह जो उपलब्ध सामग्री के साथ काम करते हुए अपने हाथों के उत्पादक उपयोग की मांग करते हैं। हम यह कहकर चर्चा को समाप्त नहीं कर सकते कि बुनियादी शिक्षा तो असफल सिद्ध हो गई है या उसके विपरीत यह मानना कि जो लोग बुनियादी शिक्षा को नहीं मानते वह किसी पूर्वाग्रह के कारण ऐसा कर रहे हैं। दोनों ही मत बुनियादी शिक्षा के दर्शन के साथ अन्याय करते हैं। हमारा लक्ष्य बुनियादी शिक्षा के सिद्धान्तों के संदर्भ में संवाद को आगे बढ़ाना है।

सवाल आदर्श स्वरूप व व्यवहार के बीच सामंजस्य का

एक और महत्त्वपूर्ण बात, जिस पर सोचने की ज़रूरत है, वह है आदर्श स्वरूप व व्यवहार के बीच सामन्जस्य का। बुनियादी शिक्षा के सिद्धान्तों का प्रतिपादन व उसमें उभरा विमर्श उस समय की परिस्थिति के प्रति एक ज़वाब भी था। हालांकि इसके दर्शन की मुख्य बातें आज भी इतनी ही महत्वपूर्ण हैं और उस समय से अधिक सार्थकता रखती हैं, फिर भी उनके स्वरूप को आज के संदर्भ में रखना होगा। बुनियादी शिक्षा का दर्शन जिन परिस्थितियों में विकसित हुआ और उसके उपयोग

व प्रयोग के प्रयास जो थे वे एक जगह आकर स्थिर हो गए व उन्होंने समाज की बदलती धारा से रिश्ता तोड़ लिया। उस समय जो समाज की दिशा थी उसमें बुनियादी शिक्षा के उपलब्ध स्वरूप की प्रासंगिकता को ढूंढना कठिन था। बुनियादी शिक्षा के स्वरूप में तात्कालिक हालात के अनुकूल परिवर्तन करने की जरूरत थी। ऐसा परिवर्तन जिसमें सिद्धान्तों में हेरफेर न हो, किन्तु व्यवहार में उसको समझ कर लोगों के साथ उस पर संवाद कर पाएँ। बुनियादी शिक्षा के प्रवक्ताओं ने इस संवाद को बनाने व चालू रखने का कोई प्रयास नहीं किया। परिवर्तनों को बुनियादी शिक्षा को अशुद्ध करनेवाला बताया। हालांकि यह कहना सरल नहीं है कि ऐसा उन्होंने किन कारणों के चलते किया और यह सोचना तो और भी कठिन है कि उनका ऐसा करना सरल था अथवा कठिन फिर भी यह तो स्पष्ट है कि इसकी वज़ह से बुनियादी शिक्षा का दर्शन, शिक्षा की मुख्यधारा से विमुख हो गया।

इसको माननेवाले लोग इसकी शुद्धता व जड़ता की रक्षा करने व उसे बनाए रखने के लिए ही कार्य करते रहे। उनका प्रयास यह था कि किसी तरह हम वापस लौट कर वहाँ पहुँचें, जहाँ बुनियादी शिक्षा का वह स्वरूप जो उनके जीवन का अंग था पुनः स्थापित हो। किन्तु यह तो संभव नहीं है। समाज की ज़रूरतें, परिस्थितियों के बदलने के साथ-साथ बदलती हैं। समाज में, सिद्धान्तों को समझ कर नये रास्ते व नये लक्ष्य बनाए जा सकते हैं। पुराने स्वरूप तक पहुँचने की मांग, त्याग, बेहिसाब नैतिकता व किफ़ायत एक आदर्श के रूप में तो स्वीकार्य है, किन्तु हरेक व्यक्ति उसे उस तीव्रता से उपयोग करे, यह अपेक्षा करना मुश्किल है। 'आदर्श' स्वरूप के जड़ रूप से चिपके रहने के कारण भी बुनियादी शिक्षा आम लोगों से अलग-थलग पड़ गई।

किस प्रकार के उद्यम लें

अगर हम यह मूल्य स्थापित करना चाहते हैं कि प्रत्येक व्यक्ति को अपने हाथों से कुछ कार्य अवश्य करना चाहिए तो यह सिर्फ़ ग्रामीण व ग़रीब बच्चों के लिए नहीं हो सकता। आज जब बहुत से उच्च वर्ग के लिए बने स्कूल भी न सिर्फ क्राफ्ट व सृजनात्मक अभिव्यक्ति की बात करते हैं, वरन् हर बच्चे के लिए कुछ ज़िम्मेदारी भी तय करने का प्रयास करते हैं। यह स्पष्ट है कि इस कार्य को अर्थपूर्ण बनाने की दृष्टि से यह अभ्यास रूचिकर और चुनौतीपूर्ण होना चाहिए। बच्चों व उनके पालकों को यह भी लगना चाहिए कि कुछ नया सीखा जा रहा है। हाथ से कार्य करने की प्रक्रिया मात्र यांत्रिक, पुनरावृति अथवा बच्चों का श्रम करने के लिए उपयोग का माध्यम न बन जाए, हमें इस बात का ध्यान रखना होगा। कार्य सृजनात्मक एवं उत्पादक होना चाहिए और इसमें सीखने वाले के दिमाग़ का उपयोग होना चाहिए, जिससे कि बुनियादी शिक्षा का सिद्धान्त *"हाथ के उपयोग के माध्यम से सीखना"*

व्यवहार में आ सके। इसके लिए इस प्रकार की प्रवृतियों और कार्यों को खोजने तथा तैयार करने हेतु प्रयास करने होंगे, जिनसे विद्यार्थियों में ऐसे कार्य करने की संभावनाएँ और क्षमता उत्पन्न की जा सके, जिसके आधार पर वे मूल सामग्री के मूल्य की वृद्धि प्राप्त कर पाएँ व नये डिज़ाइन व नये उत्पाद तैयार कर पाएँ। इस संभावना का पता लगाया जा सकता है कि क्या उन कार्यों से विद्यार्थियों को थोड़ी आय भी हो सकती है। किन्तु यह आय किसी भी स्थिति में अधिक नहीं हो सकती और किसी भी प्रकार से विद्यालय के खर्चे की पूर्ति नहीं कर सकती। विद्यालय का मुख्य काम बच्चों को सिखाना है और उत्पादन से आय प्राप्त करने का प्रयास नहीं है। आज की टैक्नोलॉजी व मार्केट व्यवस्था में उत्पादन का दर व श्रम से प्राप्त मूल्य, बच्चों द्वारा उत्पादित माल की गुणवत्ता आय को सीमित करते हैं।

सुखद और सर्वत्र सुलभ विकल्प की खोज

जहाँ भाषा अहम व राष्ट्रीयता का महत्त्वपूर्ण प्रश्न हो सकता है, वहाँ यह भी स्पष्ट है कि भारत के शहरों की कम से कम ऐसी चर्चाएँ वातानुकूलित कमरों में न हों। रहने में व कार्य करने में एक संतुलित सुविधा का होना और यह अहसास कि अर्थव्यवस्था अंग्रेज़ी भाषा तथा कंप्यूटर के उपयोग से देश के बाहर से कराए गए कार्य पर आधारित है। वैश्वीकरण एक ऐसी प्रक्रिया है जो आरंभ तो हो ही चुकी है पर इससे ज्यादा महत्त्वपूर्ण है कि वह अपनी जड़ें काफी गहरी बना चुकी है। राजनैतिक दृष्टि से वैश्वीकरण का समर्थन कर रही शक्तियों का मुकाबला करना अथवा उन्हें पराजित करना जल्दी संभव नहीं हो पाएगा। बिना किसी ऐसे विकल्प के जो सुखद हो और सर्वत्र सुलभ हो, उपभोक्तावाद से लड़ना कठिन होगा। यह सत्य है कि पर्यावरण के वैश्वीकरण के संबंध में हाल ही में की गई खोज व चिन्ताओं ने तथा संरक्षण पर बढ़ते जोर ने, इस विषय में संतुष्टि को, उन लोगों के बीच भी एक महत्त्वपूर्ण विचार बना दिया है, जिन्हें आर्थिक दृष्टि से इसकी आवश्यकता नहीं है। लोगों को अभी भी व्यावहारिक रूप में गांधीवाद की शक्ति, सामर्थ्य व निहितार्थ महसूस कराना आसान नहीं है। वे संरक्षण व संतुलन की बात तो करते हैं, लेकिन यह निर्णय नहीं लेते कि साधारण स्वच्छ वातावरण कार्य-क्षमता को बढ़ाता है तथा शरीर को अधिक आराम तथा सुविधाएँ देने से इसका क्षरण ही होता है।

अति व्यक्तिवादी आकांक्षाएँ हमारी चुनौती

बुनियादी शिक्षा उन मूल्यों की ओर भी इशारा करती है, जिन पर शिक्षा द्वारा ज़ोर दिया जाना चाहिए। इन मूल्यों में सहयोग, पर्यावरण एवं आस-पास के समाज के प्रति उत्तरदायित्व, ईमानदार, लगनशील तथा उद्देश्यपूर्ण होना, साथ ही दूसरों की तकलीफ़

और आवश्यकताओं के प्रति करुणा भाव और जो कुछ अपने पास है, उसे लोगों के एक वृहत्तर दायरे में बाँटना शामिल है। इसी से संतुलित आवश्यकताएँ, संतोष, सामाजिक उत्तरदायित्व तथा व्यक्ति जिस समुदाय का है उस समुदाय में सहकार तथा खुशी लाने की दृष्टि मिलती है। इस तरह के विचार जीवन को एक स्पष्ट उद्देश्य प्रदान करते हैं। आज के युग में अति व्यक्तिवादी आकांक्षाओं व हर हाल में ज़्यादा छीनकर उपयोग करने के प्रयासों पर अंकुश लगाना ज़रूरी है। यह अब सब मानते हैं कि शिक्षा के सामने यही सबसे बड़ी चुनौती है। इस चुनौती का सामना करने के लिए आवश्यक है कि बुनियादी शिक्षा के सिद्धांतों को आज के संदर्भ में समझा जाए और उपयोग किया जाए।

स्कूल पर सकारात्मक दबाव कैसे

हम यह कह सकते हैं कि बुनियादी शिक्षा का दर्शन ज्ञान सृजन, ज्ञान व्यापीकरण तथा ज्ञान के सम्मिश्रण पर ज़ोर देता है। और इसके पश्चात् अपने आस-पास के लोगों के बीच इसे बाँटने के लिए प्रेरित करता है, जिससे कि सभी का जीवन बेहतर हो सके। अतः एक प्रकार से बुनियादी शिक्षा से जीवन का जो उद्देश्य उभरता है, वह है समुदाय के जीवन में सुधार और लोगों के संघर्ष में उन्हें आगे बढ़ाना। यह बात महत्त्वपूर्ण है कि इस संघर्ष के व आगे बढ़ने के आयाम और संघर्ष के तरीके भी उन्हीं सिद्धान्तों से निकलने चाहिए जो बुनियादी शिक्षा के हैं। इस प्रक्रिया और इस प्रयास में हमें यह आश्वस्त करना होगा कि समुदाय में सभी सुखी तथा संतुष्ट हों और किसी भी व्यक्ति के आत्मसम्मान का हनन नहीं हो। और यह सब करना एक कठिन उद्देश्य की पूर्ति करना है। जिन तथ्यों और उद्देश्यों की हम चर्चा कर रहे हैं, उन को संभव बनाने के प्रयास के लिए हमारे पास विद्यार्थी तथा विद्यालय हैं। यह कार्य केवल उनके बस का नहीं है। उनकी ताकत से इस प्रयास को बहुत दूर तक नहीं ले जाया जा सकता। स्कूल में यह हो पाए यह भी सरल नहीं है। यह ऐसे वातावरण के निर्माण की मांग करता है, जिसमें अध्यापकगण अपेक्षाकृत सुरक्षित व सहज महसूस कर सकें। वे कोई दबाव महसूस न करें, उस सकारात्मक दबाव को छोड़ कर जो नैतिकता व सदाचार से आते हैं। ये सब बड़ी कठिन मांगे हैं। हमें इन बातों को विद्यालयों के प्रबंधन के साथ बाँटकर विद्यालय में ऐसी प्रक्रिया आरम्भ करने की आवश्यकता है, जिसमें अध्यापकों को भी इन मुद्दों पर चर्चा के लिए निमन्त्रित किया जा सके।

सभी में बराबरी

अच्छी शिक्षा यह मांग करती है कि विद्यालय तथा छात्र स्वयं अपने लिए और साथ ही दूसरों के लिए काम करें। वे यह महसूस करें कि संसार में प्रत्येक व्यक्ति महत्त्वपूर्ण

है तथा जीवन का उद्देश्य मात्र दूसरे बच्चों के साथ स्पर्धा करना नहीं, किन्तु सहयोग करना है, जिससे कि दोनों के जीवन अस्तित्व में सुधार लाया जा सके। विद्यालय एक ऐसा स्थान है, जिसकी देखरेख सभी को करनी होती है और इसके सुधार में सहभागी बनना होता है। ऐसा नहीं है कि जैसे समुदाय और विद्यालय एक दूसरे का सामना कर रहे हों और विद्यालय के मूल्य, बच्चे और अध्यापक समाज की संस्कृति से पूर्णतः भिन्न प्रकार के हों। विद्यालय को संस्कृति तथा पर्यावरण का हिस्सा बनाने के लिए, यह महत्त्वपूर्ण होगा कि हम ऐसे संभावित हस्तक्षेप-क्षेत्रों के बारे में विचार करें, जिनके बारे में यह आवश्यक नहीं कि वे असहमति के बिन्दु हों और जो आरंभ में तो जटिल हो सकते हैं, किन्तु धीरे-धीरे सभी संस्कृतियों के प्रति आदरभाव की ओर ले जाने में समर्थ हों। इनकी सहायता से उन संघर्षों को भी मदद मिल सकती है जो समाज में आज व्याप्त असमानता के खिलाफ हैं।

कौन से मुद्दें लें

हमारे द्वारा लड़ी जाने वाली लड़ाइयों और जिन संघर्षों को हम हाथ में ले सकते हैं, उनका चयन करते समय इन सभी मुद्दों के बारे में हमें स्पष्ट होना होगा। वे ऐसे मुद्दे होंगे, जिनसे लोगों को निकट लाने का हमें कुछ अवसर मिल सकेगा। और जैसा कि गांधीजी ने कहा है कि किसी व्यक्ति को नीचा नहीं दिखाना है, अपितु सभी को इस बात के प्रति प्रेरित और प्रोत्साहित करना है कि वे परस्पर सहयोग करें और यह महसूस करें कि इस सुधार एवं संघर्ष से उन्हें भी सहायता मिलेगी।

अन्य महत्वपूर्ण कार्य हैं, शिक्षा के बारे में उपलब्ध ज्ञान को पकड़ना व उसका विश्लेषण करना। वह सारा ज्ञान जो भारत में और अंतर्राष्ट्रीय स्तर पर सृजित हुआ है, उसको समझना जरूरी है। ऐसे संस्थान जो बुनियादी शिक्षा के दर्शन में विश्वास रखते हैं, उन्हें ऐसे शोध कार्य हाथ में लेने चाहिए, जिससे हमारे समक्ष यह स्पष्ट हो सके कि क्या करना है और साथ ही हमें इसके कारण अथवा आधार को समझने में सहायता मिल सके। इस शोध के माध्यम से अच्छी शिक्षा अर्थात् बुनियादी शिक्षा के सिद्धान्तों का कक्षा-कक्ष तथा विद्यालयों में उपयोग करने हेतु उपयुक्त प्रक्रियाएँ व रास्ते भी विकसित होने चाहिए। हमें उस संरचना और उन प्रक्रियाओं को समझना होगा, जिनके द्वारा लोगों को इसके सिद्धान्तों को समझाया जा सकेगा और उन्हें इसके मूल अभिप्रायों के अनुरूप चलने के महत्व को भी महसूस कराया जा सकेगा। हमें यह भी समझना होगा कि यह सब बाहर से नहीं थोपा जा सकता। स्वतन्त्रता आंदोलन की भांति हमें भी एक कार्यनीति विकसित करनी पड़ेगी, जिससे कि शैक्षणिक पृष्ठभूमि के साथ-साथ इसका एक अलग मुद्दा बन सके और इसके लिए आवश्यक सभी साजो-सामान जुटाए जा सकें।

उच्च व तकनीकी शिक्षा को कैसे बदलें

स्कूल में बुनियादी शिक्षा के सिद्धान्तों को संभव बनाने के लिए अध्यापक शिक्षा में तो परिवर्तन की आवश्यकता है ही, साथ में यह भी आवश्यक है कि उच्च शिक्षा व तकनीकी शिक्षा में परिवर्तन हो। एक हद तक उच्च शिक्षा को भी विषयों की समझ वहीं से मिलती है। उच्च शिक्षा उन मूल्यों को सुदृढ़ करने में भी मदद करती है, जिन्हें वह मानती है। यह तभी हो सकता है जब उच्च शिक्षा में शामिल सभी व्यक्ति उनको महसूस करते हों। उच्च शिक्षा में भी यह अपेक्षा है कि विद्यार्थी रटी-रटाई जानकारी को परीक्षा में लिखेंगे। यह चुनौती नहीं है कि विद्यार्थी अपने विचारों को व्यक्त करेंगे, कुछ नयी समस्याओं के लिए हल सोचने का प्रयास करेंगे अथवा समाज के किसी सरोकार में अपने ज्ञान का उपयोग करेंगे।

तकनीकी शिक्षा भी न तो उद्योग से जुड़ी है और न ही आम जीवन से। उनमें वास्तविक परिस्थितियों में मशीनों व औज़ारों से जूझने की बहुत कम संभावना है। नयी तकनीक, नयी मशीनें अभ्यास के लिए उपलब्ध नहीं हैं। जो कुछ सिखाया जाता है, करवाया जाता है वह चूंकि व्यावहारिक तौर पर बहुत महत्त्व नहीं रखता, इसीलिए उसका आकलन, सार्थक व सीखने वालों के लिए गंभीरता से सोचने व सीखने मौक़े नहीं देता।

विश्वविद्यालयों में साथ-साथ सीखने व कुछ करने के, बनाने के, सोचने के मौक़े बनाने की सम्भावना कई जगह टटोली जा रही हैं। उच्च व तकनीकी शिक्षा में 'समवाय' के अर्थ का विवेचन प्राथमिक शाला की तरह नहीं किया जा सकता। विषयों को एक साथ करना व उनके उन सिद्धान्तों को देख पाना, जो समान हैं बहुत महत्त्वपूर्ण है। लेकिन हर विषय की प्रकृति व उसकी ख़ासियत को पहचानना भी आवश्यक है। अमूर्त अवधारणाएँ उच्च प्राथमिक व माध्यमिक स्तर से ही एक ऐसे प्रयास की मांग करती हैं, जिसमें अवधारणात्मक ठोसपन व विषय की प्रकृति की उपयुक्त झलक हो। बुनियादी शिक्षा के प्रमुख सिद्धान्तों के अनुरूप शिक्षा को ढालने के लिए खानापूर्ति प्रदर्शन व प्रतीकों की आवश्यकता नहीं है। इससे ज़्यादा बड़ी आवश्यकता उसमें किए गए बराबरी के सिद्धान्त को व्यवहार में उतारने का प्रयास व आज के संदर्भ में शिक्षा को समग्र दृष्टि से देखने की आवश्यकता पर बल है।

शोध करने की ज़रूरत

आखिर में शोध के बारे में व उससे उभरे निष्कर्षों के बारे में कुछ बातें महत्त्वपूर्ण हैं। शिक्षा का समाज से इतना गहरा जुड़ाव है कि एक की बात दूसरे के बिना नहीं की जा सकती। बुनियादी शिक्षा का दर्शन यह चाहता है कि समाज में शिक्षा का ढंग उसके प्रमुख सिद्धान्तों पर चले। लोगों के साथ काम करते समय इन सिद्धान्तों के अलग-अलग निहितार्थ संभव हैं। यह महत्त्वपूर्ण है कि हम इसको पहचानें और

निर्धारित करें कि इसमें से कितने दायरे को सिद्धान्तों के अंदर मानेंगे। शोध करते समय भी किन सवालों पर हमें खोज करनी है और किस तरह से। इससे उभरा ज्ञान, मान्य ज्ञान में तभी शामिल होगा जब वह कसौटी पर खरा उतरे। इसके लिए एक ओर तो बुनियादी शिक्षा के विमर्श को हमें दन्त-कथाओं व व्यक्तिगत अनुभवों के दायरे से बाहर निकालना होगा और दूसरी ओर कसौटी में भी परिवर्तन करने का प्रयास करना होगा।

बुनियादी शिक्षा का हाशिये पर जाने का मुख्य कारण जानकारी व प्रचार की कमी नहीं है। वैसे तो इस मसले पर अध्ययन की आवश्यकता है। जिस तरह से यह धीरे-धीरे सिमटी है, उससे यह कहा जा सकता है कि यह समय के अनुसार अपने आपको नहीं बदल पाई है। बुनियादी शिक्षा के दर्शन व उसके तात्कालिक स्वरूप को समयानुसार विकसित होने की आवश्यकता है। इसके मुख्य दार्शनिक सिद्धान्त और उनके संदर्भ में शिक्षा का अर्थ समझने के बाद ही हमें वह ढाँचा मिलेगा, जिसकी आज के संदर्भ में व्याख्या करनी होगी। बुनियादी शिक्षा की स्वतंत्रता पूर्व की व्याख्या उस समय की परिस्थिति अनुसार थी। गांधीजी की कार्यपद्धति कुछ मूल सिद्धान्तों के इर्द-गिर्द व्यावहारिक रास्ता तय करने की थी। अपनी कार्यपद्धति और कार्य रणनीति में वह लचीलापन तो रखते थे परन्तु सिद्धान्तों के दायरे में रहते थे। उनके द्वारा चुने गए रास्ते अनुभव व परिस्थितियों के अनुसार बदलते रहे। किन्तु बाद में बुनियादी शिक्षा का वह स्वरूप जड़ होता गया और उसकी सैद्धान्तिक प्रासंगिकता के बावजूद व्यवहार में आम लोगों की और शिक्षा निर्धारित करने वाले लोगों की नज़र में उसका महत्त्व कम होता गया। बुनियादी शिक्षा के समर्थकों ने इसके प्रकट स्वरूप को बनाए रखने पर ज़्यादा ज़ोर दिया एवं अपने आपको समाज के बदलते स्वरूप से अलग करके एक टापू बना लिया। इसे टापू से निकालकर आज मुख्य ज़मीन पर लाने की ज़रूरत है।

हमारे अनुभव से स्पष्ट है कि बुनियादी शिक्षा के सिद्धान्त महत्त्वपूर्ण हैं व इन्हें आज के संदर्भ में उपयोग करने के लिए ठोस कार्य व शोध की आवश्यकता है। ऐसे संस्थानों की ज़रूरत है, जो शिक्षा के हर पहलू पर विचार करने के साथ-साथ उद्यमों पर भी विचार कर सकें। अवधारणाओं का वह स्वरूप जो उद्यमों और समाज के अनुभवों को शामिल कर सकता है, उसे हम सामने ला सकें।

काम और ज्ञान के रिश्ते को जोड़ने की दुविधा

कमल महेन्द्रू

मुझे लगता है बुनियादी तालीम की दुविधाओं की बात करने से बात पूरी नहीं होगी। मैंने अपने दिमाग में विश्लेषण करने की कोशिश की कि आखिर बुनियादी शिक्षा के वे कौन-से मूल विचार हैं, जिन्हें हम पकड़ सकें और समझकर उसकी जड़ तक पहुँच सकें तभी उनसे जूझने का रास्ता समझ में आएगा। मैंने शिक्षा के क्षेत्र में किशोर भारती संस्था में 70 के दशक में जब काम करना शुरू किया था तो मुझे याद है कि कोई भी जब नवाचार का काम करने जाता है तो उसके लिए बुनियादी शिक्षा के विचारों को जानना और समझना एक अनिवार्य चीज़ होती थी। आपको अगर कुछ कहना और करना है तो पहले आप बुनियादी शिक्षा क्या है, उसके अनुभव क्या हैं, उसका किस-किस तरह उपयोग हुआ है यह जानकर आइए।

मेरे ख्याल में इस पूरी विचारधारा में कुछ दम है तभी इतने वर्षों बाद भी बुनियादी शिक्षा पर विचार करने की जरूरत हम सबको लगातार महसूस हो रही है। इसके दो कारण हैं- एक तो यह कि उस विचारधारा में दम है और दूसरा, हम उस विचार को फलीभूत नहीं कर पाए हैं। दोनों कारणों से हमको यह प्रक्रिया दोहरानी पड़ रही है।

बुनियादी शिक्षा की पूरी विचाराधारा को बहुत सरल कर दें तो इसमें दो शब्द हैं- 'काम' और 'शिक्षा' और इन दोनों के जुड़ाव को ढूंढ़ने का प्रयास करना है। अगर आप देखें तो यह सवाल और यह दुविधाएँ हमारी राष्ट्रीय शिक्षा नीति में भी है। हाल का नेशनल करिकुलर फ्रेमवर्क बनाने का जो पूरा प्रयास हुआ है उसमें भी काम व शिक्षा के संबंध को ढूंढ़ने की बड़ी कोशिश की गई है। तो हर बार हम कह देते हैं कि काम और शिक्षा को जोड़ना चाहिए और फिर उसका हल ढूंढ़ने के लिए बुनियादी शिक्षा की विचाराधारा की ओर अग्रसर होते हैं कि शायद यहीं से हमें उसका उत्तर मिले। रोचक बात यह है कि हमें जो कमियाँ आज की शिक्षा व्यवस्था में लगती हैं उनसे तो यही निष्कर्ष निकालते हैं कि काम और शिक्षा इन दोनों को जोड़ने से हल मिल सकता है। इसी का विश्लेषण अगर हम करके देखें तो हमारी जो न्यादिश शिक्षा

की दुविधा है, काम और शिक्षा को जोड़ने की दुविधा है, और हमारी वर्तमान शिक्षा प्रणाली की प्रांसगिकता के सवाल हैं, उन सब का उत्तर शायद इन दोनों में जाकर अटकता है या मिलता है।

काम और शिक्षा इन दो शब्दों को जितना मैं समझता हूँ, आपके सामने प्रस्तुत करने की कोशिश कर रहा हूँ। मेरी समझ यह है कि काम का मतलब आप कुछ भी काम कर रहे हो, नहीं है। बुनियादी शिक्षा के संदर्भ में भी नहीं है। स्पष्ट रूप से काम का मतलब उत्पादक श्रम से है। केवल हम बच्चों से दिन में एक घंटे तकली चलवा रहे हैं या बगीचे में निंदाई-गुड़ाई करवा रहे हैं तो मेरी समझ में बुनियादी शिक्षा के काम का जो सिद्धांत है वह पूरा नहीं होता। काम को उत्पादक श्रम के संदर्भ में ही पारिभाषित करना और उसके आधार पर शैक्षणिक क्रियाएँ करनी पड़ेंगी, शिक्षक-व्यवस्था क्या होनी पड़ेगी, यह करना बहुत जरूरी है। मैं ये बातें अपने कुछ अनुभव के आधार पर कह रहा हूँ। मैंने कई जगह पर बुनियादी शिक्षा के प्रयोग देखे हैं। काम जिस रूप में वहाँ पर समझा गया और करवाया गया, उसकी निरर्थकता इतनी कि आप वहाँ जाएँ तो आपको झकझोरती है कि काम तो यहाँ पर हो रहा है पर वो है एकदम निरर्थक। जो काम करवाया जाता है वो ना तो बच्चों में और न ही शिक्षकों में किसी प्रकार का उत्साह पैदा कर पा रहा है और शिक्षा से तो उसका कोई लेना देना रहता ही नहीं है। मेरी समझ में, बुनियादी शिक्षा के संदर्भ में 'काम' को 'उत्पादक श्रम' के रूप में ही पारिभाषित करना जरूरी है।

अगर हम इस बात को मान लें कि काम का मतलब उत्पादक श्रम है तो उससे फिर दो बातें उठती हैं। एक तो यह कि आपके श्रम से कुछ उत्पादन होना चाहिए और उत्पादन तभी होता है जब आप कहीं बाजार में ले जाकर उसका आदान-प्रदान कर सकें, बेच सकें। अपने श्रम को उत्पादक बनाने के लिए एक बहुत जरूरी हिस्सा हो जाता है बाजार से जुड़ना। स्कूली शिक्षा की प्रक्रिया में जो उत्पादक काम करवा रहे हैं, काम से जो उत्पादन करवा रहे हैं वो उत्पादन कहीं बाजार से जुड़ना चाहिए। अगर वो नहीं जुड़ता है तो हम फिर उस दुविधा में अटक जाते हैं कि हमारा काम निरर्थक है और उस कारण से वह काम उत्साह नहीं दे पाता है। दूसरा हिस्सा है उत्पादक श्रम से, जो आजीविका से जुड़ता है। उत्पादक श्रम बाजार से जुड़ना और आजीविका से ये सभी एक दूसरे के पूरक हैं। ऐसा श्रम जो उत्पादक श्रम हो और हम विद्यार्थी को उसके भावी जीवन में इस प्रकार की क्षमता दे सकें कि वह अपनी और अपने परिवार की आजीविका का भरण-पोषण कर सकें। फिर बात यहाँ पर खत्म नहीं होती कि इस बात को मानने से जो दुविधाएँ पैदा होती हैं जो केवल बुनियादी शिक्षा के अंदरुनी तर्कों से नहीं उभरती हैं, वो बाहरी दुनिया के तर्क से भी उभरती है। और उस बाहरी दुनिया की परिस्थिति से फिर बुनियादी शिक्षा की अवधारणा और उसके क्रियान्वयन से जूझना पड़ेगा। पहली तो है बाज़ार की दुविधा।

अगर आपका श्रम उत्पादक श्रम होगा तो बाज़ार में किस चीज़ का आदान-प्रदान हो सकेगा, कौन-सी चीज़ बेची जा सकेगी और समय के साथ उसमें क्या परिवर्तन होता चलेगा, इस बात को हमें बुनियादी शिक्षा की अवधारणा और ढाँचे में स्वीकारना पड़ेगा। तो ऐसा नहीं हो सकता कि अगर आज से पचास-साठ-सत्तर साल पहले चरखे से सूत कातना उस समय उत्पादक श्रम की श्रेणी में आता था।

आज की परिस्थिति में, आज की टेक्नोलॉजी, आज की बाजार की आवश्यकता, आज के जीवन की जरूरतें उन सबका विश्लेषण करने की जरूरत है। और उस विश्लेषण के आधार पर काम को निर्धारित करना होगा। हम किसको काम और शिक्षा को जोड़ने का आधार मानें? उस पर निरंतर गतिशील होना, परिवर्तन होना, मुझे लगता है कि बुनियादी शिक्षा को जीवित बनाए रखने के लिए बहुत जरूरी है। नहीं तो वह एक जड़ विचार और एक जड़ व्यवस्था बन कर रह जाती है। दूसरी दुविधा हमारी अर्थव्यवस्था और हमारे समाज की बहुत बुनियादी बात पर चोट करती है और वो है श्रम का मूल्य।

हमारे देश में किसी कारण से शारीरिक श्रम से किया गया उत्पाद, मूल्य, दिमागी श्रम से किए गए उत्पाद से कम आँका जाता है। मतलब कोई यह कहे कि ये ईश्वरीय देन है या ऐसा ही होता है, तो ऐसा जरूरी नहीं है। विश्व में और भी देश हैं जहाँ एक माली भी मध्यमवर्गीय जीवन जीता है, क्योंकि उसको अपने माली के काम का जो मेहनताना मिलता है, उसके श्रम का जो मूल्य मिलता है वो उतना ही मिलता है जो एक स्कूली मास्टर को या बैंक के बाबू को या सरकारी अफसर को। एक बढ़ई को उसके श्रम का मूल्य उतना ही मिलता है, एक घर की पुताई करनेवाले को उसके श्रम का मूल्य उतना ही मिलता है। किसान को उसके श्रम का मूल्य उतना ही मिलता है। यह हमारे देश और हमारे समाज की कमजोरी है कि वो शारीरिक श्रम को दिमागी श्रम से कम आँकता है।

मेरी समझ में बुनियादी शिक्षा की विचारधारा के पीछे वास्तव में हमारे समाज में जो झकझोरने की जरूरत थी, जरूरत है वो शक्ति चाहिए। वो शायद बुनियादी शिक्षा की विचारधारा से बनती है। और इस विचाराधारा को कहीं इस सामाजिक व्यवस्था पर कई सवाल उठाना पड़ेगा। यह बहुत बुनियादी विसंगति है कि शारीरिक श्रम करना आदर्श है। वहीं हमारा समाज जो है वो शारीरिक श्रम के मूल्य को बहुत कम आंकता है। तो इस दुविधा में जो आप शिक्षा दे रहे हैं, और समाज जो शिक्षा दे रहा है बच्चों को, उन दोनों बुनियादी दुविधाओं का और उस विरोधाभास का कहीं पर डटकर सामना करने की जरूरत होगी। और वह केवल बुनियादी शिक्षा के ढाँचे में नहीं वरन हमारी पूरी अर्थव्यवस्था पर सवाल खड़े करने होंगे। हमारी श्रम नीति पर सवाल करने होंगे तभी बुनियादी शिक्षा समाज को बदलने के सपने की ओर बढ़ सकेगी।

मुझे लगता है कि काम को हम उत्पादक श्रम के रूप में समझें ओर उत्पादक श्रम को बाज़ार और आजीविका से जोड़े बिना नहीं समझा जा सकता। इन दोनों को जोड़ने की जो बुनियादी दुविधा है वह बाज़ार और उसके बदलते रूप से उभर कर आती है। दूसरा, श्रम के मूल्य की जो विसंगति है उससे यह दुविधा उभर कर आती है। अब मैं दूसरे पहलू की ओर चलता हूँ। मुझे लगता है कि मुख्य सवाल यही है कि काम और शिक्षा के बीच का जो संबंध है, उसे हम बुनियादी शिक्षा में कहीं बहुत प्रखर रूप से पारिभाषित नहीं कर पाए हैं।

मैंने बुनियादी शिक्षा के कई प्रयोग देखे। उसमें जो पारिभाषित किया गया है और कहीं पर काम और शिक्षा का जुड़ाव है वह स्कूलों की दिनचर्या में ही टूट जाता है। बच्चे कक्षा में तो वही शिक्षण-पद्धति, वही पाठ्य पुस्तकें उसी शिक्षण-पद्धति से पढ़ रहे होंगे जो कि एक सामान्य शाला में चल रहा होगा। और दिन में थोड़ा समय रखा गया होगा काम के लिए कि बुनियादी शिक्षा में काम भी करवाना है तो इस समय बच्चे काम करें और बच्चों की शिक्षा हो। मुझे लगता है कि काम और शिक्षा के बीच के जुड़ाव को एक जीवंत रूप से स्थापित करने में जो असमर्थता और एक दुविधा रही है उसने बुनियादी शिक्षा को बहुत कमजोर किया है।

मैं बहुत सरल तथ्य आपके सामने प्रस्तावित करना चाहता हूँ। दरअसल शिक्षा और पाठ्यचर्या की एक नयी पुनर्रचना करने की जरूरत है। अगर हम काम और शिक्षा का जो संबंध है इसे ठोस रूप से स्थापित करना चाहते हैं तो मेरी समझ में वह केवल दुविधा ही नहीं वो सबसे बड़ी चुनौती है बुनियादी शिक्षा की। काम और शिक्षा का संबंध स्थापित करना जो हर कोई सरकारी दस्तावेज में इस वाक्यांश को पाएँगे। काम और शिक्षा का संबंध हमको स्थापित करना है। यह बुनियादी शिक्षा से लिया हुआ बहुत महत्वपूर्ण विचार है। काम और शिक्षा को जोड़नेवाली पाठ्यचर्या की संरचना करना बहुत जरूरी हो गया है। इसमें दो बातें और जोड़कर अपनी बात को यहीं समाप्त करूँगा। पहली चीज कि इसका मतलब यह बिल्कुल नहीं है कि हम एक अलग शिक्षा की बात कर रहे हैं। मैं कह रहा हूँ कि यह नहीं कि गणित में यह पढ़ाना चाहिए, या विज्ञान के यह टॉपिक इस कक्षा में होने चाहिए, बल्कि जो सामान्य उद्देश्य गणित शिक्षण के, विज्ञान शिक्षण के, भाषा शिक्षण के, सामाजिक अध्ययन शिक्षण के और शिक्षा के जो प्रतिबंधित किए गए हैं इन राष्ट्रीय पाठ्यचर्या में, मेरी समझ में उनको आधार बनाकर काम और शिक्षा को जोड़ने वाले का समन्वय स्थापित करने वाली पाठ्यचर्या का निर्माण करना संभव है।

मैं ये बातें कुछ तो अपने अनुभव से बोल रहा हूँ और कुछ एक आशावादी दृष्टिकोण के साथ। मेरा विश्वास है कि इस तरह की पाठ्यचर्या की रचना की जा सकती है। यह चुनौती बुनियादी शिक्षा के विचारों के पक्षधर लोगों का सिखानी पड़ेगी। दूसरी बात जो इससे उभरकर आती है वह यह कि जो हमारी मुख्यधारा की

शिक्षा है, उसके जो सिद्धांत हैं उसके जो पेडॉगॉजी के सिद्धांत हैं, उसकी जो शिक्षण-विधि के सिद्धांत हैं, उसकी जो विषय वस्तु के आधार से अलग बनेगी। उनको भी अपने में समाहित करना होगा। इसका मतलब यह है कि उदाहरण के तौर पर एक अच्छी गणित की शिक्षा क्या है और किस-किस स्तर पर क्या-क्या सिखाना जाना चाहिए, इसकी इतनी ही गहरी समझ हमको चाहिए। और हम काम के साथ कैसे जोड़कर पाठ्यक्रम का विकास करेंगे या पाठ्यचर्या बनाएँगे। ये चुनौतियाँ हमको स्वीकार करनी पड़ेगी।

मेरा सिर्फ यह कहना है कि इस चुनौती को स्वीकार करने का मतलब इसके कुछ विकल्प बनाकर प्रस्तुत करने पड़ेंगे। मैं यह मानता हूँ कि अगर परंपरागत पाठ्यक्रम है तो उसको भी पढ़ाया जाए और साथ में काम भी हो सकता है तो वो मुझे लगता है कि शायद संभव नहीं है। क्योंकि पाठ्यचर्या और पाठ्यक्रम उस दृष्टि से रचा ही नहीं है। तो नये ढंग का पाठ्यचर्या और पाठ्यक्रम रचने की आवश्यकता होगी तब यह जो बुनियादी दुविधा जिसको आप सबने भी इंगित किया उससे हम पार पा सकेंगे।

नयी तालीम शिक्षण-पद्धति और उसकी वैज्ञानिकता

शिवदत्त मिश्र

महात्मा गांधी ने कहा है कि नयी तालीम उनकी देश व दुनिया को अन्तिम एवं सर्वश्रेष्ठ देन है। व्यक्ति विकास के संदर्भ में देखें तो नयी तालीम के माध्यम से शरीर, बुद्धि और आत्मा तीनों का विकास एक साथ होता है। सामाजिक संदर्भों में नयी तालीम उस अहिंसक क्रांति की वाहक है, साधन है, जिसके माध्यम से गांधी 'रामराज्य' या ग्राम स्वराज का उद्देश्य सिद्ध करना चाहते थे। शिक्षाशास्त्र की दृष्टि से भी देखने पर नयी तालीम परिपूर्ण शिक्षा पद्धति के सभी मानदंडों पर खरी उतरती है। साथ ही, नयी तालीम का विकास गांधीजी द्वारा लगभग 40 वर्षों तक किए गए सतत प्रयोगों से प्राप्त अनुभवों के आधार पर हुआ।'[1] नयी तालीम का उद्देश्य व्यक्तित्व का समग्र विकास करना अर्थात् बच्चे के अंदर में छिपे सभी गुणों का समुचित व सन्तुलित विकास, जिससे वह श्रेष्ठ नागरिक के सभी अनिवार्य गुणों यथा, निस्वार्थ-भावना, समाज-सेवा, कर्तव्यपरायणता, सत्य, अहिंसा, श्रमनिष्ठा, स्वालंबन आदि से सम्पन्न बन सके। इस तरह नयी तालीम नया समाज बनाने का साधन है। इस अर्थ में यह मात्र एक शिक्षण-पद्धति नहीं है, यह तो समाज-निर्माण की प्रक्रिया है। नयी तालीम यानी समाज में नए मूल्यों की स्थापना। नयी तालीम सभी को उद्योगशील बनाने के साथ ही साथ विचारशील भी बनाने का भी लक्ष्य रखती है। इस अर्थ में नयी तालीम समाज में कर्म की प्रधानता स्थापित कर कर्म से बुद्धि का मेल स्थापित करती है जिससे अन्वेषण बुद्धि का विकास होता है और लोग केवल साक्षर नहीं बल्कि शिक्षित एवं वैज्ञानिक बनते हैं।

नयी तालीम शिक्षण पद्धति

सतत् शैक्षणिक प्रयोगों से प्राप्त अनुभव के आधार पर गांधी जी इस निष्कर्ष पर पहुँचे थे कि बुद्धि का सच्चा विकास हाथ, पाँव, कान आदि अवयवों के सदुपयोग से ही हो सकता है, मतलब यह कि ज्ञानपूर्वक शरीर-श्रम करते हुए बुद्धि का विकास उत्तम से उत्तम और शीघ्रातिशीघ्र होगा। यदि उसके साथ पारमार्थिक वृत्ति का संयोग न

किया जाए, तो भी शरीर और बुद्धि के शुद्ध विकास के लिए आत्मा और शरीर का विकास साथ-साथ और समान गति से होना चाहिए।'[2]

गांधी जी का विचार था कि '*मनुष्य केवल शरीर नहीं है, केवल बुद्धि नहीं है, केवल हृदय अथवा आत्मा नहीं है तीनों के समान विकास से मनुष्य का मनुष्यत्व सधता है। इसी में (शिक्षा का) सच्चा अर्थशास्त्र निहित है।*'[3]

यहाँ महत्वपूर्ण बात यह है कि *बुद्धि, शरीर और हृदय,* तीनों का विकास न केवल समान होना आवश्यक है बल्कि समान गति से भी होना चाहिए, एक के बाद दूसरे के क्रम में नहीं। शरीर व बुद्धि के विकास के साथ हृदय अर्थात् पारमार्थिक वृत्ति का विकास अत्यंत आवश्यक है अन्यथा शरीर व बुद्धि से बलवान रावण जैसे व्यक्तित्व का विकास भी हो सकता है जो बुद्धि व शरीर बल का उपयोग केवल अपनी स्वार्थपूर्ति के हेतु से ही करेगा। तीनों में से किसी के भी प्रति उदासीनतापूर्ण मनुष्यत्व के विकास में बाधक होगी और एकांगी व्यक्तित्व का विकास होगा। इसलिए शिक्षा को पारिभाषित करते हुए गांधी जी ने लिखा है "*शिक्षा से मेरा मतलब है बच्चे या मनुष्य की तमाम शारीरिक, मानसिक और आत्मिक शक्तियों का सर्वतोमुखी विकास। अक्षर ज्ञान शिक्षा का न तो प्रारम्भ है और न अन्त, वह तो उन अनेक उपायों में से एक है, जिनके द्वारा स्त्री-पुरुषों को शिक्षित किया जा सकता है। केवल अक्षर ज्ञान को शिक्षा कहना गलत है। इसलिए बच्चे की शिक्षा का प्रारम्भ मैं किसी दस्तकारी की तालीम से ही करूँगा और उसी क्षण से उसे कुछ निर्माण करना सिखा दूँगा। इस प्रकार हर पाठशाला स्वावलम्बी हो सकती है। शर्त सिर्फ यह है कि इन पाठशालाओं की बनी चीजें राज्य खरीद लिया करें।*'[4]

गांधी जी के उपरोक्त विचारों को केन्द्र में रखकर ही वर्धा शिक्षा परिषद् का आयोजन 22 व 23 अक्टूबर, 1937 को नवभारत विद्यालय, वर्धा में गांधी जी की अध्यक्षता में हुआ।[5] इसी परिषद के अध्यक्षीय भाषण से नयी तालीम का जन्म हुआ और उसकी शिक्षण-पद्धति स्पष्ट हुयी। अपने भाषण के दौरान नयी तालीम की शिक्षण-पद्धति स्पष्ट करते हुए गांधीजी ने कहा '*समस्त प्राथमिक शिक्षा किसी उद्योग या दस्तकारी को बीच में रखकर उसके जरिए दी जानी चाहिए। नयी तालीम शिक्षा के साथ-साथ एक धन्धा सिखा देने की चीज नहीं है। लड़कों को जो कुछ भी सिखाया जाए, सब किसी न किसी उद्योग या दस्तकारी के जरिए ही सिखाया जाए।*'[6] यहाँ यह सवाल उठ सकता है कि धन्धे तो पहले भी सिखाए जाते थे और आज भी, तो इसमें नया क्या है? इस पर गांधी जी का जवाब है कि '*परन्तु उन दिनों धन्धे के जरिए सारी तालीम देने को बात लोगों के सामने नहीं थी। हम नयी तालीम के अंतर्गत धन्धे या दस्तकारी की मदद से दिमाग को भी आला (प्रथम श्रेणी का) बनाना चाहते हैं।*'[7]

यहाँ यह स्पष्ट कर देना आवश्यक है कि नयी तालीम में धन्धा सिखाना प्रधान

उद्देश्य नहीं है, जैसाकि अधिकांश लोग भ्रमवश समझते हैं, प्रधान उद्देश्य तो बच्चे को शिक्षित करना है उसकी मानसिक, शारीरिक व आत्मिक शक्तियों को विकसित करना है। हाँ, उनको विकसित करने का माध्यम उद्योग द्वारा शिक्षण होगा। इसलिए नयी तालीम केवल उद्योग या दस्तकारी की ही शिक्षा नहीं है, बल्कि उद्योग के माध्यम से बच्चों को सारी शिक्षा देना नयी तालीम है। जिस तरह आज प्रचलित शिक्षा पद्धति में लिखना-पढ़ना जानना ही एक मात्र शिक्षा का माध्यम है उसी तरह नयी तालीम शिक्षण पद्धति में उद्योग के माध्यम से सभी विषयों की शिक्षा में देने की बात है। गांधी जी ने स्वयं स्पष्ट किया है, "*एक बात इस सिलसिले में मैं और साफ कर देना चाहता हूँ। मेरी तजवीज सिर्फ उद्योग सिखाने के लिए नहीं है। मैं तो उद्योग के द्वारा विद्यार्थियों को सभी विषयों का ज्ञान कराना चाहता हूँ। मेरी योजना में इतिहास, भूगोल, गणित, विज्ञान, भाषा, चित्रकला, संगीत, कसरत, व्यायाम, आरोग्य एवं आहारशास्त्र आदि सबका समावेश होता है। लेकिन मेरी शर्त यह है कि इन सबका ज्ञान कोरा किताबी ज्ञान न होना चाहिए। ज्ञान जीवनव्यापी होगा और वह उद्योगों द्वारा हासिल किया जाएगा।*[8]

गांधी जी के अनुसार नयी तालीम शिक्षण पद्धति का उद्देश्य या ध्येय बालकों को केवल उत्तम कारीगर बनाना ही नहीं है बल्कि उद्योग की शैक्षणिक उपयोगिता का पूर्ण लाभ उठाकर उनका सर्वांगीण विकास करना है। उद्योग अथवा शिक्षण नयी तालीम का अंतिम लक्ष्य नहीं, बल्कि उसका एक साधन मात्र है। प्राकृतिक तथा सामाजिक वातावरण के अनुरूप बालकों को अपने व्यक्तित्व का विकास करने में तथा उसकी आवश्यकताओं की पूर्ति करने की क्षमता उत्पन्न करने में सहायता देना ही नयी तालीम का लक्ष्य है।

नयी तालीम की विस्तृत एवं व्यवस्थित योजना तैयार करने के लिए गठित डॉ. जाकिर हुसैन समिति ने भी अपनी रिपोर्ट में लिखा है कि शिक्षा की इस योजना का असल ध्येय यह कभी नहीं रहा है कि महज ऐसे कारीगर पैदा किए जाएँ जो मशीन की तरह हाथ का काम कर सकते हैं। इसका ध्येय तो यह है कि दस्तकारी के अन्दर मनुष्य की शिक्षा को लाभ पहुँचाने की जो शक्तियाँ भरी पड़ी हैं, उन सबका पूरा-पूरा उपयोग हो। इसलिए यह जरूरी है कि दस्तकारी का काम स्कूल की पढ़ाई का एक अंग ही न हो, बल्कि दूसरे सब विषयों को सिखाने का यह एक माध्यम हो और दूसरे सब विषयों की पढ़ाई इसके जरिए आप-से-आप हो सके।[9]

इस तरह ज्ञानयुक्त कर्म को प्रधान पद देकर समस्त शिक्षा का विस्तार करने वाली पद्धति ही नयी तालीम शिक्षण पद्धति है। जीवनोपयोगी और समाजपयोगी सत्कर्म ही नयी तालीम शिक्षण पद्धति के प्रमुख साधन हैं। शब्द, अक्षर या अंक, शिक्षा के मुख्य वाहन नहीं हैं, बल्कि सुव्यवस्थित रीति से जीवन जीने के लिए अत्यंत आवश्यक कर्म ही शिक्षा का मुख्य वाहन हो सकता है। इसीलिए गांधीजी ने कहा

है कि शिक्षा का प्रारम्भ अंक, लिपि या अक्षर से न करके बच्चे की शिक्षा का प्रारम्भ किसी भी जीवनोपयोगी उद्योग की क्रियाओं से किया जाए। इस कार्य में गणित मदद करने और भाषा, विचार और अनुभव का आदान-प्रदान करने से साधन के रूप में स्वाभाविक ढंग से सीखी जा सकती है। लेकिन सच्ची शिक्षा तो निरीक्षण, परीक्षण, प्रयोग, रचना आदि ज्ञानयुक्त कर्म-प्रवृत्ति से ही दी जा सकती है और यही तो वैज्ञानिक पद्धति है।

नयी तालीम शिक्षण पद्धति की वैज्ञानिकता

यद्यपि गांधीजी का पश्चिम के आधुनिक शिक्षा आंदोलनों से कोई परिचय व संबंध नहीं था फिर भी जब हम नयी तालीम के समग्र स्वरूप को ध्यान में रख कर गम्भीरतापूर्वक विचार करते हैं तो पाते हैं कि गांधी जी के शिक्षा-दर्शन व पद्धति में शिक्षा की तमाम आधुनिक धाराओं का समन्वय हुआ है। अपने लक्ष्य में वे आदर्शवादी थे और शिक्षा के माध्यम से यथार्थवादी। प्रकृतिवादी की तरह उन्होंने समस्त शिक्षण के केन्द्र में बालक को रखा और उसके सर्वांगीण विकास के लिए आवश्यक उपाय बताए। और व्यवहारवादी की तरह उन्होंने शिक्षा की वैज्ञानिक और परिणामकारी कला का विकास करने के लिए सामाजिक और प्रयोगात्मक वृत्ति पर जोर दिया। यह निष्कर्ष स्वाभाविक ढंग से निकलते हैं क्योंकि नयी तालीम का मुख्य विचार ही यह है कि बच्चों की समस्त शिक्षा किसी उपयोगी व उत्पादक हस्त-उद्योग के माध्यम से दी जानी चाहिए और ऐसा शिक्षण आस-पास के प्राकृतिक व सामाजिक वातावरण से सुसंबद्ध होना चाहिए। यहाँ 'हस्त उद्योग' शब्द उस सर्जनात्मक और रचनात्मक शरीरश्रम का प्रतीक है, जो सामुदायिक आधार पर और शिक्षा के मुख्य माध्यम के रूप में किया जाता है।

नयी तालीम-शिक्षण की स्वाभाविक प्रक्रिया

शरीर-श्रम युक्त किसी उत्पादक प्रवृत्ति के माध्यम से समस्त शिक्षण की योजना करनेवाली नयी तालीम की शिक्षण-पद्धति का एक दार्शनिक आधार भी है। भारतीय दर्शनशास्त्र के अनुसार संसार रूप और नाम से बना है। रूप पहले आता है और नाम बाद में। जब तक स्थूल वस्तुएँ न होंगी, मनुष्य की क्रियाएँ न होंगी, तब तक उनके नाम भी नहीं दिए जा सकते। नाम, अर्थात शब्द, वस्तुओं के साथ जोड़ने के लिए होते हैं, वस्तुएँ उनके साथ जोड़ने के लिए नहीं होतीं। लेकिन दुर्भाग्य से प्रचलित शिक्षा में यह स्वाभाविक क्रम तोड़ दिया गया है। इसमें शब्दों और मुहावरों को ही प्रथम स्थान दे दिया गया है और व्यावहारिक जीवन को अंतिम। यदि गम्भीरतापूर्वक विचार किया जाए तो स्पष्ट हो जाता है कि मनुष्य का सारा ज्ञान चाहे वह किसी भी शाखा का हो और कितना भी सूक्ष्म हो, जीवन व्यवहार के दौरान हुए अनुभवों

व प्रकृति के अवलोकन से ही मिला है। नयी तालीम शिक्षण पद्धति ज्ञान के इसी स्वाभाविक क्रम को पुनः शिक्षा में स्थापित करती है।

समाज एवं संस्कृति की दृष्टि से विचार करें तो भी यह स्पष्ट होता है कि जीवन की प्राथमिक और सर्वोच्च आवश्यकताओं की पूर्ति करते हुए जो अनुभव प्राप्त होता है, जो ज्ञान प्राप्त होता है और जो परंपराएँ बनती हैं, उसी को संस्कृति कहते हैं। ऐसी जीवन प्रवृत्ति के लिए जो ज्ञान उपयोगी हो, उसी को शिक्षा में प्रधान स्थान मिलना चाहिए। कृत्रिम महत्व की चीजें बाद में भले ही बनती रहें, उनको शिक्षा में स्थान नहीं ही मिलना चाहिए। जीवन जीते हुए जिस ज्ञान की खोज होती है और उससे जो शास्त्र बनता है उसे सीखने-सिखाने का क्रम भी उस जीवन क्रम के साथ ही सुसंबद्ध होना चाहिए। इसको ही नयी तालीम में अनुबंध (को-रिलेशन) कहा जाता है। जीवन जीते या उसे सुधड़ बनाते, विकसित करते हुए जो और जितना ज्ञान आवश्यक है, उतना ज्ञान उस-उस मौके पर पाते जाने से वह बोझ रूप नहीं लगता। नयी तालीम शिक्षण पद्धति की विशेषता यही है कि ज्ञान का प्रत्येक हिस्सा अनुबंध के कारण शुभमुहूर्त पर मिलने से उसकी ग्रहण करने में, समझने में, व्यवहार में लाने में और प्राप्त ज्ञान को स्थायी बनाने में कुछ भी मुश्किल नहीं मालूम हो तो इसीलिए नयी तालीम शिक्षण पद्धति शिक्षण का स्वाभाविक प्रक्रिया है।

एक अन्य तरह से विचार करें तो पता चलता है कि इस दुनिया की रचना ही ऐसी है कि प्रत्येक वस्तु का अन्य दूसरी वस्तु के साथ प्रत्यक्ष या अप्रत्यक्ष सच्चा संबंध है ही। सृष्टि एक रूप है, इसलिए प्रत्येक वस्तु का दूसरी वस्तु के साथ जो संबंध होता है उसे ढूंढ़ना और उसे काम में लाना तथा उसके माध्यम से विद्यार्थियों को सारा जीवन देना यही है नयी तालीम शिक्षण पद्धति। नयी तालीम शिक्षण पद्धति द्वारा जब किसी हस्त उद्योग के साथ ज्ञान दिया जाता है तब दुनिया की सब बातें, सब विषय उसमें आ सकते हैं। क्योंकि दस्तकारी में 'प्रकृति' से 'कच्चा माल' लेकर मनुष्य अपनी 'कुशलता' से उसे ऐसा रूप देता है कि वह 'मनुष्य' समाज के काम की बन जाती है। इस तरह प्रकृति का परिचय, मनुष्य शक्ति का परिचय और सामाजिक जीवन की रचना का परिचय, हस्त-उद्योग के साथ आ ही जाता है। नयी तालीम शिक्षण पद्धति के अंतर्गत अनुबंध के ये तीन प्रस्थान हैं। इस प्रस्थानत्रयी के अन्दर न आ सके ऐसी कोई 'वस्तु दुनिया' में नहीं है।

इस तरह नयी तालीम शिक्षण पद्धति शिक्षण व ज्ञान प्राप्ति की स्वाभाविक प्रक्रिया होने के साथ ही साथ वैज्ञानिक पद्धति भी है। क्योंकि वैज्ञानिक पद्धति भी यही कहती है कि समस्त ज्ञान अवलोकन से और अनुभव से प्राप्त होता है। ज्ञान स्थूल से सूक्ष्म की ओर बढ़ता है, व्यावहारिक से सैद्धांतिक बनता है। पहले हम अवलोकन करते हैं, अनुभव करते हैं और फिर अनुमान की पद्धति से एक सामान्य नियम बनाते हैं। अनुमान सिद्ध हो जाने पर हम उस नियम से परिणाम निकालते

हैं। लेकिन ऐसा करते समय भी हमें अनुभव की कसौटी हमेशा पास रखनी पड़ती है। यदि नियम अनुभव सिद्ध है परन्तु परिणाम अनुभव सिद्ध नहीं होते तो हमें नियम को ही त्यागना पड़ता है। इसका अर्थ यह हुआ कि समस्त ज्ञान जीवन-व्यवहार से ही निकलता है और जीवन-व्यवहार में आना ही ज्ञान का अंतिम लक्ष्य है। किसी भी तरह के ज्ञान को जीवन-व्यवहार की कसौटी पर खरा उतरना ही होता है। नयी तालीम शिक्षण पद्धति के अंतिम स्वरूप पर गांधी जी इसी विधि से पहुँचे थे। गांधी जी ने पहले अपने बच्चों की शिक्षा के प्रयोग किए और उनसे प्राप्त अनुभवों को बड़े पैमाने पर बार-बार प्रयोग किया और अंततः निष्कर्षों पर पहुँचे। यह निष्कर्ष भी आगे प्रयोगों द्वारा परिवर्तित व उन्नत किए जाने के लिए खुले थे और आज भी खुले हैं।

नयी तालीम एवं बाल-मनोविज्ञान

गांधी जी जब नयी तालीम शिक्षण पद्धति पर विचार कर रहे थे तो उपरोक्त विचार श्रृंखला के साथ ही साथ वह बाल मनोविज्ञान की दृष्टि से भी सोच रहे थे। यह एक बाल-मनोवैज्ञानिक तथ्य है कि बच्चे के लिए स्थूल से सूक्ष्म तथा प्रत्यक्ष से अप्रत्यक्ष की ओर बढ़ना हमेशा सहज और स्वाभाविक होता है। उसकी रूचि विचारों की ओर न होकर कुछ करने की ओर होती है। इसीलिए चीजों से लेकर, उनका उपयोग करके, उन्हें तोड़-मरोड़कर और बनाकर ज्ञान अर्जित करना बाल-मनोविज्ञान के अनुकूल है। इसीलिए बाल-मनोविज्ञान के अनुकूल शिक्षा देने की पद्धति भी ऐसी होनी चाहिए जो स्वाभाविक हो और जीवन को प्रतिबिम्बित करे। चूँकि बच्चे की प्रवृतियाँ क्रियात्मक होती हैं इसलिए हस्त उद्योग द्वारा शिक्षा का प्रारम्भ करना ही स्वाभाविक है। बच्चा भिन्न-भिन्न पाठ्य विषयों के वास्तविक अर्थ और उद्‌देश्य बहुत देर के बाद समझना प्रारम्भ करता है, लेकिन प्रत्यक्ष काम में वह तुरन्त ही रूचि लेने लगता है। इसलिए बच्चे की बौद्धिक शक्ति को विकसित करने की मनोवैज्ञानिक पद्धति यही है कि उसे हस्त-उद्योग के काम को विविध क्रियाओं में लगाया जाए, जिससे उसकी निरीक्षण-परीक्षण व आंकलन की शक्ति बढ़े और बच्चे में आत्मविश्वास पैदा हो।

जैसे-जैसे वास्तविक जीवन में उत्पादक और रचनात्मक प्रवृत्ति के लिए उपयोग किए गए सामान, साधनों और आसपास की प्राकृतिक व सामाजिक घटनाओं के संदर्भ में बच्चे का अनुभव बढ़ता है, वैसे-वैसे बच्चा विद्यालय में और विद्यालय के बाहर, वस्तुओं, प्रक्रियाओं और स्थितियों के कारण जानने को प्रेरित होता है। वह अपनी उत्सुकता और बौद्धिक रूचि के अनुसार आगे बढ़ता है और इधर-उधर से प्राप्त ज्ञान खंड यथा स्थान बैठ जाते हैं और परस्पर संबद्ध हो जाते हैं। इसका आधार यह मनोवैज्ञानिक तथ्य है कि बच्चे का दिमाग एक अविभाज्य सम्पूर्ण वस्तु है, जो अपने अनुभवों को अलग-अलग बिखरे हुए टुकड़ों की तरह नहीं बल्कि उन्हें जोड़कर एक

सुसंगठित वस्तु के रूप में रखना पसंद करता है। बच्चे की दृष्टि में विद्यालय के कार्यक्रम को भिन्न-भिन्न बौद्धिक विषयों में बाँट देना, जिनका न तो आपस में कोई संबंध है और न बच्चे के जीवन से, बिल्कुल ही अस्पष्ट होता है। जबकि नयी तालीम शिक्षण पद्धति हस्त उद्योग को ही शिक्षण की पहली मंजिल बना लेती है। जिस तरह एक तेज चुम्बक लोहे के छोटे-छोटे टुकड़ों को अपनी ओर खींच लेता है और उन्हें एक विशेष ढंग से जोड़ देता है, उसी तरह बच्चे की रूचि, हस्त उद्योग और अन्य विषयों की जानकारी भी समुचित रीति से दे देती है। इसके द्वारा बच्चों का ज्ञान प्रत्यक्ष और स्थिर हो जाता है। बच्चे की प्रवृत्तियाँ हस्त उद्योग रूपी केन्द्र से विकास करती है और आगे जाकर उसे विभिन्न विषयों का महत्व दिखाती हैं।

तमाम मनोवैज्ञानिक अध्ययनों से यह स्पष्ट हुआ है और साधारण निरीक्षण से भी यह आसानी से देखा जा सकता है कि बच्चे खोज करने, अनुसंधान करने और चीजों का निर्माण करने के लिए बड़े उत्सुक रहते हैं। इससे उनकी जिज्ञासा शांत होती है। वे वस्तुओं के द्वारा अपने को प्रगट करना भी पसंद करते हैं और वस्तुओं का उपयोग करके काम करने से उन्हें मूल्यवान इन्द्रियजन्य अनुभव प्राप्त होता है। बच्चे की शिक्षा का यह आधारभूत पहलू है। नयी तालीम शिक्षण पद्धति में बच्चे की इन्द्रियों का विभिन्न प्रकार की साधन-सामग्री से संपर्क होता है और उसके फलस्वरूप उसे सर्जनात्मक और रचनात्मक प्रवृत्ति की प्रेरणा मिलती है। बच्चा सामुदायिक जीवन के सुधार के लिए इस सामग्री का हेतुपूर्ण उपयोग करता है। इससे उसे आनन्द भी मिलता है। वह अपनी सभी शक्तियों का विकास करता है और उसका व्यक्तित्व समन्वित बनता है। आधुनिक शिक्षाशास्त्री भी बच्चे के व्यक्तित्व के संतुलित विकास के लिए शिक्षा के आधार के रूप में इन्द्रियजन्य अनुभव अत्यावश्यक मानते हैं।

इंद्रियों के द्वारा संवेदन (सेन्सेशन) होता है। इन संवेदनों का भान ही प्रतिबोधन (परसेप्शन) है और ये प्रतिबोधन दूसरे मानसिक अनुभवों की तुलना में मन द्वारा हजम किए जाते हैं। इस पाचन का परिणाम संबोध (कान्सेप्ट) है। संबोध उतना ही समृद्ध और सही होता है जितना कि प्रतिबोध। प्रतिबोध समृद्ध विविध और शिक्षा की दृष्टि से पर्याप्त हों, इसके लिए यह आवश्यक है कि वे विभिन्न इन्द्रियों से आए और गुण में भिन्न-भिन्न प्रकार के हों। उनका बार-बार होना और विविध परिस्थितियों में होना भी जरूरी है। यह संबोध-निर्माण बाह्य प्राकृतिक जगत् का मानसिक जगत् में परिवर्तन है। इसी को ज्ञान की प्राप्ति कहा जाता है। परंतु संबोध-निर्माण शिक्षा की आधी ही प्रक्रिया है। इससे उल्टी प्रक्रिया अभिव्यक्ति, यानी बाह्य जगत में आन्तरिक जगत की क्रिया, ग्रहण की पहली प्रक्रिया के ही बराबर महत्व की है। अभिव्यक्ति का मुख्य साधन वाणी है, परंतु वाणी एक मात्र साधन नहीं है। चित्रकला, प्रतिरूपण (माडिंग) वस्तुओं का जोड़-तोड़ आदि हाथ की क्रियाएँ भी अभिव्यक्ति का

मूल्यवान साधन हैं। यह अभिव्यक्ति बच्चों के आन्तरिक उत्साह के फलस्वरूप होती है और इस उत्साह को सन्तुष्ट रखना बाल जीवन की आवश्यकता है।'[10]

नयी तालीम शिक्षण पद्धति में आत्माभिव्यक्ति के स्वाभाविक और मुक्त स्वरूप का स्थान अत्यन्त महत्वपूर्ण है। हेतुपूर्ण, सर्जनात्मक और रचनात्मक कार्य के द्वारा आंतरिक दुनिया की अभिव्यक्ति करता है। बच्चा विद्यालय में संगठित हस्त उद्योग व अन्य विविध जीवन-कार्यों के द्वारा बहुमूल्य अनुभव प्राप्त करता है, जिनसे स्पष्ट और सही संबोध बनते हैं। इस ठोस आधार पर फिर वह अपनी योजनाएँ बनाता है, उन्हें कार्यान्वित करता है और वांछित परिणाम लाने की कोशिश करता है। उद्योग की प्रक्रिया और उत्पत्ति के रूप में वह अपने आन्तरिक स्वभाव को प्रगट करता है। इस प्रकार कार्य, उसके ग्रहण और अभिव्यक्ति दोनों का माध्यम होता है।

इसके अतिरिक्त नयी तालीम शिक्षण-पद्धति के अंतर्गत बालक अपने काम की योजना बनाता है और उसे कार्यान्वित करता है। इससे उसमें ज्ञान और व्यवहार की शक्ति का विकास सहज रूप से होता रहता है। वह विविध कौशल सीखता है, हितकर आदतों का विकास करता है और अपने ज्ञान की वृद्धि करता है। कार्य-क्षमता प्राप्त करके वह अपनी बनायी हुई चीज को अधिक कलापूर्ण और उपयोगी बनाने की कोशिश करता है। इस प्रकार उसमें सौंदर्य-बोध पैदा होता है और उसे वह अपने काम की प्रक्रिया और परिणाम में प्रगट करने का प्रयत्न करता है। बाद में पर-सेवा की वृत्ति का आरम्भ होता है। इस भावना से वह अपने प्रयत्न के परिणाम को दूसरों की भलाई में समर्पित करने को प्रेरित होता है। इस तरह उत्पादक और रचनात्मक ढंग के उपयोगी कार्य के द्वारा बालक ज्ञान, व्यवहार और सौंदर्य-बोध की सहज-बुद्धि पैदा कर लेता है और परोपकार की भावना का उसमें विकास होता है। अतः यह स्पष्ट है कि व्यवस्थित, वैज्ञानिक ढंग से और सामुदायिक आधार पर किए गए हेतुपूर्ण उत्पादक एवं सर्जनात्मक कार्य के माध्यम रो ही विद्यार्थी में उपयुक्त व्यावहारिक ज्ञान, कलापूर्ण रूचि और परोपकार की वृत्ति के विकास का ठोस आधार उपलब्ध होता है।

जैसा कि ऊपर चर्चा की गई है, नयी तालीम शिक्षण पद्धति में प्रवृत्ति के सिद्धांत का उपयोग सामाजिक आधार पर संगठित उत्पादक एवं रचनात्मक कार्य के रूप में किया जाता है। इससे यह प्रयोग सिद्ध सत्य प्रकट होता है कि 'बालक अपने ही प्रत्यनों से और अपने ही वास्तविक अनुभव से विकसित होता है, चाहे वह कौशल अथवा ज्ञान में हो, चाहे सामाजिक भावनाओं अथवा आध्यात्मिक भाव में हो।' बालक को शिक्षा इस बात से नहीं मिलती कि हम उसके साथ क्या करते हैं, बल्कि इससे मिलती है कि हम बालक को समाज के सदस्य के नाते स्वयं क्या करने योग्य बनाते हैं। बालक हाथ-पाँव चलाकर, कार्य द्वारा अपने जीवन की दैनिक समस्याओं का हल करना सीखता है। मनोविज्ञान की दृष्टि से यह सीखने की सबसे

उपयोगी और सक्षम प्रक्रिया है। वास्तव में कुछ उत्पादन कार्य करते हुए सामाजिक जीवन के प्रश्न हल करने की इस पद्धति से बालक पहले वस्तुओं के विषय में विचार करने की प्रवीणता प्राप्त करता है। बाद में वह अमूर्त विचारों का उपयोग करना सीखता है। उत्पादक कार्य करते हुए सीखने की यह प्रवृत्ति मूलक शिक्षण-पद्धति न केवल आनन्द का स्रोत है, न केवल शारीरिक कौशल के विकास का साधन है, बल्कि समझ-शक्ति और विचार-शक्ति के विकास का सफल व उत्तम उपाय भी है।

आधुनिक मस्तिष्क शास्त्र एवं नयी तालीम

नयी तालीम शिक्षण पद्धति शिक्षण शास्त्र, मानसशास्त्र तथा बाल-मनोविज्ञान की दृष्टि से श्रेष्ठ होने के साथ ही आधुनिक मज्जा मानसशास्त्र (न्यूरोसायकॉलोजी) मज्जाशास्त्र (न्यूरोसाइंस) तथा मस्तिष्कशास्त्र की नवीनतम खोजों से भी, अन्य तमाम शिक्षण पद्धतियों से श्रेष्ठ सिद्ध होती है। मज्जा-मानसशास्त्र की आधुनिक खोजों के अनुसार व्यक्ति के विकास के लिए समन्वित शिक्षण ही उपयुक्त होता है। आधुनिक न्यूरोसाइंस 'मस्तिष्क' को सीखने का एक साधन मानती है। इसके अनुसार आठ से दस वर्ष की उम्र तक 'मस्तिष्क' विकसित होता रहता है और मनुष्य के मस्तिष्क के आगे का हिस्सा जिसे ललाट या 'फ्रांटल लोव' कहा जाता है, उसका विकास चौदह वर्ष की उम्र तक होता रहता है। इस तरह गांधीजी द्वारा प्रतिपादित 7 से 14 वर्ष की उम्र तक की प्राथमिक या बुनियादी शिक्षा की अवधारणा, इन आधुनिक विज्ञानों द्वारा प्राप्त निष्कर्षों से प्रमाणित होती है। इस उम्र तक मस्तिष्क की क्षमता को अत्यधिक विकसित करने का समन्वित प्रयास ही सच्चा शिक्षण होता है और इसकी नयी तालीम शिक्षण पद्धति में पूर्णरूपेण व्यवस्था है।

जैसा कि ऊपर कहा जा चुका है, आधुनिक मज्जा-शास्त्र (न्यूरोसाइंस) मस्तिष्क को 'सीखने का अंग' मानता है। मस्तिष्क हमेशा ही सीखता रहता है। माँ के गर्भ में आने के बाद सोलहवें दिन से मस्तिष्क के निर्माण की प्रक्रिया प्रारम्भ हो जाती है। यह प्रक्रिया अन्य अंगों के विकास के साथ-साथ जन्म के बाद भी चलती रहती है। एक ओर अंगों की वृद्धि होती रहती है, दूसरी ओर इन अंगों को जीवन भर जो काम करना है उसे करने की क्षमता भी विकसित होती रहती है। इन दोनों प्रक्रियाओं का मस्तिष्क की प्रक्रियों से घनिष्ठ संबंध होता है, यह आधुनिक विज्ञान की खोजों से प्रमाणित है।

उदाहरण के लिए, मस्तिष्क का समस्त कार्य उसमें रहने वाली 'चेतनापेशी' (न्यूरान्स) करती हैं। इनके काम करने की पद्धति है इनका आपस में जुड़ना और इस क्रिया को मज्जा मानसशास्त्र (न्यूरो-साइकॉलोजी) में 'संलग्नता का सिद्धांत' (थियरी ऑफ कनेक्शनिज्म) कहा जाता है। मस्तिष्क की पेशियों के इस मेल से

शारीरिक व मानसिक क्रियाओं को उत्तेजन मिलता है। बच्चे के जन्म के पश्चात् जैसे-जैसे पेशियों का आपसी संबंध बढ़ता जाता है वैसे-वैसे अंगों की कार्यक्षमता विकसित होती जाती है। साथ ही शारीरिक क्रियाओं से बुद्धि की भी अनेक क्षमताओं का विकास होता है। बचपन में यह प्रक्रिया बहुत तेजी से होती है। मस्तिष्क में पेशियों का आपसी संबंध तथा बालक का शारीरिक और मानसिक विकास इन दोनों का आपस में कार्य-कारण का विशेष संबंध रहता है। ये दोनों ही प्रक्रियाएँ परस्परावलम्बी हैं अर्थात् मस्तिष्क में पेशियों की संलग्नता से मानसिक व शारीरिक क्रियाओं को उत्तेजन मिलता है और शारीरिक मानसिक क्रियाओं के परिणामस्वरूप मस्तिष्क में पेशियों की संलग्नता और अधिक तथा मजबूत होती जाती है।'[11] इसीलिए कार्य करते हुए सीखने की पद्धति बच्चे के लिए सहज और आनन्दमय होती है।

यह बात तो बहुत पहले से ज्ञात है कि हमारी समस्त क्रियाओं को उत्तेजन देने वाला अंग मस्तिष्क ही है। परंतु अब मस्तिष्क विज्ञान के संदर्भ में हुई नवीनतम खोजों के द्वारा यह ज्ञान हुआ है कि मस्तिष्क की रचना कैसी है तथा उसमें क्रियाएँ किस तरह होती रहती हैं अर्थात् मस्तिष्क किस तरह काम करता है। इनका निष्कर्ष यह है कि मस्तिष्क का काम कुछ विद्युत व रासायनिक क्रियाओं के परस्पर संबंध से संचालित होता है। इसके लिए मस्तिष्क में एक विशिष्ट प्रकार की व्यवस्था रहती है। मानव मन के सीखने की प्रक्रिया इन्हीं बातों से संबंधित है। इन सबका सविस्तार वर्णन करना यहाँ संभव नहीं है, परंतु इनके अध्ययन से जो निष्कर्ष निकलता है वह यह है कि समस्त शिक्षण अनुभव पर आधारित होना चाहिए, केवल तभी यह प्रभावी ढंग से बालक का विकास करने में योगदान दे सकता है। जहाँ तक शिक्षण का संबंध है आधुनिक न्यूरोसायकोलॉजी तथा 'कागनिटिव न्यूरोसाइंस' भी इसी निष्कर्ष पर पहुँचती है कि बचपन में अनुभव जितना प्रत्यक्ष और प्रवृत्ति प्रधान होगा, मस्तिष्क का उतना ही विकास होता जाएगा। इस तरह प्रवृत्ति प्रधान शिक्षण से जैसे-जैसे बच्चे के मस्तिष्क का विकास होता जाएगा वैसे-वैसे तथा उसी मात्रा में बच्चे की विविध क्षमताओं का विकास साथ ही होता रहेगा और बच्चे का सर्वांगीण विकास संभव होगा। बच्चा प्राप्त ज्ञान का उपयोग व्यवहार में करेगा और व्यवहार से कुशल ज्ञानी बनेगा।

इस तरह आधुनिक विज्ञान की खोजों से प्राप्त निष्कर्ष गांधीजी के इस कथन को प्रमाणित करते हैं कि नयी तालीम शिक्षण पद्धति के द्वारा बच्चों के मन-बुद्धि तथा शरीर अर्थात शारीरिक, बौद्धिक व आत्मिक तीनों तरह का विकास एक साथ व संतुलित रूप से करना ही नयी तालीम का उद्देश्य है। किसी हस्त-उद्योग के माध्यम से शिक्षण देने की प्रक्रिया में होने वाले उत्पादन से विद्यार्थियों में आत्मविश्वास बढ़ने के साथ ही साथ हाथों की व शरीर के अन्य अंगों की कुशलता भी बढ़ती है। जहाँ एक ओर हाथ से काम करने से मस्तिष्क का विकास होता है, वहीं दूसरी ओर

इस तरह की कुशलता बच्चों के भावी जीवन में स्वावलम्बी होने की दृष्टि से उपयोगी सिद्ध होती है। आधुनिक विज्ञान की खोजों से प्राप्त निष्कर्षों के आधार पर कहा जा सकता है कि बचपन में किसी उद्योग द्वारा प्राप्त प्रवीणता या कौशल का उपयोग उस उद्योग के अतिरिक्त अन्य क्षेत्रों में भी स्वाभाविक रूप से होता ही है। इस प्रकार की कुशलता से हाथ वह शरीर के अन्य अंगों के स्नायुओं का सूक्ष्म विकास होता है तथा हाथ, बुद्धि और मन का समन्वय करने की भी आदत पड़ती है जो जीवन भर विभिन्न कामों तथा संतुलित व्यक्तित्व के विकास में सहायक व उपयोगी सिद्ध होती है।

इसके अतिरिक्त, शिक्षण प्रक्रिया एवं संतुलित व्यक्तित्व विकास से संबंधित मनोवैज्ञानिक निष्कर्षों को अपने में समाहित करने के साथ ही साथ, नयी तालीम शिक्षण पद्धति सामूहिक मनोविज्ञान से लाभ उठाने का भी पूरा-पूरा अवसर प्रदान करती है। इस पद्धति में प्रत्येक कार्य मिलजुल कर सामुदायिक स्तर पर होता है जिसके कारण संकेत और अनुकरण की प्रवृत्ति की पूर्ति का पूरा अवसर बच्चों को मिलता है। इस पद्धति में विद्यार्थी को समझने और सम्मान से देखने के दृष्टिकोण का भी पूरा-पूरा समावेश है।

श्री टी.एन. सिकयुरिया ने नयी तालीम शिक्षण पद्धति के मनोवैज्ञानिक तत्वों का विवेचन करते हुए लिखा है- *'इस बात से कोई इंकार नहीं करेगा कि मनोविज्ञान की दृष्टि से इसका ढंग अत्यंत ठीक है। सीखने के साथ-साथ करने का अलग पग और पश्चिमी देशों के खेल पद्धति के अनुकरण में बेकार चीजें न करने की जगह उपयोग की वस्तुएँ बनाने के कार्य, जिनसे थोड़ी-सी आमदनी भी हो जाए, जिससे विद्यार्थियों को पढ़ने के साथ कमा सकने की प्रसन्नता भी मिले वही (अर्थात् गांधी जी ही) सोच सकते थे।'*

आज दुनिया के तमाम शिक्षाशास्त्री भी गांधी जी द्वारा प्रतिपादित इस तथ्य का समर्थन करते हैं कि बच्चों को अच्छी और सच्ची शिक्षा तभी दी जा सकती है जबकि वे जो भी सीखें, कुछ करके सीखे, बचपन में लगभग 14-15 वर्ष की उम्र तक बच्चे (कुछ बच्चों को छोड़कर) सब यही चाहते हैं कि कुछ करें, बनाएँ, बिगाड़ें, तोड़ें और जोड़ें। प्रकृति ने उन्हें सीखने व समझने का यही रास्ता दिखाया है। गांधी जी की भाषा में कहें तो सही बात यह है कि किताबें देकर बच्चों को एक स्थान पर बैठा देना उनके साथ हिंसा है। इसके अतिरिक्त केवल शाब्दिक या पुस्तकीय ज्ञान से न बुद्धि का ही सच्चा विकास होता न सूझ-बूझ ही बढ़ती है इससे तो केवल 'बुद्धि-विकास के नहीं', बुद्धि-विकास के नमूने ही तैयार होंगे।[12] आज चल रही शिक्षा में दिल और दिमाग के विकास के लिए जबान और कान का उपयोग किया जाता है। आँखों का उपयोग भी निरीक्षण की अपेक्षा पठन-पाठन करने में ही अधिक किया जाता है। ज्ञानेन्द्रियों व कर्मेन्दियों का कोई मेल ही नहीं है। परंतु अब तमाम शिक्षा शास्त्री यह

मानने लगे हैं कि आँखों से मुख्यतः निरीक्षण और परीक्षण होना चाहिए और शिक्षा का साधन प्रधानतया हाथ-पैर का काम हो। क्योंकि जब हाथ-पैर से ज्ञान युक्त परिश्रम होगा यानी ज्ञानेन्द्रियों व कर्मेन्द्रियों के सुमेल से प्रयोगों द्वारा समाज हितकारी उद्योगों का रहस्य हस्तगत किया जाएगा, तभी मस्तिष्क का, शरीर का और हृदय का सच्चा विकास हो सकेगा।

वैज्ञानिक दृष्टिकोण को थोड़ा परे रखकर यदि साधारण दृष्टि से विचार करें तो भी यह स्पष्ट होता है कि उद्योग अथवा कर्म केन्द्रित शिक्षा को ही हम सही अर्थों में जीवन-शिक्षा कह सकते हैं। इसका कारण यह तथ्य है कि कर्म ही ज्ञान का जन्मदाता है क्योंकि कर्म से अनुभूति और अनुभूति से ज्ञान प्राप्त होता है। इसीलिए वास्तविक एवं स्थायी ज्ञान की प्राप्ति कर्म से ही हो सकती है। और चूँकि मनुष्य स्वाभाविक रूप से क्रियाशील है, इसीलिए उपरोक्त अर्थ में जीवन की प्रत्येक क्रिया शिक्षा का साधन है, माध्यम है। नयी तालीम शिक्षण पद्धति के अंतर्गत उद्योग-प्रकृति, मनुष्य और समाज तीनों को जोड़नेवाली कड़ी है। किसी भी हस्त उद्योग में मनुष्य प्रकृति की वस्तुओं को समाज के लिए उपयोगी बनाने का प्रयत्न करता है और इसी प्रयास में उसकी प्रतिभा तथा सम्पूर्ण जन्म-ज्ञात प्रवृत्तियों व शक्तियों तथा गुणों का पूर्ण विकास होता है। इसी कारण गांधीजी ने बालक के बौद्धिक, शारीरिक एवं आध्यात्मिक या हृदय के विकास के लिए सृजनात्मक अथवा उत्पादक कर्म को ही प्रधान साधन माना न कि पुस्तकीय ज्ञान को। इस तरह नयी तालीम शिक्षण पद्धति का प्रमुख सिद्धांत अर्थात उद्योग के माध्यम से शिक्षण व्यक्ति तथा समाज दोनों के विकास की दृष्टि से उपयुक्त है, स्वाभाविक है, सहज है तथा जिन्हें केवल विज्ञान की भाषा ही समझ में आती है उनके लिए वैज्ञानिक भी है।

टिप्पणियाँ एवं संदर्भ

1. गांधीजी के शिक्षा संबंधी प्रयोग 1896 में उनके द्वारा स्वयं के बच्चों की शिक्षा देने से प्रारम्भ हुए, बाद में उन्होंने फीनिक्स आश्रम व टॉलस्टॉय फार्म में बच्चों का स्कूल चलाया। भारत आने पर पहले शांति निकेतन में स्वावलम्बी शिक्षा का प्रयोग बाद में, चंपारन के गाँवों में शिक्षा के प्रयोग, देश भर में राष्ट्रीय शिक्षा का प्रयोग, कोचरब व साबरमती आश्रम में तो सतत विद्यालय ही चलाया। विस्तृत विवरण के लिए देंखे, समग्र *नयी तालीम*, शिवदत्त, गांधी सेवा संघ, सेवाग्राम।
2. गांधीजी, *हरिजन बन्धु*, 11 अप्रैल 1937, सम्पूर्ण गांधी वाङ्मय, खंड 65, पृ. 81
3. गांधीजी, *हरिजन बन्धु*, 11 अप्रैल 1936, सम्पूर्ण गांधी वाङ्मय, खंड 65, पृ. 82
4. गांधीजी, *हरिजन*, 31 जुलाई 1937, संपूर्ण गांधी वाङ्मय, खंड 65, पृ. 487
5. विस्तृत विवरण के लिए देखें, *समग्र नयी तालीम*, शिवदत्त, गांधी सेवा संघ सेवाग्राम।
6. गांधीजी, *नयी तालीम की मूल कल्पना*, हिंदुस्तानी तालीम मंच, सेवाग्राम, वर्धा, पृ. 2
7. वही, वर्धा, पृ. 3

8. गांधीजी, *वर्धा शिक्षा परिषद 1937 का विवरण*, हिंदुस्तानी तालीम संघ, पृ. 32
9. डॉ. जाकिर हुसैन, *डॉ. जाकिर हुसैन समिति का विवरण*, हिंदुस्तानी तालीम संघ, पृ.127
10. जी.जी. शूनचैन, *दि एक्टिविटी स्कूल*, पृ. 34-35
11. रमेश पानसे, *नयी तालीम* (मराठी भाषा में) पृ. 46-47
12. गांधीजी, *हरिजन बंधु* 11 अप्रैल 1937, संपूर्ण गांधी वाङ्मय, खंड 65, पृ. 1

एक सार्विक शिक्षण की ओर

दीपक मलिक

"क्या अधस्तन वर्गीय व्यक्ति भी बोल सकता है या अपनी बात रख सकता है" यह वाक्य, उत्तर आधुनिकतावादियों का एक महत्वपूर्ण सवाल है जो गांधी से लेकर पाओलो फ्रेयरे के व्याख्याओं से निकले हुए विमर्श का ही एक हिस्सा है। इस मायने में पाओलो फ्रेयरे के विचार गांधी विमर्श के साथ न केवल एक नज़दीकी बनाते हैं बल्कि वे दोनों विचारकों की व्याख्या का सम्मेलनी बिन्दु भी बन जाता है।

उत्तर आधुनिकतावादियों से विउपनिवेशीकरण के नायकों से अंतर्द्वंद का बिन्दु यहीं पर बन जाता है। 21वीं सदी के आरंभ में उत्तर आधुनिकता की वैचारिकी की चमक घटने लगी है और गांधी द्वारा शताब्दी पहले उठाए गए विमर्श पुनः केन्द्रीयता प्राप्त कर रहे हैं। उसी तरह से पाओले फ्रेयरी का विमर्श भी पुनः केन्द्रियता की ओर लौट रहा है। दो प्रश्न गांधी ने अपने शुरुआती विमर्श में उठाए हैं। एक आंतरिक उपनिवेशवाद (जिसको पाओले फ्रेयरी ने कहीं अधिक कुशलता से पेश किया है) समझ की अनसुलझी व्याख्या की ओर हमारा ध्यान आकृष्ट करती है तो दूसरी ओर गांधी द्वारा अंग्रेजी उपनिवेशवाद से संबंधित टिप्पणियाँ हैं। आंतरिक उपनिवेशवाद और उपनिवेशवाद दोनों की सम्मेलनी बिन्दु है और यहीं पर विचार करना आवश्यक हो जाता है। गांधी ने हिंद स्वराज (1908) अध्याय 18 में यह प्रश्न उठाया है कि शिक्षा का निहितार्थ क्या हो? *"बच्चों को पढ़ाना, लिखाना, गणित पढ़ाना आरम्भिक शिक्षा मानी जाती है, पर यह एक आम किसान पर क्या प्रभाव डालता है? एक आम किसान ईमानदारी से खेती और खेती से धनोपार्जन करता है उसे अपने पारिपार्श्विक विश्व का साधारण ज्ञान है। उसे अपने अभिभावकों, पत्नी, बच्चों और ग्रामीण प्रतिवेशियों के प्रति क्या कर्तव्य हो, इसकी समझ है। वह इन कर्तव्यों की पूर्ति में सामान्य नैतिकता का सहारा लेता है। किन्तु वह अपना नाम नहीं लिख सकता, चूँकि उसे अक्षरज्ञान नहीं है। यदि आप उसे अक्षरज्ञान करा भी दें तो क्या उसकी खुशी में कोई इजाफा होगा। क्या आप चाहते हैं कि वह अपनी झोपड़ी और अपनी जीवन-शैली का कटु समालोचक बन जाए। अगर ऐसा आप करना भी चाहते हैं तो*

उसे शिक्षा देने की आवश्यकता नहीं है। पश्चिमी अन्धानुकरण के सैलाब में हमने बिना सोचे-विचारे फैसला कर लिया कि ऐसी शिक्षा हमें गाँव वालों को देनी पड़ेगी?"[1]

उच्च शिक्षा के बारे में गांधी ने हक्सले की परिभाषा को रखा, जो लूथे लुबाब में कहता है कि 'जो प्रकृति के साथ सामंजस्य बना पाया है उसे ही हम शिक्षित मानेंगे।'[2]

अंगरेजी शिक्षा जो मूलतः औपनिवेशिक विश्वदृष्टि बनाने की औजार थी... उसके बारे में भी एक शास्त्रीय विमर्श महात्मा ने छेड़ा था। गांधी का कहना था- *"अंगरेजी शिक्षा को लेकर हमने एक गुलाम देश बना डाला है।'*[3] *आगे वे कहते हैं कि- हम जो अंगरेजी जानते हैं, हम ही ने भारत को गुलाम बना डाला है (इसमें आखिर अंगरेजों का क्या दोष है- मेरा भाष्य) क्लर्क बनाने की इस शिक्षा को हम ने ही स्वीकार कर लिया है। गांधी ने राममोहन राय और लोकमान्य तिलक का उदाहरण प्रस्तुत किया है और उनका कहना है कि दोनों यदि अंग्रेजी शिक्षा में दीक्षित नहीं होते तो वे और भी अधिक प्रभावी होते। इस संदर्भ में उन्होंने चैतन्य, कबीर, नानक, गुरुगोविन्द सिंह की चर्चा की है और उनका मानना है कि इनके संदेश कालजयी हो गए, पर राममोहन राय और तिलक का दायरा उतना बड़ा नहीं हो पाया। इस प्रकार, उनकी पूर्ण प्रतिभा का उपयोग नहीं हो पाया। यहाँ अंग्रेजी शिक्षा का मतलब एक ऐसी दृष्टि से होता है, जो औपनिवेशिक जड़ को गहरा बना देती है। गांधी का मानना है कि अंग्रेजी शिक्षा ही आदमी को शक्ति सम्पन्न करता है यह भ्रमपूर्ण धारणा है। यह शिक्षा चाहे न मिले फिर भी उसके ज्ञान का दायरा विस्तृत रहेगा।"*[4] (यंग इंडिया, 27.04.21)

पाओले फ्रेयरे ने इस संदर्भ में लातिन अमेरिकी अनुभवों के आधार पर एक महत्वपूर्ण विमर्श प्रस्तुत किया है। पाओलो के लिए इस सैद्धांतिकी में महत्वपूर्ण प्रस्थान बिन्दु है कि व्यक्ति की सत्ता बनती है उसकी विश्व में जगह और विश्व के साथ अर्न्तसंबंधों के माध्यम से। फ्रेयरे इस प्रक्रिया को *कन्सेन्टाइजेशन* कहते हैं। कन्सेन्टाइजेशन से उनका आशय एक प्रक्रिया से है। एक सचेत मनुष्य वह है जो एक ऐसी शिक्षा प्रक्रिया का कर्ता है जो केवल मनुष्यता की वैश्विक संदर्भ के अंदर ही सचेत नहीं है, बल्कि उससे बढ़कर, वह वैश्विक संदर्भ को अपना लेता है। पाओले फ्रेयरे ने कन्सेन्टाइजेशन प्रक्रिया की परिभाषा करते हुए कहा है कि यह एक ऐसी प्रक्रिया है जिसमें व्यक्ति जो महज़ दिए गए और स्थापित ज्ञान भण्डार ही नहीं, बल्कि ऐसे कर्ता जो अपनी दृष्टि रखते हैं उन्हें सामाजिक-सांस्कृतिक यथार्थ का गहरा अनुभव करती है। यह चेतना ही उनके जीवन एवं उस क्षमता में वृद्धि करती है जो दिए गए यथार्थ को बदलने में समर्थ होती है।'[5]

यथार्थ को बदलने की क्षमता कैसे अर्जित हो यह विमर्श का मुख्य मुद्दा बन जाता है। यान्त्रिक वस्तुगत चेतना महज़ जागतिक दुनिया की नकल होती है पर यह

तथ्यगत रूप से त्रुटिपूर्ण धारणा है। इस परिस्थिति में चेतना वास्तविकता के रूपरेखा का महज़ यांत्रिक नकल ही कर पाएगी। दूसरी परिस्थिति में चेतना यथार्थ की सृष्टि करती है ऐसी दशा में यह यथार्थ तक पहुँचने के पहले से सुचिन्तित कदम है।[6]

इसी प्रकार व्यवहारवाद में भी मनुष्य अपने और विश्व के बीच द्वंद्वात्मक संबंध को समझ नहीं पाता है। यांत्रिक व्यवहार में मनुष्य मशीन के रूप में देखा जाता है। तर्कयुक्त व्यवहारवाद भी व्यक्ति की चेतना को अमूर्त मानता है इसलिए व्यक्ति का लेखा-जोखा नहीं लेता है। कन्सेन्टाइजेशन की यह प्रक्रिया इन आधारों पर आकलित नहीं किया जा सकता है।

वस्तुतः चेतना के कारण ही कन्सेन्टाइजेशन संभव होता है। चूँकि यह मनुष्य की चेतना ही है जो उसे महसूस करा देती है कि उसकी चेतना भी प्रभावित है, ऐसे तत्वों से जो आवश्यक नहीं कि एक वस्तुनिष्ठ परिप्रेक्ष्य प्रस्तुत करें। फिर भी व्यक्ति अपना लक्ष्य तय कर सकते हैं और उस लक्ष्यप्राप्ति के पश्चात् क्या परिवर्तन आएगा उसका भी अंदाज कर सकते हैं... यही व्यक्ति और मनुष्य को अलग करती है दुनिया के अन्य प्राणियों से। वस्तुतः प्रैक्टिस, जो समाज परिवर्तोन्मुख कार्यों की एक प्रक्रिया बनाती है वह चेतनान्मुख कदमों के फलस्वरूप बनता है, यह चेतना ही मूल आधार है विश्व-दृष्टि का। विश्वदृष्टि का बनना सबसे महत्वपूर्ण बौद्धिक कवायद है, जो वस्तुगत परिस्थितियों और आत्मगत कर्ताओं के अंर्तसंबंध में निर्मित होता रहता है। इसके लिए एक भविष्यमुखी यूटोपियाई लक्ष्य बनाना भी आवश्यक है। मनुष्य जाति के लिए प्रैक्टिस का अर्थ विश्व को मानवीय रूप से ग्राह्य, लोचदार और उपयुक्त बनाना होता है यह मूलरूप से अमानवीयकरण की प्रक्रिया को नकार कर ही बनता है और दूसरी ओर यह संभव तभी होता है, जब व्यक्ति एक आविष्कार वृति अपनाता है और विश्व के बारे में अपनी जिज्ञासा को प्रकट करता है। सभ्यता, मानवीयकरण की प्रक्रियाएँ शिक्षा के इन्हीं बिंदुओं को संदर्भ बनाती हैं। मनुष्य का विश्व से संबंध हर मायने में ऐतिहासिकता की प्रक्रियाओं को स्पर्श करती है। ऐतिहासिकता व्यक्ति और इतिहास दोनों को बनाती है, दोनों अन्योन्याश्रित हैं। पश्चिम के एक प्रमुख दार्शनिक ने अपनी व्याख्या में कहा है कि मनुष्य अपने विकास की प्रक्रिया में एक आत्मजीवनी बनाने की क्षमता विकसित कर लेता है। मार्क्स ने 'पूंजी' में वर्णन किया है कि श्रमउन्मुख व्यक्ति हर श्रम प्रक्रिया (लेबर प्रोसेस) के अंत में नतीजा वही निकालता है जिसकी कल्पना शुरू में उसने की होगी। अर्थात् एक उत्पाद क्या हो, कैसा हो उसका पूर्वाभास उसके निर्माण के पहले निर्माणकर्ता के दिमाग में रहना चाहिए। इसी शक्ति को अर्जित करने में एक सांस्कृतिक प्रक्रिया-जो स्वायत्तता और स्वातन्त्र्य की ओर ले चले, उसकी आवश्यकता पड़ती है।

पाउलो फ्रेयरे ने 'शब्दहीन क्षेत्र' की बात उठायी है। फ्रेयरे का कहना है कि 'शब्दहीन क्षेत्र के सिद्धांत का जन्म साम्राज्यी केंद्र और तीसरी दुनिया के आपसी

संबंधों के फलस्वरूप बनता है। यह संस्कृति आधिपत्यवादी और प्रभावित जमात के बीच संरक्षात्मक संबंध पर निर्भरशील है। पराश्रित समाज... 'शब्दहीन' क्षेत्र होता है इसकी अपनी कोई आवाज या भाषा नहीं होती। जो भी भाषा है, वह महानगरीय शक्तियों से उधार ली हुई होती है।'

क्या अधस्तरवर्गीय जमात बोल भी सकती हैं, इस प्रश्न को उठाया था गायत्री चक्रवर्ती स्पिवाक ने। इस प्रश्न का जबाव वह स्वयं ही देती है कि अधस्तन जमात बोल नहीं सकती है। पाओलो फ्रेयरे गायत्री चक्रवर्ती स्पिवाक द्वारा उठाए गए प्रश्न को ही 'शब्दहीन क्षेत्र' की व्याख्या में उठाते हैं। उनके अनुसार तीसरी दुनिया की भाषा, स्वायत्तता, सत्ता को महानगरीय शक्तियों (मेट्रोपोटिकल) ने छीन लिया है इसलिए वह एक 'शब्दहीन क्षेत्र' में बदल जाता है। अर्थात् महानगरीय शक्तियों के सामने वह बाध्यतावश गूँगा हो जाता है जबकि उसके पास अपनी भाषा की क्षमता है पर गायत्री चक्रवर्ती स्पिवाक की तरह वे नहीं मानते हैं कि अधस्तनवर्गीय जमात बोल ही नहीं सकती है। यही अंतर है लातिनी अमेरिका के एक संघर्षशील जनवादी विचारक और भारतीय डायस्पोरा के एक उत्तर-आधुनिकतावादी अध्यापक में। पाओले फ्रेयरे संघर्ष, प्रतिवाद और जनआंदोलन के उत्पाद थे। गायत्री चक्रवर्ती महज एक डायस्पोरिक परिस्थिति में जीनेवाली अति संवेदनशील, पर पूरी तरह से एकलदिशा में चलनेवाली उत्तरी अमेरिका के विश्वविद्यालयों में लगातार महत्वपूर्ण विश्वविद्यालयों में अध्यापन से जुड़ी हुई हैं। फ्रेयरे को 1964 से लगातार निर्वासित जिन्दगी व्यतीत करनी पड़ी। 1979 में वे अपने देश ब्राजील लौट पाए। 1964 में ब्राजील की सत्ता पर सैनिक तानाशाही हावी हो गयी पर इस निर्वासन के दौर में ही उनके महत्वपूर्ण शोध हुए। 1980 में ब्राजील लौटने के बाद फ्रेयरे ने साओ पालो में वर्कर्स पार्टी की सदस्यता ग्रहण की और प्रौढ़ शिक्षा प्रोजेक्ट में 1980 से 86 तक कार्य किया। सन् 88 में साओ पाओ के म्युनिसिपल चुनाव में वर्कर्स पार्टी को बहुमत मिल गया इसके बाद वे साओ पालो के शिक्षा सचिव नियुक्त हुए।

स्वयं पाओलो फ्रेयरे की जिन्दगी में साफ-साफ प्रैक्सिस दिखलाई पड़ता है ऐसा कुछ अनुभव गायत्री स्पिवाक का नहीं रहा। संघर्ष के बीच, परिवर्तन की आशा के साथ फ्रेयरे की विश्वदृष्टि बनती है। इसलिए फ्रेयरे का मन्तव्य था कि "निरपेक्ष शिक्षा नाम की कोई प्रक्रिया नहीं है। शिक्षा या तो यथास्थिति के बन्दीगृह को कायम रखने का औजार है या यह 'स्वातन्त्र्य' का भी औजार बन सकता है, जिसके माध्यम से पुरुष और स्त्री यथार्थ का सामना करते हुए उसे बदलने के उपक्रम में लगने की क्षमता और पहल हासिल कर लेते हैं।"

पाओलो फ्रेयरे गुलाम-पराश्रित पिछड़े देश बनाम महानगरीय- विमाश्रित-साम्राज्यीय देशों के अंतर्संबंध में लेनिन की व्याख्या के बेहद करीब आ जाते हैं। लेनिन ने रूसी कम्युनिस्ट पार्टी की प्रोग्राम की चर्चा करते हुए कहा कि दुनिया शोषक और शोषित

मुल्कों में बँटी हुई है। यही साम्राज्यवाद का मूल आधार है और इस प्रश्न को चतुराई से अंधराष्ट्रवादी और काउत्सकी जैसे नेता छिपा ले जाते हैं। पूंजीवादी शांति से उभरे भोंडे यूटोपियावाद जिसके तहत पूंजीवाद में देशों के बीच शांतिपूर्ण प्रतिद्वंदिता जैसे विमर्शों के लिए उपरोक्त विभाजन महत्वपूर्ण नहीं है पर साम्राज्यवाद के विरुद्ध संग्राम में यह एक महत्वपूर्ण कारक है।'[9]

''ऐसा शिक्षाशास्त्र जो 'मुक्ति' का संदेश देता हो वह अपने को न तो शोषितों से दूर रख सकता है न ही उनके दुर्भाग्य पर महज अश्रुपात कर संतुष्ट हो जा सकता है और न ही उन्हें संतुष्ट करने के लिए शोषकों के शिक्षाशास्त्रीय मानकों का उपयोग कर सकता है।'' यह दृष्टि थी पाओलो फ्रेयरे की। उनका कहना था कि शोषित अपने मुक्ति के संघर्ष से एक नयी दृष्टि बना लेता है और यही उसे स्वायत्त और स्वतंत्र हैसियत दे देती है।

फ्रेयरे का कहना था कि 'शिक्षा एक राजनैतिक प्रश्न है? राजनीति को शिक्षा शास्त्रीय संरचनाओं से अलग नहीं किया जा सकता है। अध्यापक और विद्यार्थी दोनों को उस राजनीति के बारे में सचेत होना चाहिए, जो उन्हें चारों तरफ से घेरती है। वस्तुतः विद्यार्थियों को क्या और कैसे पढ़ाया जाए है वह राजनैतिक एजेण्डा को तय करना है। दरअसल अध्यापक राजनीति को कक्षा में ले आ सकता है।'[10]

फ्रेयरे, गांधी की दृष्टि से भी काफी हद तक सहमत हैं, इसलिए वे कहते हैं कि 'शोषक को भी पुर्नचिन्तन करना चाहिए...यदि 'सच्ची मुक्ति' का वातावरण बनाना है।'[11]

फ्रेयरे इस पूरे विमर्श में 'मानवतावाद' जिसे शोषक वर्गों ने चुरा लिया था उसे पुनः जनता में स्थापित करने के उपक्रम के रूप में देखते हैं। इस प्रकार से फ्रेयरे का शोषित 'शब्दहीन क्षेत्र' को अतिक्रमित करने की क्षमता रखता है।[12] पर स्पिवाक का अधस्तन वर्गीय जमात बराबर गूँगा ही रह जाता है। इस मायने में गांधी, अंबेडकर और फ्रेयरे एक ही चौखट में आ जाते हैं। गांधी और अंबेड़कर दोनों मानते हैं कि अधस्तनवर्गीय जमात बोल तो सकती है, परंतु वह नया मनुष्य और नयी सभ्यता भी बना सकती है।

गांधी की दृष्टि और फ्रेयरे की दृष्टि तथा इवान इलिच की दृष्टि के बीच एक व्यापक दृष्टि एकता बनती है। आम जनता, शोषित जमात, अधस्तनवर्गीय जमात को महज एक मूढ़ दर्शक न माना जाए। फ्रेयरे इस संदर्भ में ''बैंकिंग' अवधारणा की चर्चा करते हैं जिसके तहत विद्यार्थी को एक ऐसा बैंक व खाताधारी माना जाता है, जिसके पास अपनी कोई बचत नहीं है और उसके खाते में अध्यापक को ही ज्ञान भण्डार भरना पड़ता है।'[13] इस प्रकार विद्यार्थियों के चिन्तन और कार्य पर नियंत्रण और रोक लगा दी जाती है और यह बाध्य कर देती है पुरुष और स्त्रियों को कि वह- समझौता करें जिसके फलस्वरूप उनकी सृष्टि-क्षमता में घाटा लग जाता है। इवान इलिच जो एक

आस्ट्रियन दार्शनिक थे, हालांकि उनका पूरा जीवन लातिन अमेरिका में बीता। उन्होंने वैटिकन के पोन्टिफिकल ग्रेगोरियन यूनीवर्सिटी और साल्जबुर्ग आस्ट्रिया में शिक्षा दीक्षा ग्रहण की। इलिच की पुस्तकें डीस्कूलिंग सोसाइटी, टूल्स फॉर कानविवियाल्टी, मेडिकल नेमिसिस ने 70 के दशकों में पूरे लातिन अमेरिका और यूरोपीय समाज को झकझोर दिया था।

इवान इलिच को संभवतः नयी तालीम के सार्विकता (युनिवर्सलाइजेशन) के सैद्धांतिकी में एक आगे बढ़ा हुआ कदम माना जा सकता है। नयी तालीम की अवधारणा औपनिवेशिक शिक्षा के वर्चस्व के संदर्भ में लिया गया था, इवान इलिच की वैचारिकी इस मायने में उत्तर औपनिवेशिक है। नयी तालीम के विमर्श को आगे बढ़ाने में अनजाने ही इवान इलिच महत्वपूर्ण हस्तक्षेप करते हैं।

अन्तोनियो ग्राम्सी इतावली विचारक थे, जो 20 के दशक में इटली के साम्यवादी आंदोलन के मुख्य निर्माताओं में एक थे, उन्होंने निर्देश और शिक्षा में अंतर बताते हुए कहा है कि निर्देश मानता है कि विद्यार्थी का दिमाग पूरे तरह से असक्रिय और खाली है और विद्यार्थी एक यांत्रिक दीक्षा प्राप्तकर्ता मात्र है। पर तथ्य तो यह है कि एक विद्यार्थी की चेतना भी एक नागर समाज के अनुभवों से बना है। जिसमें उसका परिवार, पड़ोस, गाँव गिना जा सकता है। अतएव अधिकांश स्कूलों में जो पढ़ाई की जाती है वह विद्यार्थी के प्राप्त किए हुए चेतना से निम्न होती है। वस्तुतः शिक्षा एक डायलोक्टिकल प्रक्रिया है जहाँ पर अध्यापक शिक्षा और निर्देश स्कूल और दैनंदिन जीवन से सहमेल बना पाएगा। इसलिए तथाकथित 'अगड़ी सभ्यता' का स्टैम्प जर्बदस्ती विद्यार्थियों पर डालना, शिक्षा प्रक्रिया को ध्वस्त करना होगा।'[14]

अन्तोनियो ग्राम्सी की यह समझ पुनः हमें नयी तालीम के करीब लाती है। क्योंकि नयी तालीम एक ऐसी शिक्षण प्रक्रिया है, जो विद्यार्थी की पृष्ठभूमि जिस समाज से बनता है, उसे तो नजरअंदाज करती ही नहीं परन्तु वह नए नागर समाज बनाने के लिए उपक्रम की सबसे महत्वपूर्ण प्रक्रिया है। ग्राम्सी शिक्षण प्रक्रिया के राजनैतिक मर्म के बारे में भी अपने लेख 'शिक्षा' में चर्चा करते हैं। "पारम्परिक स्कूल सत्ताधारी जमातों के एजेण्डा को ही पूरा करते हैं उनका मुख्य कार्य राज्य को उसी पुराने ढर्रे पर चलाना है। पर शिक्षा करिकुलम इन स्कूलों में राजस्तरीय उद्‌देश्यों से नहीं बाँध सकती है। हालाँकि राजन्य वर्गीय और दास्यवर्गीय जिम्मेदारियों के निर्वाहन के लिए ही ये स्कूल बनाए गए थे।"[15]

ग्राम्सी ने अपने शिक्षा संबंधी लेख के प्राक्कथन में ही स्पष्ट कर दिया है कि शिक्षा के संगठन और पाठ्यक्रम का संकट जिसका उद्‌देश्य आधुनिक बुद्धिजीवी जमात तैयार करना था, वह भी संकटग्रस्त हो गया है, क्योंकि इस संकट का जन्म समाज के अंदर जैविक संकट ही बना है।'[16] सन् 1916 में इतालवी संदर्भ में इसकी व्याख्या करते हुए ग्राम्सी कहते हैं कि शास्त्रीय स्कूल परंपरा ग्रीको-रोमन परम्परा पर

आधारित थी जबकि आधुनिक पूंजीवाद और औद्योगिकीकरण की आवश्यकताएँ भिन्न हैं। मौजूदा संकट इसी कारण से और गहराता है।

गांधी ने भी इस शिक्षण-शैक्षिक संकट के प्रश्न को केन्द्रित किया था- उनका मानना था कि औपनिवेशिक वर्चस्वता में बनी शिक्षण व्यवस्था समाज और सभ्यता का संकट बिन्दु बनेगा। पर पाओलो फ्रेयरे ने एक कदम और आगे बढ़कर प्रस्तावना की थी कि आंतरिक सत्ताधारी वर्ग का वर्चस्व भी 'औपनिवेशिक वर्चस्व' की ही तरह से समाज की सहज प्रक्रिया को बाधित करती है। ग्राम्सी, गांधी, फ्रेयरे इन प्रश्नों के उत्तर ढूंढ़ने के लिए वैकल्पिकी का प्रयास में जूझते रहे।

संस्थागत शिक्षा जो स्वाभाविक रूप से राज्य, सत्ता-संरचना, राजनीति, वर्गीय वर्चस्वता से निर्देशित होती रहती है, इलिच इस संस्थागत शिक्षा का संपूर्ण निषेध और साथ ही एक वैकल्पिकी प्रस्तुत करते हैं, जो शिक्षा को आत्मगत और वस्तुगत मांगों से जोड़े। इसके लिए सामाजिक संबंध और अनौपचारिक संरचनाएँ मूल आधार प्रस्तुत करती हैं।

इलिच मानते हैं कि औपचारिक संस्थागत शिक्षा के माध्यम से सार्वजनीन (यूनिवर्सल) शिक्षा की संरचना नहीं बनाई जा सकती है। इसके बारे में वे स्पष्ट वक्तव्य देते हैं, "*वर्तमान स्कूलों की शैली की नकल न ही अध्यापकों के मनोवृति में परिवर्तन, न ही शिक्षा के नए उपकरण (हार्डवेयर या सॉफ्टवेयर) और न ही शिक्षाशास्त्रीय उत्तरदायित्व से जुड़ी नयी शिक्षा व्यवस्था बन सकती है। आवश्यकता है कि विद्यार्थियों के पूरे जीवन को आवृत करते हुए शिक्षण की व्यवस्था बनाई जाए। और यह आ सकता है, अध्ययन, साझेदारी और एक दूसरे के प्रति स्नेह, के माध्यम से।*"[17] पूंजी, राज्यवर्गीय वर्चस्व में चलने वाले समाज की विस्थरीकरण इसी तरह से संभव है। इलिच का यह नुस्खा नयी तालीम की औपनिवेशिक युग की अवधारणाओं को ताजा वर्तमान में खींच ले आता है। इस तरह से यह नयी तालीम का आगे बढ़ा हुआ कदम है जिसके प्रयोग में पश्चिमी दुनिया के बुद्धिजीवियों जैसे कि आंदे गोर्ज ने 70 के दशकों में की थी।

टूल्स फॉर कानवायवलिटी में इलिच ने बड़े पैमाने पर बने औद्योगीकृत समाज में मशीन की गुलामी का जिक्र किया है।'[18] सन् 1918 हिंद-स्वराज में गांधी का मशीन के प्रति दृष्टि का एक रास्ता इसी सैद्धांतिकी में बनता है। इलिच कहते हैं कि हमें आनंदवर्धक औजार इस्तेमाल करने चाहिए, जो मशीन की गुलामी से हमें निष्कृति दिला सकती है। वस्तुतः औजार का बहुउद्देश्यीय उपयोग के साथ ही यह उत्पादक व्यक्ति का साधन पर अधिकार को भी परिपुष्ट करता है। मेडिकल नेमेसिस की चर्चा हिंद-स्वराज में गांधी द्वारा आधुनिक चिकित्सा-पद्धति की अनुपदेयता को पुनः उजागर करता है।'[19] काउण्टर प्रोडक्टिविटी की अवधारणा से इलिच पुनः हिंद स्वराज की इन मान्यताओं के करीब चले जाते हैं, जिसमें गांधी ने पश्चिमी सभ्यता

की कमजोरियों को दर्शाया है।

इवान इलिच, पाओलो फ्रेयरे, आन्तोनियो ग्राम्सी और गांधी-दृष्टि में समुच्चय शिक्षा की वैकल्पिकी प्रस्तुत करता है। यह आवश्यक है कि हम इन दृष्टियों के सादृश्य और सहमेल को एकमुश्त सैद्धांतिकी की शक्ल दें।

संदर्भ सूची

1. गांधी, *टूवाईस न्यू एजूकेशन,* संपा. भारतन कुमारप्पा, अहमदाबाद, नवजीवन प्रकाशन, 2007, पृ. 2
2. वही, पृ. 2
3. वही, पृ. 5
4. वही, पृ. 9
5. पाओलो फ्रेयरे, *कल्चरल एकएव फॉर फ्रीडम,* इंगलैण्ड, पेन्गुइन, 1904, पृ. 51
6. वही, पृ. 53
7. वही, पृ. 58, 59
8. ग्राम्यी पीटर मासो, *फ्रेयरे एण्ड एडल्ट एजूकेशन, पोसिविलिटीज फोर ट्रांसफारमेटिव ऐक्शन,* मैकमिलन, 1999, पृ. 5
9. लेनिन वी. आई, *दी रिवोल्शनरी प्रोलिटेरियेट एंड द राईट आफ नेशनस टू सेल्फ डिटरमिनेशन* पाओलो फ्रेयरे, 1970 पेआगो जी ऑफ आप्रेसउ...न्यूयार्क, पृ. 54
10. किनचेलो जेएल (2008) *क्रिटिकल पेडागोजी प्राइमर,* द्वितीय संस्करण, न्यूयार्क पीटर लैंड, पृ. 15
11. फ्रेयरे, पूर्वउद्धरित, *पेडागोजी आफ इन्डीनेशन,* वाउल्डर, कोलोर, 1970, पृ. 95
12. वही, पृ. 77
13. EvanElich hmttp://www.ecotopiya.com/webpress/dschooling.html
14. आन्तवियो ग्राम्सी, *सेलेक्शन फ्राम नोट बुक्स,* न्यूयार्क, इंटरनेशनल पब्लिशर्स, 1978 पृ. 35
15. वही, पृ. 60
16. वही, पृ. 26
17. ऐन इन्टरव्यू विद ली फेलस्‌एनिज (पार्ट-1) *एनालिटीकल इंजिन* (न्यूलेटर, आफ कम्यूनिहिस्टटी असोसियेसन ऑफ कैलिफोर्निया वाल्यूम-3, नंबर, 1, नवंबर, 1995)
18. पोस्टमैन, 1992,
19. इवान इलिच *टूल्स फॉर कानवविलिटी,* पृ. 52

बुनियादी तालीम में निर्माणवाद

अनिल जैन

प्रश्न उठता है कि ज्ञान का निर्माण कहाँ से प्रारम्भ होता है। कैसे होता है, कौन करता है और इस पूरी प्रक्रिया में बच्चा कहाँ है। क्या बच्चा स्वयं उस ज्ञान के निर्माण में भागीदार है और अगर उसकी भागीदारी है तो वह भागीदारी किस रूप में है और वह कैसे सुनिश्चित की जाती है? इस पूरी संकल्पना को एक नाम दिया गया, 'निर्माणवाद' (कन्स्ट्रक्टीविज़म)। इस निर्माणवाद के पूरे आभा-मंडल में हमको ढूंढ़ना होगा बुनियादी तालीम के उन सभी तत्त्वों को। सन् 1937 में नयी तालीम की शिक्षा-योजना के संदर्भ में गांधीजी ने कुछ महत्त्वपूर्ण तत्त्वों को बड़ी सरल भाषा में प्रस्तुत किया था। गांधीजी की बुनियादी तालीम के जो तत्त्व थे, गांधीजी ने जो संकल्पना की थी, उसकी निर्माणवाद की अवधारणा में और आज के निर्माणवाद के इस सिद्धान्त में कहाँ समानता है? यदि है तो किस रूप में है? और अगर कुछ है तो हम सब शिक्षक सीखने में कहाँ तक अपनी ज़िम्मेदारी निभाते हैं? इसका विश्लेषण करने की ज़रूरत है।

कई शिक्षाविदों ने अपनी बात निर्माणवाद के संन्दर्भ में कही है। रवीन्द्रनाथ टैगोर की बात करें, चाहे चॉमस्की की। सभी शिक्षाविदों ने निर्माणवाद को अपने-अपने तरीक़ों से समझने का प्रयास किया है। बुनियादी तालीम के उस मर्म को समझने की कोशिश करने की ज़रूरत है। मैं उस विचारधारा का पक्षधर हूँ जिस काल, परिस्थिति, परिवेश, संस्कृति का उल्लेख करते हुए महात्मा गांधी ने बुनियादी तालीम के बिन्दुओं पर अपनी बात की थी। उन सभी बिन्दुओं को, उसकी आत्मा और उसकी मूल भावना के मर्म को हमें नहीं छोड़ना है। लेकिन बुनियादी शिक्षा के निर्माणवाद को देखते हुए आज के निर्माणवाद के सिद्धान्त पर सोचना है।

पहले हम बुनियादी तालीम के पाँच सिद्धान्तों पर विचार करते हैं। पहला सिद्धान्त, 14 वर्ष तक के बालक के लिए शिक्षा, उसको हम सब स्वीकार कर रहे हैं और हमारे सभी जितने भी आयोग हैं, उन्होंने स्वीकार किया है। दूसरी, जो प्रमुख बात है मातृभाषा से शिक्षा। इस संकल्पना को बहुत व्यापक दृष्टि से समझने की

आवश्यकता है। इसकी आवश्यकता निर्माणवाद की अवधारणा से भी है। तीसरी बात, जो कही गई थी, उद्यम से शिक्षा, शिक्षा की प्रक्रिया में उद्यम 'उद्योग', शब्द का भी हमें निर्माणवाद के संदर्भ में विश्लेषण करना है। चौथी बात, उन्होंने कही कि शिक्षा के प्रति समग्र दृष्टिकोण, जिसमें तीन 'एच' की बात आती है, शरीर, मस्तिष्क और आत्मा की। पांचवीं बात, है स्वावलम्बन। इन 5 प्रमुख मुद्दों की बात महात्मा गांधी ने की थी। आज भी हम गांधी के इन पांचों सिद्धान्तों को पूर्ण रूप से सही पाते हैं, बस फ़र्क़ है कि इनको हम किस रूप में लेते हैं। प्रश्न यह है कि वर्तमान परिदृश्य को देखने का और फिर उसको निर्माणवाद से जोड़ने का।

बुनियादी शिक्षा के इन 5 मुद्दों में से मैं 'उद्यम' और 'उद्योग' शब्द की व्याख्या करना चाहता हूँ। बालक कक्षा के परिवेश में जो सीखता है उस सीखे हुए, ज्ञान को समझते हुए उसे हृदयंगम करके, जब-जब उसको जिस जिस क्षेत्र में जहाँ-जहाँ जिस रूप में आवश्यकता पड़ती है क्या उसका उपयोग करता है? यह आवश्यक नहीं है कि वह उपयोग तुरत-फुरत दिखाई पड़े। यह जो सीखा, समझा उसको आत्मसात् किया, उसको लेकर वो आगे कहीं उसका उपयोग करता है? 'उद्यम' शब्द को मैं उद्योग का दर्जा देना चाहता हूँ। उद्योग से तात्पर्य किसी फैक्टरी, कारख़ाने के ऐसे कक्ष से नहीं है जहाँ व्यक्ति केवल अपने हाथ से ही कार्य करता है। 'निर्माणवाद' के अनुसार हाथ से किया गया कार्य मस्तिष्क के बिना सम्भव ही नहीं है। जिसने हुनर का काम सीखा है, उसने स्वयं करके देखा है और उसे समझा है। इस क्रिया में मस्तिष्क का अपना महत्त्व है और वो संरचना प्रत्येक बालक में भिन्न भिन्न रूप से बनती है। इसके बनने में उस परिवेश का महत्त्वपूर्ण स्थान होता है, जहाँ सीखने की प्रक्रिया में उसको भागीदारी सुनिश्चित करने का अवसर मिला है।

गांधीजी बुनियादी शिक्षा में यही समझाने का प्रयत्न कर रहे हैं कि हम बच्चे को समझने की प्रक्रिया में कैसे सम्मिलित करते हैं। क्या वह स्वयं करके देख रहा है, क्या वह स्वयं अनुभव कर रहा है? अगर हमने उसकी भागीदारी सुनिश्चित की है तो वह स्वयं आगे बढ़कर, स्वयं के विवेक से उस कार्य को करने में, समझने में, अपनी भागीदारी करता है। निश्चित रूप से उसके अन्दर एक विशेष प्रकार की मानसिक संरचना का विकास होता है। वह निर्माण किसी भी रूप में हो, लेकिन उसने काम तो किया है। उसने उस ज्ञान के निर्माण की प्रक्रिया में किसी न किसी प्रकार का उत्पादन तो किया है। यहाँ उत्पादन को पारिभाषित करने की आवश्यकता है। मुझे नहीं लगता कि गांधीजी ने केवल उत्पादन में मूर्त वस्तुओं के उत्पादन की ही बात की थी। उत्पादन अमूर्त भी हो सकते हैं, दिखाई नहीं पड़ेंगे। लेकिन उसने उसके उत्पादन में जो समझ बनाई है, उसे अपने मस्तिष्क में संरचित किया है और जब जब चाहा उसका उपयोग किया है तो क्या उस उत्पादन में उस बालक की भागीदारी नहीं होगी? निश्चित रूप से भागीदारी है। बुनियादी शिक्षा का तत्त्व उसमें सम्मिलित

है। उत्पादन हुआ, उसके साथ श्रम हुआ और श्रम के साथ निश्चित रूप से किसी न किसी प्रकार का प्रतिफल भी हुआ। प्रतिफल किस रूप में है, वह एक अलग चर्चा का विषय है।

निर्माणवाद की संकल्पना में बुनियादी शिक्षा के तत्त्व मुझे हर स्थान पर मिलते हैं। बुनियादी शिक्षा में कल्पना की गई है कि बालक समूह में काम करता है। ऐसा करने से उसमें सहयोग की भावना और अन्य व्यक्तिगत गुणों का विकास होता है। सामाजिक पक्ष के जॉन डीवी इसी की बात करते हैं। बुनियादी शिक्षा में कहा गया है कि मेहनत करने से सृजन होता है, सृजन से चित्त को शान्ति मिलती है, उत्पादन होता है। उत्पादन वास्तविक होता है और उससे सत्य की अनुभूति होती है। निर्माणवाद में सीखने के दर्शन की मूल भावना है कि बालक को अपने परिवेश की समझ उसके अनुभव के आधार पर होती है। उसमें उसका पूर्व अनुभव सम्मिलित होता है और यह एक सक्रिय प्रविधि है। इसमें वातावरण और व्यक्ति की अन्तःक्रिया की प्रमुख आवश्यकता है। दूसरी, उसकी आधारभूत मान्यता है कि सीखना संवेदी अंगों से होता है- छूने से, आभास से, देखने से, अवलोकन करने से। और अगर हम बच्चे को यह अवसर देते हैं तो इसका अर्थ है कि कहीं न कहीं हम सीखने की प्रक्रिया में उसकी भागीदारी सुनिश्चित करते हैं। वह अपने अनुभव से अपनी आत्मा से समझता है। उसे सांस्कृतिक व सामाजिक वातावरण देने की आवश्यकता है। हम सामाजिक निर्माणवाद की बात करते हैं। वायगोत्स्की की बात करें तो उन्होंने भी सीखने की प्रक्रिया में बच्चे के समीपस्थ क्षेत्रों को पारिभाषित करने का प्रयास किया है। उस क्षेत्र में वह अपनी तात्कालिक समस्याओं का हल करके जो समझना व सीखना चाहता है उसमें वह अपनी भागीदारी सुनिश्चित करता है। इस तरह हम आगे देखें तो इस पूरी निर्माण की प्रक्रिया में बच्चा केन्द्र में है, क्योंकि निर्माण बच्चा स्वयं कर रहा है। परिवेश, वातावरण, संस्कृति, अध्यापक, पाठ्यवस्तु सब माध्यम हैं। इन सबको उचित रूप से प्रदान करने की आवश्यकता है जिसकी ज़िम्मेदारी अध्यापक की है। इस सबके होने के बाद निश्चित रूप से बच्चा निर्माण में अपनी भागीदारी पाएगा।

इस तरीक़े से निर्माण के सिद्धान्त में अगर हम कक्षाकक्ष की कल्पना करते हैं तो यह छात्र केन्द्रित, क्रिया आधारित और अन्तः क्रियात्मक है। बच्चा स्वयं ज्ञान का निर्माण कर उसे सृजित करे। सक्रियता, सहभागिता एवं रचनात्मकता को पोषित करनेवाला वातावरण हम उसको कक्षाकक्ष में देने की कोशिश करें। इस निर्माणवादी कक्षाकक्ष में ऐसा गतिशील और परिवर्तनशील वातावरण अगर उसे हम दें तो निश्चित रूप से निरन्तर आगे से आगे जिस ज्ञान को निर्मित करने की भावना के साथ बच्चा हमारे सामने उपस्थित हुआ है, वह सीखने की भागीदारी में ख़ुद को सक्षम पाएगा। यह पूरी संकल्पना है गांधीजी की बुनियादी शिक्षा में जिसकी कल्पना की गई थी।

इस अवधारणा को नए परिवेश, आज के संदर्भ में समझने की आवश्यकता है। 'उद्यम' शब्द को पारिभाषित करने की आवश्यकता है। 'श्रम' शब्द को नए संदर्भ में पारिभाषित करने की आवश्यकता है। कक्षाकक्ष के संदर्भ में इसका स्वरूप सुनिश्चित करें। हम निर्माणवादी बुनियादी शिक्षा का एक नया सम्प्रत्यय दुनिया के सामने प्रस्तुत कर सकते हैं।

बुनियादी शिक्षा : एक नयी कोशिश

भागचंद्र कुमावत

महात्मा गांधी ने शिक्षा को एक ऐसे माध्यम के रूप में देखा था, जो देश की सामाजिक व्यवस्था में व्याप्त अन्याय, हिंसा व असमानता के प्रति देश की अंतरात्मा को जगा सके। 'नयी तालीम' ने देश की आत्मनिर्भरता के साथ-साथ व्यक्ति के आत्म-सम्मान पर जोर दिया था। अहिंसा उसका मूलमंत्र था। गांधीजी ने ऐसे भारत का सपना देखा था जिसमें प्रत्येक बालक अपनी योग्यता व संभावनाओं की तलाश कर सके और दूसरों के साथ मिलकर विश्व के पुनर्निर्माण के लिए काम कर सके।

सन् 1937 में गांधीजो ने बुनियादी शिक्षा अर्थात् नयी तालीम की योजना प्रस्तावित की थी। इस योजना की मुख्य विशेषता है- शिक्षा का माध्यम बच्चों की स्वभाषा हो। स्कूली शिक्षा का अनुबन्ध स्थानीय उद्यम, सामाजिक-सांस्कृतिक परिवेश तथा प्राकृतिक परिवेश से हो। बच्चों के बौद्धिक या ज्ञानात्मक विकास का आधार कोई न कोई उत्पादक उद्यम हो। बच्चों में श्रम के प्रति निष्ठा हो। स्कूली शिक्षा से उनमें स्वतंत्र रूप से आजीविका चलाने की क्षमता का विकास हो। आपस में सहकार और शांति के साथ रहना, शिक्षा के द्वारा बच्चों को स्वावलंबी जीवन का अभ्यास देना ताकि वे विद्यालयी शिक्षा के दौरान कोई न कोई काम (उद्यम) सीखकर आगे जाकर समुदाय की अर्थव्यवस्था में हिस्सेदार बन सकें। बुनियादी शिक्षा का मूल सिद्धान्त है कि शिक्षा में बच्चे के हाथ, दिमाग़ और दिल तीनों की भागीदारी हो, तीनों में समन्वय हो। बच्चे को स्कूल में यदि हाथों से कुछ कार्य करने, कुछ रचने या निर्माण करने के अवसर मिलते हैं तो उसमें हस्तकौशल का विकास होगा। बच्चे के पास सोचने के लिए दिमाग़ है। जब बच्चा अपने हाथों से कार्य करेगा तो उसमें उसके बारे में सोचने की प्रक्रिया तो चलेगी ही। जब वह किसी चीज़ का निर्माण करेगा तो स्वाभाविक रूप से उसका, उसके साथ भावनात्मक जुड़ाव तो होगा ही। इस तरह से बुनियादी शिक्षा बच्चे के दिल, दिमाग़ और हाथों को जोड़ती है। उद्यम के कामों में बच्चों के समूह में काम करने से उनमें सहकार, सहयोग, शांति के भाव का निर्माण

होता है। मेहनत करने से उनको नैतिक मूल्यों की सीख भी सही अर्थों में मिलती है। गांधीजी की इस शिक्षा योजना के प्रस्ताव को स्वीकार कर इसे राष्ट्रीय प्रारम्भिक शिक्षा नीति के रूप में देश के कई हिस्सों में लागू किया गया था।

राजस्थान में गांधीजी के बुनियादी तालीम की इस अनूठी योजना से प्रेरित होकर विद्या भवन संस्थान ने 1941 में रामगिरि गाँव में विद्या भवन बुनियादी मदरसे की स्थापना की थी। यह राजस्थान का पहला गांधीवादी बुनियादी मदरसा था। यह मदरसा तत्कालीन देश के गिने-चुने बुनियादी मदरसों में गिना जाता था। इस बुनियादी मदरसे के बाद विद्या भवन ने देश के बुनियादी शिक्षा के विद्यालयों के लिए क्राफ़्ट शिक्षक तैयार करने के उद्देश्य से 1943 में विद्या भवन कला संस्थान (क्राफ़्ट इन्स्टीट्यूट) की स्थापना की थी। इस कला संस्थान में शिक्षकों को लेदर क्राफ़्ट, पेपर मेसी, सिलाई, वुड वर्क, मूर्तिकला, आयरन वर्क, बुनाई करना आदि क्राफ़्ट का प्रशिक्षण दिया जाता था। बाद में यह संस्थान राजस्थान की प्राथमिक शिक्षा की पाठशालाओं के लिए क्राफ़्ट के प्रशिक्षित शिक्षक तैयार करने लगा था। किन्तु 1998 में यह संस्थान किन्हीं कारणों से बंद हो गया। 2003 में इस संस्थान में बी.एस.टी.सी. (बेसिक स्कूल टीचिंग कोर्स) का पाठ्यक्रम शुरू किया गया, जिसमें प्राथमिक पाठशालाओं के लिए शिक्षकों को प्रशिक्षण दिया जाता है। यह वर्तमान में भी कार्यरत है। गांधीजी की सामुदायिकता, सहकार एवं ग्राम विकास की संकल्पना की दिशा में डॉ. के.एल. श्रीमाली की ग्राम विद्यापीठ योजना के तहत विद्या भवन ने 1956 में विद्या भवन रूरल इन्स्टीट्यूट की स्थापना की थी। इस रूरल इन्स्टीट्यूट के तीन विभाग थे- एक, आर.एस.डी विभाग (ग्रामीण सेवा का डिप्लोमा) जिसमें गाँवों के नवयुवकों को उच्च शिक्षा के रूप में सहकारिता, सामुदायिकता और ग्राम विकास का प्रशिक्षण दिया जाता था। दूसरा, सिविल इन्जीनियरिंग विभाग, जिसमें गाँवों के नव निर्माण के लिए नौजवानों को भवन निर्माण आदि का प्रशिक्षण दिया जाता था। और तीसरा, स्वास्थ्य व सेनीटेशन विभाग, जो गाँवों के सामुदायिक स्वास्थ्य के संदर्भ में वहाँ के नवयुवकों को प्रशिक्षण देता था। लेकिन रूरल इन्स्टीट्यूट का वह स्वरूप अब काफी बदल गया है। वर्तमान में यह मुख्यधारा की उच्च शिक्षा और व्यावसायिक शिक्षा प्रदान करने वाले एक केन्द्र के रूप में काम कर रहा है। लेकिन इस केन्द्र के संदर्भ में हमारा यह प्रयास रहता है कि हम रूरल इन्स्टीट्यूट की स्थापना की मूल भावना से जुड़े रहें और ग्रामीण एवं सामान्य जन के जीवन व उनके दर्शन को शामिल रखें। परन्तु यह काम कठिन है और यह अधिक कठिन होता जा रहा है। क्योंकि ज्ञान समाज से दूर होता जा रहा है। वर्तमान में रूरल इन्स्टीट्यूट में ग्रामीण समाजशास्त्र, अर्थशास्त्र, वनस्पतिशास्त्र, रसायनशास्त्र आदि के स्नातकोत्तर पाठ्यक्रमों का संचालन किया जा रहा है। इसी तरह व्यावसायिक शिक्षा के अन्तर्गत बी.बी.एम. व कम्प्यूटर साइन्स की स्नातक डिग्री का कोर्स चलाया जा रहा है। इसके एक विभाग पॉलिटेक्निक

संस्थान में सिविल इन्जीनियरिंग, इलेक्ट्रीकल इन्जी., इलोक्ट्रोनिक्स इन्जी. एवं कम्प्यूटर साइन्स इंजीनियरिंग के डिप्लोमा कोर्स चलाए जा रहे हैं। इस संस्थान में गाँवों और शहरों के बेरोजगार नवयुवकों के कौशलों के विकास के लिए तीन और छह मास की अवधि का सामुदायिक प्राद्यौगिकी कार्यक्रम (सी.पी.डब्लू.) चलाया जाता है, जिसमें गाँवों एवं शहरों के बेरोजगार नवयुवकों को सुथारी, सिलाई, रेफ़्रीजरेटर रिपेयरिंग, साफ़्ट टॉयज मेकिंग, मोबाइल रिपयेरिंग, बिजली का काम, मेसनरी व सेनिटेशन आदि का प्रशिक्षण दिया जाता है। इसी तरह कृषि विज्ञान केन्द्र पर उदयपुर जिले के पाँच विकास खण्डों यथा- बड़गाँव, गिर्वा, खेरवाड़ा, कोटड़ा और गोगुन्दा के गाँवों के पुरुष और महिला किसानों को कृषि, डेयरी, मुर्गीपालन, बकरीपालन आदि का प्रशिक्षण दिया जाता है। इस तरह हम रूरल इन्स्टीट्यूट की मूल भावना को हर संभव तरीक़े से जीवित रखने का प्रयास कर रहे हैं। इन्हें आगे बढ़ाने, व्यवस्थित करने और इन पर शोध करके के लिए नये रास्ते खोजने की जरूरत है।

विद्या भवन बेसिक स्कूल में बुनियादी शिक्षा पर प्रयोग

विद्या भवन के संस्थापक एवं शिक्षाविद् डॉ. मोहन सिंह मेहता और डा. के. एल. श्रीमाली ने बुनियादी तालीम के शिक्षा दर्शन से प्रभावित होकर उस पर प्रयोग करने की दृष्टि से 1941 में विद्या भवन बुनियादी मदरसे की स्थापना की थी। इस मदरसे का उद्‌घाटन 23 अप्रैल, 1941 को भारत के पूर्व राष्ट्रपति डॉ. जाकिर हुसैन (उस समय वे राष्ट्रपति नहीं थे) द्वारा किया गया था। प्रमुख शिक्षाविद एवं गांधीवादी विचारक स्व. दयालचन्द्र सोनी इस मदरसे के प्रथम प्रधानाध्यापक थे। मदरसे की शुरुआत के कुछ वर्षों में स्व. दयाल चन्द्र सोनी ने गांधीजी की बुनियादी तालीम के विचार पर काफ़ी चिन्तन मनन करके उसके आधार पर मदरसे में बुनियादी शिक्षा का ढाँचा तैयार किया। इस कोशिश में सोनीजी के नेतृत्व में शिक्षकों द्वारा मदरसे का कक्षावार पाठ्यक्रम तैयार किया गया। मदरसे में बच्चों के लिए कताई-बुनाई व रंगाई, सुथारी और कृषि उद्योग की व्यवस्था की गई। मदरसे में स्वावलम्बन, सहकार, श्रम आदि की स्थापना के लिए दैनिक नियोजित सेवा का कार्यक्रम शुरू किया गया, जिसमें शिक्षक और विद्यार्थी मिलकर मदरसे की साफ़-सफ़ाई, पानी भरना, शौचालयों की सफ़ाई करना, प्राथमिक चिकित्सा, कताई, कोठार संचालित करना, स्टेशनरी आदि के लिए खुली सहकारी दूकान चलाना, घंटी लगाना, गंदे आए विद्यार्थियों को नहलाना-धुलाना, बाल पुस्तकालय चलाना आदि काम करते थे। विभिन्न स्तर की कक्षाओं की पाठ्यसामग्री जो शिक्षकों के द्वारा तैयार की गई थी उसका उद्योग के कामों के साथ अनुबन्ध करने का प्रयास किया गया। अर्थात् पढ़ने-पढ़ाने का काम किया गया। इस प्रकार स्व. दयाल चन्द्र सोनी और उनके शिक्षकों की टीम ने बुनियादी तालीम के विभिन्न आयामों पर कई गहन प्रयोग किए और उनका स्वरूप

निर्धारित किया था। किन्तु कई वर्षों बाद बुनियादी मदरसे में स्थापित बुनियादी तालीम का यह स्वरूप और उसके कार्यक्रम जड़वत् और रूढ़िगत हो गए।

मदरसे के स्वावलम्बन का सवाल

जैसा कि बुनियादी तालीम की योजना में यह सोचा गया था और अपेक्षा की गई थी कि बच्चों के द्वारा स्कूल में किए जानेवाले उद्यमों से स्कूल स्वावलम्बी बन सकेगा और स्कूल में काम करनेवाले शिक्षकों के वेतन आदि का खर्चा भी निकल पाएगा। लेकिन विद्या भवन बेसिक स्कूल में शुरू से अब तक ऐसा संभव नहीं हो पाया। यद्यपि मदरसे में शिक्षक और विद्यार्थी अपने दैनिक कामकाज में आत्मनिर्भर और स्वावलम्बी बन पाए। इस मदरसे के स्वावलम्बन व परिश्रम की दृष्टि से एक बात बहुत महत्त्वपूर्ण थी कि मदरसे में चलनेवाले उद्योगों के अन्तर्गत वर्षभर बच्चों के द्वारा किए जानेवाले कार्य व परिश्रम का वर्ष के अन्त में उस उद्योग विशेष में कक्षा को मिलनेवाले लाभ को उस कक्षा के बच्चे के प्रगति-पत्रक में उल्लेख किया जाता था कि इस वर्ष बच्चे के हिस्से में कितनी कमाई आयी है। इस प्रकार हर वर्ष उद्योग में होनेवाले लाभ की राशि (कमाई) जुड़ती जाती थी। जब बच्चा अन्त में आठवीं कक्षा का पाठ्यक्रम पूरा कर लेता, तो उस वर्ष सत्रान्त कार्यक्रम में उसके अभिभावक की उपस्थिति में उसके द्वारा गत सात-आठ वर्षों में प्राप्त किए गए कुल लाभ की राशि के समतुल्य उसे, बच्चों के द्वारा उद्योगों में उत्पादित सामग्री जैसे- टेबल, कुर्सी, डेस्क, दरी, टावेल, आसन, कपड़ा आदि उपहार में दिए जाते थे जो कि उनके मेहनत की कमाई होती थी। यद्यपि इस कमाई से बच्चे की पढ़ाई का खर्चा तो नहीं निकल पाता था जैसा कि बुनियादी शिक्षा की योजना में सोचा गया था। किन्तु फिर भी इस मदरसे से निकलनेवाला बच्चा अपने आगे के जीवन में इस मेहनत के उपहार को सदैव याद रखता। उसका आत्मविश्वास बढ़ता। उसमें स्वावलम्बन और उत्पादक कार्य करने का बीजारोपण होता था। विद्या भवन बेसिक स्कूल के बुनियादी शिक्षा का यह स्वरूप 1941 से 1986 तक लगभग 45 वर्ष तक बना रहा।

बुनियादी शिक्षा एक नयी कोशिश

1987 में यह बुनियादी मदरसा आठवीं कक्षा से दसवीं तक में क्रमोन्नत हो गया और इसमें राजस्थान माध्यमिक शिक्षा बोर्ड का पाठ्यक्रम लागू कर दिया गया। इससे इस मदरसे में बुनियादी शिक्षा के ढाँचे के अन्तर्गत जो उद्योग, गतिविधियाँ और कार्यक्रम संचालित हो रहे थे वे सब शिथिल हो गए। यह स्थिति 1987 से 1996 तक बनी रही। 1997 में विद्या भवन सोसायटी के प्रबन्धकों और शिक्षा शास्त्रियों ने बुनियादी मदरसे में बुनियादी शिक्षा के जड़ हो चुके इस ढाँचे में स्फूर्ति फूँकने, उसमें गतिशीलता लाने के साथ-साथ बुनियादी तालीम के विचार को आज के संदर्भ में समझने व उसे

पुनः अपनाने की दृष्टि से 'बुनियादी शिक्षा एक नयी कोशिश' नाम से एक कार्यक्रम प्रारम्भ किया।

इस कार्यक्रम के अन्तर्गत बुनियादी तालीम के विचार को समाज की बदली हुई आज की परिस्थितियों और ज़रूरतों के संदर्भ में समझने का प्रयास किया गया। काम केन्द्रित शिक्षा की अवधारणा को समझने की कोशिश की गई। गांधीजी के बुनियादी तालीम के विचार पर फिर से मन्थन किया गया। इसके बाद विद्या भवन बेसिक स्कूल में पारम्परिक कताई-बुनाई उद्योग की जगह आज के संदर्भ में हाथ के कामों यथा-खाद्य प्रसंस्करण, घरेलू विद्युत् उपकरण, मरम्मत व रख-रखाव, सिलाई, बागवानी, कम्प्यूटर शिक्षा, मेसनरी वर्क, वुड वर्क, टू व्हीलर रिपेयरिंग, हस्तनिर्मित काग़ज़ बनाना आदि काम (उद्योग) शुरू किए गए। धीरे-धीरे इन हाथों के कामों का कक्षावार पाठ्यक्रम तैयार किया गया। हाथ के कामों को सीखने-सिखाने के बारे में सिलाई, खाद्य प्रसंस्करण, वुड वर्क और बागवानी की कार्य पुस्तकें तैयार की गई हैं। साथ ही हर एक उद्योग के काम की एक्टीविटी शीट्स भी बनाई गई। बुनियादी तालीम के समवाय (अनुबन्ध) के सिद्धान्त पर काम करके उसे समझा गया। बच्चों को सीखने-सिखाने के संदर्भ में स्थानीय सामाजिक, सांस्कृतिक, आर्थिक व भौगोलिक परिवेश का शिक्षा के साथ अनुबंध करने की दिशा में स्कूल के बच्चों को कक्षा के बाहर सीखने के अवसरों की शुरुआत की गई। इस शुरुआत में स्कूल के आस-पास स्थित गाँवों में बच्चों के शिविर लगाए जाने लगे। इन शिविरों में बच्चे (कक्षा छह से दस तक के) गाँव के सामाजिक व भौगोलिक परिवेश, वनस्पति, ईंधन, पानी, स्वास्थ्य, काम-धन्धे, शिक्षा आदि के विभिन्न मसलों पर अध्ययन करते हैं और उन्हें समझने की कोशिश करते हैं। इसी तरह छोटे दर्जे के उत्पादक उद्यमों की प्रकृति व प्रक्रिया को जानने व समझने के लिए बच्चों की आस-पास के उद्योग केन्द्रों की विजिट का कार्यक्रम का आयोजन किया जाता है।

अर्थपूर्ण विद्यालयीय शिक्षा

बुनियादी शिक्षा एक अर्थपूर्ण विद्यालयी शिक्षा की संकल्पना है। जब हम बच्चों के लिए अर्थपूर्ण विद्यालयी शिक्षा की बात करते हैं तो हमारे समाने शिक्षा का एक दर्शन है और वह है बुनियादी शिक्षा। आज़ादी के बाद से और बहुत सारे लोगों के प्रयासों के बाजवूद इसको उस स्वरूप में नहीं ला पाए हैं जिस स्वरूप में यह सभी स्कूलों के लिए संभव बन सके। अब तक बुनियादी शिक्षा को अपनाने को लेकर देशभर में किस प्रकार से कार्य किया गया? वे क्या कारण हैं कि बुनियादी शिक्षा मुख्यधारा की शिक्षा नहीं बन पाई? इन सब सवालों पर विमर्श की प्रक्रिया से हमें बुनियादी शिक्षा की खूबियों और सीमाओं को पहचानने का अवसर मिला है। साथ ही बुनियादी शिक्षा को आज के संदर्भ में पुनर्भाषीकरण करने में कुछ हद तक हम आगे बढ़े हैं।

जैसा कि गांधीजी ने इस बात को काफ़ी ज़ोर देकर कहा था कि पाठ्यपुस्तकें बच्चों के सीखने में बाधक होती हैं। इस लिहाज़ से बेसिक स्कूल में एक ओर बच्चों को हाथों से कुछ रचने या निर्माण करने के अवसर दिए जाते हैं वहीं दूसरी ओर उन्हें कक्षागत पुस्तकालय के माध्यम से सीखने-सिखाने की ऐसी सहायक पाठ्य सामग्री तथा वर्क बुक, एक्टीविटी शीट्स आदि दी जाती है जो उनको रुचिकर लगे और जिनके ज़रिए वे पढ़ना लिखना सीखें और साथ ही समाज और दुनिया के साथ जुड़ सकें। इससे बच्चों की पढ़ने-लिखने के प्रति दिलचस्पी और क्षमता तो बढ़ी ही है साथ ही उनकी शैक्षिक अवधारणों की समझ भी बन रही है। उनकी भाषा, गणित व पर्यावरण अध्ययन आदि की दक्षता बढ़ रही है। इस कक्षागत पुस्तकालय की अवधारणा को हमने राजस्थान की दो डाइट्स (जिला शिक्षा एवं प्रशिक्षण संस्थान) के साथ भी बाँटा है।

गांधीवादी शिक्षा अध्ययन संस्थान

विद्या भवन ने पिछले कुछ वर्षों से आज के संदर्भ में बुनियादी तालीम के विचार को स्कूली शिक्षा में पुनः अपनाने का प्रयास शुरू किया था। इस प्रयास में विद्या भवन ने यह अनुभव किया कि जब तक बुनियादी तालीम से परिचित शिक्षक उपलब्ध नहीं होंगे तब तक हम इस विचार का स्कूली शिक्षा में व्यापीकरण कैसे कर पाएँगे और आगे कैसे बढ़ेंगे? गांधी शिक्षा विचार की व्यापकता व प्रासंगिकता को देखते हुए और समझते हुए विद्या भवन ने नवम्बर 2008 में विद्या भवन बेसिक स्कूल के परिसर में 'गांधीवादी शिक्षा अध्ययन संस्थान' की स्थापना की। इस संस्थान का उद्घाटन प्रसिद्ध गांधीवादी विचारक एवं गांधी कथावाचक श्री नारायणभाई देसाई ने किया। इस संस्थान के अन्तर्गत पांच यूनिट हैं। यथा- शिक्षक प्रशिक्षण महाविद्यालय, बेसिक स्कूल, क्राफ़्ट यूनिट, शोध और गांधी पुस्तकालय। पिछले दो वर्षों में गांधी शिक्षक-प्रशिक्षण महाविद्यालय ने 200 से अधिक छात्रों एवं अध्यापकों को बुनियादी शिक्षा का प्रशिक्षण दिया है। अभी यह प्रशिक्षण महाविद्यालय अपने अनुभव के दौर से गुज़र रहा है। विद्या भवन बेसिक स्कूल प्रशिक्षण प्राप्त करनेवाले छात्राध्यापकों के लिए एक प्रयोगशाला के रूप में काम कर रहा है। वर्तमान में यह संस्थान अपने ढाँचे के निर्माण की प्रक्रिया से गुज़र रहा है।

बुनियादी शिक्षा में निर्माणवाद

बुनियादी शिक्षा में कार्य को स्कूल में केंद्रीय स्थान क्यों दिया गया, इस बात को निर्माणवादी दृष्टिकोण से हमने समझने का प्रयास किया। निर्माणवादी दायरे में बच्चा ख़ुद ज्ञान का निर्माण करता है। इसका अर्थ यह होता है कि ज्ञान के निर्माण के लिए बच्चे को ख़ुद अपने हाथों से कार्य करना होगा। यह प्रक्रिया बच्चे के शरीर की

विभिन्न इंद्रियों को भी सक्रिय रहने के अवसर देती है। बच्चा अपने स्तर पर कुछ रचे और उस रचने के दौरान वह जिन प्रक्रियाओं से गुज़रे उनसे ज्ञान का अर्जन करे। यदि बच्चे को कुछ रचने का अवसर दिया जाता है तो रटंत शिक्षा से छुट्टी पाई जा सकती है। हम बच्चों को ज्ञान का निर्माता मानें। रचनात्मक परिप्रेक्ष्य में सीखना ज्ञान के निर्माण की एक प्रक्रिया है। पूछताछ, अन्वेषण, विश्लेषण, प्रश्न पूछना, चर्चा करना, व्यावहारिक प्रयोग करना व ऐसा चिंतन करना जिससे सिद्धान्त बन सकें और विचार/स्थितियों की रचना हो सके। ये सभी बच्चों की सक्रियता को सुनिश्चित करते हैं। इस लिहाज़ से बच्चों को ऐसे अवसर दिए जा रहे हैं जिसमें वे ख़ुद कुछ काम करके देखें, समझें और आपस में चर्चा एवं चिंतन कर शैक्षिक अवधारणाओं को आत्मसात् करें। अपने परिवेश के साथ अंतःक्रिया करके ही एक बच्चा ज्ञान सृजित करता है और अपने जीवन में सार्थकता पाता है। बुनियादी शिक्षा को प्रासंगिक बनाने का अर्थ यही है कि सीखने को बच्चे के परिवेश से जोड़ा जाए। हम इस दिशा में लगातार कोशिश कर रहे हैं।

विद्या भवन के प्रयास

बुनियादी तालीम को आज के संदर्भ में समझने और उसे अपनाने की दिशा में विद्या भवन माध्यमिक बेसिक स्कूल पिछले 13 वर्षों से अपने प्रयास जारी रखे हुए है। इस प्रयास में विद्या भवन बेसिक स्कूल ने अपने आप को बुनियादी शिक्षा संदर्भ केन्द्र के रूप में स्थापित किया है। बुनियादी शिक्षा के विचार और उसके आयामों को गहराई से समझने, सीखने तथा इस विचार के व्यापीकरण की दृष्टि से बुनियादी तालीम पर कतिपय राष्ट्रीय कार्यशालाएँ एवं सेमीनार का आयोजन भी किया गया। शिक्षा के विचारों के आदान-प्रदान व बुनियादी शिक्षा के इस विमर्श को आगे बढ़ाने के लिए 'बुनियादी शिक्षा : एक नयी कोशिश' तथा 'खोजबीन' नामक पत्रिकाओं का प्रकाशन भी किया जा रहा है। इन पत्रिकाओं में अर्थपूर्ण शिक्षा से जुड़े मुद्दों को उठाया जा रहा है। उन पर विमर्श किया जा रहा है। विद्या भवन बुनियादी शिक्षा संदर्भ केन्द्र ने बुनियादी तालीम के सशक्तीकरण, व्यापीकरण और इसे जन सामान्य की शिक्षा के रूप में स्थापित करने के लिए एक राष्ट्रीय मंच बनाने की भी पहल की है।

यह केन्द्र विद्या भवन माध्यमिक बेसिक स्कूल के आस-पास के लगभग 30 सरकारी और ग़ैरसरकारी विद्यालयों में बुनियादी तालीम के विचार और उसके सिद्धान्तों को ले गया है। इसके साथ ही बुनियादी शिक्षा संदर्भ केन्द्र पर हर वर्ष एक माह अवधि का ग्रीष्मकालीन शिविर लगाया जाता है। इस शिविर में बेसिक स्कूल के आस-पास स्थित सरकारी और ग़ैरसरकारी स्कूलों के विद्यार्थियों (लड़के-लड़कियों) को हाथ से काम-सिलाई, सुथारी, घरेलू विद्युत उपकरण मरम्मत, हस्तनिर्मित कागज

बनाने, खाद्य प्रसंस्करण, बागवानी, टू व्हीलर रिपयेरिंग आदि के काम सिखाए जाते हैं। साथ ही उन्हें 'बुनियादी शिक्षा' का एक्सपोजर भी दिया जाता है। इसके अलावा यह केन्द्र शिक्षक शिक्षा के तीन बी.एड. महाविद्यालयों और राजस्थान की पांच, छत्तीसगढ़ की एक तथा बिहार की दो डाइट्स (ज़िला शिक्षा और प्रशिक्षण संस्थान) में आज के संदर्भ में बुनियादी तालीम के विचार को भी ले गया है। इसी तरह छत्तीसगढ़ राज्य में स्कूली शिक्षा में बुनियादी तालीम के तत्त्वों को शामिल करने के उद्देश्य से राज्य शिक्षा नीति निर्माण के लिए मार्गदर्शक सिद्धान्त तैयार करने और उसकी रूपरेखा बनाने में छत्तीसगढ़ की एस.सी.ई.आर.टी. के साथ विद्या भवन बुनियादी शिक्षा संदर्भ की महत्त्वपूर्ण भागीदारी रही है।

इस प्रकार बुनियादी शिक्षा एक नयी कोशिश के माध्यम से बुनियादी शिक्षा को आज के संदर्भ में समझने, अपनाने एवं उसे पुनः स्थापित करने की कोशिश की जा रही है। इस कोशिश में कई अड़चनों का सामना करना पड़ रहा है। सर्वप्रथम तो शिक्षा जगत् के मुख्यधारा के लोग 'बुनियादी तालीम' का नाम सुनते ही चौंकते हैं और प्रतिक्रिया व्यक्त करते हैं कि अरे यह विचार तो आज़ादी के बाद फ़ेल हो गया। ऐसा लगता है कि उन्हें बुनियादी शिक्षा के इस लेबल से चिढ़ हो गई है। लेकिन जब उनके सामने अर्थपूर्ण और गुणात्मक शिक्षा के रूप में इसके सिद्धान्तों और काम से ज्ञान के निर्माण की अवधारणा को प्रस्तुत किया जाता है और उनके साथ चर्चा और विमर्श किया जाता है तो वे सहमत होते हैं कि शिक्षाशास्त्र की दृष्टि से यह शिक्षा पद्धति बहुत श्रेष्ठ एवं अर्थपूर्ण है। किन्तु वे मत प्रकट करते हैं कि इसकी सब बातों को आम सामान्य विद्यालयों में लागू करना संभव नहीं है। वहाँ ऐसे हाथ के कामों को करने की कोई गुंजाइश नहीं है। यद्यपि इस विचार की तारीफ़ शिक्षा से जुड़े सब लोग करते हैं। इन अड़चनों के बावजूद भी हमें इसे सब स्कूलों के लिए संभव बनाने के लिए अपने प्रयासों को जारी रखना होगा।

जीवन की बुनियादी बातों की शिक्षा

दयालचंद्र सोनी

पारंपरिक शाला से भिन्नता की समस्या

जब हमारा बुनियादी विद्यालय चलने लग गया और कुछ जमा, तब जगह-जगह से दर्शक और अतिथि इस विद्यालय को देखने के लिए आने लगे। इन दर्शकों और अतिथियों के मन में बड़ा ही कौतूहल रहता था कि बुनियादी शाला कैसे चलती होगी, वहाँ पढ़ाई कैसे होती होगी। ये लोग पढ़ाई का कोई नवीन और जादूभरा तरीका देखने की आशा से हमारे विद्यालय में आते और जब वे यह देखते कि यहाँ भी विद्यार्थी कक्षा में बैठते हैं, यहाँ भी श्यामपट पर शिक्षक कुछ बातें समझाता है, यहाँ भी कुछ पुस्तकें पढ़ायी जाती हैं, यहाँ भी कुछ समय-विभाग हैं, तो इन दर्शकों और अतिथियों को (जिनमें कुछ गांधीवादी भी है) बड़ी निराशा हुई। शायद वे यह सोचकर आए थे कि एक बुनियादी शिक्षालय का चित्र पारंपरिक शिक्षालय के चित्र से हर बात में ही उल्टा होता होगा। ये लोग कहते ''अरे यह कैसा बुनियादी विद्यालय है? ये बातें तो पुराने विद्यालयों में भी होती हैं।'' तब मैं उनसे कहता ''*तो क्या आपकी राय में बुनियादी शिक्षा का अर्थ यह है कि विद्यार्थियों और मास्टरों को कक्षा में शीर्षासन करते हुए शिक्षा लेनी और देनी चाहिए, ताकि आपको यह संतोष हो सके कि सचमुच बुनियादी शिक्षा और पारंपरिक शिक्षा में भेद है?*''

इस पर दर्शकों को और भी अधिक निराशा होती और वे यह कहते कि तब तो आप और हम एक ही तरीके से पढ़ाते हैं और बुनियादी शिक्षा और पारंपरिक शिक्षा में कोई भेद है ही नहीं। इन दर्शकों की दृष्टि में आस्ट्रेलिया के कंगारू का पाठ तकली से कैसे समवायित किया जाएगा, इस प्रश्न का जो समाधान हो सकता है, वही बुनियादी शिक्षा हो सकती थी। बुनियादी शिक्षा पढ़ाने का एक नया तरीका मात्र है, इस भावना से ये दर्शक और अतिथि अभिभूत होते थे और उनको जब यह दिखाई देता कि कक्षा में हर बात समवाय से नहीं पढ़ायी जा रही है, बल्कि कई स्थानों पर बिना समवाय के पढ़ाई चल रही है तो वे नाक भी सिकोड़ते और हमारा मजाक करते। स्वाभावतः यह मेरे लिए भी एक निराशाप्रद और दुःखद अनुभव होता। मैं

विचार में पड़ जाता कि क्या बुनियादी शिक्षा की सच्ची पहचान और बुनियादी शिक्षा का सच्चा समवाय यही है कि हर पाठ, जो कि कक्षा में पढ़ाया जाए, वह ठीक तरह केवल हल या चरखे से जोड़कर सिखाया जाए? क्या गांधीजी ने बुनियादी शिक्षा इसलिए निकाली कि शिक्षक अपने विद्यार्थी को तब तक कुछ भी न बता सकें, जब तक कि वह पहले अपनी बात को तकली या हल-बैल से जोड़ न दे? पर मेरे अतिथि और दर्शक लोग तो बुनियादी शिक्षा और पारंपरिक शिक्षा का फर्क देखे बिना संतुष्ट नहीं हो सकते थे। मैं भी तब इस पर सोचता कि आखिर वह क्या बात, जिससे मैं इस मदरसे को बुनियादी मदरसे मानने को तैयार नहीं हूँ।

अंत में मैं अपने दर्शकों से कहता "*क्या पारंपरिक शाला में हम लोग बच्चों से अपना साग स्वयं पैदा कराते थे, क्या बच्चे अपना पानी स्वयं भरते थे, क्या स्कूल यह व्यवस्था करता था कि विद्यार्थी ठीक से शौच जाना, दातून करना, स्नान करना, कपड़े धोना, कपड़े की मरम्मत करना, सीना और बटन लगाना, कमरों में झाड़ू लगाना, पानी छानना, कपड़ा बनाना और भोजन पैदा करना और पकाना भी उसी तरह सीखें, जिस प्रकार वे जोड़-बाकी, गुणा-भाग और पढ़ना-लिखना सीखते थे? समवायी शिक्षण के विषय में हम तब तक न बताएँ, जब तक कि तकली से उसका समवाय न कर लें। समवायी शिक्षण का अर्थ यह है कि विद्यार्थियों को ऐसी बातों का ज्ञान दिया जाए और ऐसी बातों में उनकी शिक्षा की जाए, जो उनके जीवन के लिए बहुत आवश्यक हो या जो कि जीवन की बुनियादी बातें हों। पारंपरिक शिक्षा जीवन की बुनियादी बातों को शिक्षा का क्षेत्र नहीं मानती थी और केवल पढ़ाई-लिखाई तक सीमित थी, जो कि केवल उन लोगों के काम की है, जो सरकार में या अन्यत्र जाकर नौकरी में लगें। पर बुनियादी शिक्षा तो राष्ट्रीय जन-जीवन का उत्थान चाहती है। अतः अगर आप महानुभावों को इस शाला के प्रबन्ध में तथा शिक्षण में यह दिखाई देता हो कि यहाँ विद्यार्थियों को कोरी किताबी शिक्षा नहीं दी जा रही है, बल्कि ऐसी छोटी-छोटी और बड़ी-बड़ी बातों की भी शिक्षा महत्व के साथ तथा बुद्धि और हृदय के साथ दी जा रही है, जो विद्यार्थी के भौतिक, सामाजिक और नैतिक उत्थान के लिए अत्यावश्यक है, तो आपको यह मानना चाहिए कि यह शिक्षा पारंपरिक शिक्षा से भिन्न है और इसलिए बुनियादी शिक्षा वही नहीं है, जो कि पारंपरिक शिक्षा थी।*'

जीवन की बुनियादी बातों की शिक्षा

इस प्रकार मेरे अतिथि और दर्शक किसी सीमा तक संतुष्ट होते और किसी सीमा तक नहीं भी होते थे। पर इस प्रसंग पर विचार करने से मुझे बुनियादी शिक्षा के 'बुनियादी' विशेषण की एक और नयी सार्थकता दिखाई दी। प्रथम प्रकरण में बुनियादी शिक्षा का 'बुनियादी' शब्द इस दृष्टि से सार्थक लगा था कि यह शिक्षा शिक्षण की पद्धति की दृष्टि से 'बे-बुनियाद' नहीं है, बल्कि इसको उद्योग, तथा

सामाजिक और भौतिक वातावरण अथवा सामाजिक और भौतिक जीवन का आधार या बुनियाद प्राप्त है। दूसरे प्रकरण के अनुसार बुनियादी शिक्षा में 'बुनियादी' शब्द इसलिए सार्थक लगा कि यह शिक्षा हमारे जनतंत्र की बुनियादी आवश्यकता की शिक्षा है और अब तीसरे प्रकरण में बुनियादी शिक्षा का 'बुनियादी' शब्द इसलिए सार्थक लगा कि यह शिक्षा जीवन का ऊपरी अलंकरण मात्र नहीं है, जो कि पारंपरिक शिक्षा रही है बल्कि यह शिक्षा मानव जीवन की बुनियादी आवश्यकताओं और बुनियादी बातों की शिक्षा है। इसी अर्थ को हम दूसरे शब्दों में यों कह सकते है कि बुनियादी शिक्षा जीवन द्वारा जीवन की आजीवन शिक्षा है, क्योंकि यह शिक्षा जब एक बार बाल्यकाल की पाठशाला में शुरू कर दी जाएगी, तब वह अपने आप ही विद्यार्थी के द्वारा आजीवन चलती रहेगी।

इस प्रकार ध्यान देने से विदित होगा कि पहले प्रकरण में जो अर्थ दिया गया है, वह बुनियादी शिक्षा का मनोवैज्ञानिक पहलू है। दूसरे प्रकारण में बुनियादी शिक्षा का जो अर्थ दिया गया है, उसे हम बुनियादी शिक्षा का सामाजिक दृष्टिकोण कह सकते हैं और अब इस तीसरे प्रकरण में बुनियादी शिक्षा को जिस दृष्टि से देखा गया है, उसे हम बुनियादी शिक्षा का भौतिक पक्ष कह सकते हैं।

यदि हम पारंपरिक शिक्षा की विषय-वस्तु और उसके सारे ढाँचे पर विचार करें तो हमें पता चलेगा कि वह विद्यार्थी और विद्यार्थी के स्थानीय समाज की निश्चित एवं तात्कालिक आवश्यकताओं का कोई लिहाज नहीं करती थी। भारत में उस समय पराधीनता, निर्भरता और बीमारी की समस्याएँ जटिल थीं, पर हमारी शिक्षा का ध्यान उस और न था। शिक्षा ने इन ज्वलन्त समस्याओं की तरफ से अपनी आंखें मींच रखी थीं और शालाओं में वही शब्दों की स्टाई चलती थी। यदि किसी प्रदेश में अकाल पड़ जाता या बाढ़ आ जाती, तो तालीम का संबंध उस अकाल या बाढ़ से नहीं जोड़ा जाता था, बल्कि उसी पूर्व निर्धारित पाठ्यक्रम और परीक्षा से हमारी पारंपरिक शिक्षा बंधी रहती थी, जो किसी बाह्य हेतु से या किसी बाह्य एवं दूरस्थ अधिकारी से तय की जाती थी। यदि दो गाँवों के बीच के रास्ते में बहुत कीचड़ होता और उस कीचड़ से विद्यार्थियों तथा अन्य लोगों को भी आने जाने में कष्ट होता, तो उस कीचड़ को दूर करके राह को सुधार देना पाठ्यक्रम का अथवा शिक्षा का अंतरंग अंग नहीं बन सकता था। इसी तरह यदि बच्चे के घर में या गाँव में कोई महामारी हो जाती, तो उसका इलाज करना तालीमी काम नहीं माना जाता था। यदि किसी विद्यार्थी के घर में कोई जन्म, मरण या विवाह होता, तो उन समस्याओं में दिलचस्पी लेना और उनको सुलझाने में सहायता करना तालीम का काम नहीं हो सकता था यदि किसी के खेत में फसल खराब हो गई और किसी के परिवार में कर्ज हो गया, तो ये समस्याएँ शिक्षा से कुछ भी लेना देना नहीं रखती थी। यदि बच्चे की आँखें दुख रही हैं, यदि उसके पेट में तिल्ली बढ़ रही है, यदि उसके नाखून बढ़ रहे हैं, यदि उसके चर्म पर खुजली

हो रही है, यदि उसके पाँव में नाहरू (नारू) निकल रहा है और यदि उसके कपड़े फटे और मैले हैं या यदि उसे भरपेट भोजन नहीं मिलता है, तो ये समस्याएँ तालीम में बाधक भले ही मान ली जाती, पर उन्हें तालीम का ही विषय नहीं माना जाता था। ये बातें पाठ्यक्रम का अंग नहीं बन सकती थीं। ऐसे बच्चों के प्रति पारंपरिक शिक्षा का बस एक ही रवैया था और वह यह था कि ऐसे बच्चों के लिए अपने विद्यालयों के द्वार बन्द कर दिए जाएँ और उनसे कह दिया जाए कि शिक्षा है अवश्य पर शिक्षा तुम्हारे लिए नहीं है। शिक्षा तो केवल उन्हीं लोगों को मिल सकती है, जो कि अपनी उपर्युक्त समस्याओं को पहले से हल करके स्कूल में आए। रेल केवल उन्हीं लोगों को सफर में ले जा सकती है, जो स्टेशन तक पहुँचने की व्यवस्था स्वयं कर सके और रेल का टिकट खरीद सकें। जो लोग स्टेशन तक पहुँचने की व्यवस्था नहीं कर सकते और रेल की सुविधा है ही नहीं। इसी प्रकार तालीम केवल उन लोगों के लिए थी, जो कि स्वस्थ हों, जो कि साफ रह सकें, जिनको घर से अवकाश दिया जा सके और जिनके माता-पिता शिक्षा का बहुत सा खर्च उठा सकें। शिक्षा केवल निठल्ले धनिक विद्यार्थियों का व्यसन थी। गरीबों और बीमारों की भी शिक्षा हो सकती है और होनी चाहिए, यह कल्पना पारंपरिक शिक्षा में नहीं थी बल्कि इस विषय में कल्पना यदि कुछ थी, तो यह थी कि विद्यार्थियों को जीवन की समस्याओं से दूर ही दूर रखा जाना चाहिए और उन्हें केवल 'पढ़ने' में लगना चाहिए।

इस परिस्थिति का कारण क्या था? कारण यही था कि पारंपरिक शिक्षा जीवन तथा जीवन की मूल आवश्यकताओं से विसंबद्ध और पृथक थी और धनिकों का एक मनोरंजन एवं अलंकरण मात्र थी। जिस प्रकार समाज में सब लोग सोने-चांदी के आभूषण नहीं पाते थे, उसी प्रकार सब लोग शिक्षा भी नहीं पा सकते थे। निर्धन जनता अपने जीवन की समस्याओं में अथवा नोन तेल लकड़ी के प्रश्न में ही पिसती रहती थी, उसे शिक्षा के लिए न अवकाश था और न सुविधा थी।

बुनियादी शिक्षा के पहले किसी ने यह नहीं कहा कि भूखे की तालीम भी हो सकती है और उसकी तालीम का मतलब है 'रोटी'। बीमार की भी तालीम होती है और उसकी तालीम का नाम है 'स्वास्थ्य'। कंगाल की भी तालीम हो सकती है और उसकी तालीम का नाम है 'उद्योग'। घिनौने की भी तालीम हो सकती है और उसकी तालीम का नाम है 'स्वच्छता'। पारंपरिक शिक्षा की दृष्टि यह है कि जीवन की मूल आवश्यकताएँ और समस्याएँ शिक्षा में बाधक हैं और जब तक ये समस्याएँ किसी अन्य उपाय से पूर्वमेव हल न कर ली जाए, तब तक शिक्षा शुरू ही नहीं हो सकती। बुनियादी शिक्षा की दृष्टि यह है कि जीवन की मूल समस्याएँ और जीवन की मूल आवश्यकताएँ ही शिक्षा की मूल प्रेरणा, शिक्षा का मूल स्रोत और शिक्षा की मूल प्रेरणा, शिक्षा का मूल स्त्रोत और शिक्षा का वास्तविक विषय और क्षेत्र हैं और इसलिए शिक्षा का कार्यक्रम यह कहकर स्थगित नहीं किया जाना चाहिए कि देश की

आर्थिक प्रगति नहीं हुई है। यदि देश की आर्थिक प्रगति नहीं हुई है तो तालीम पर यह भार डाला जाना चाहिए कि वह देश की आर्थिक प्रगति करे। यदि देश में स्वास्थ्य की समस्या है, तो शिक्षा पर यह भार डाला जाना चाहिए कि वह देश के स्वास्थ्य सुधार में सबसे अधिक काम करें। यदि देश में सांप्रदायिक मनमुटाव और झगड़ों की समस्या है, तो तालीम पर यह भार डालिए कि वह सांप्रदायिक एकता पैदा करें। यदि राष्ट्र में खेती का सुधार करना आवश्यक है, तो यह काम शिक्षा को सौंपिएगा। यदि देश में जंगल लगाए जाने हैं, तो शिक्षा इस काम के प्रति उदास नहीं रह सकती। यदि देश में खाद की कमी है और हमारे यहाँ गंदगी और घिनौनेपन का बोलबाला है, तो तालीम का यह काम है कि देशवासियों को ठीक से शौच जाना और मल-मूत्र की खाद बनाना सिखाए। तालीम को किताबों, परीक्षाओं और डिग्रियों में कैद कर देना तालीम का गला घोटना है। तालीम को राष्ट्रीय जनजीवन की ज्वलन्त समस्याओं की आंच लगने से बचाकर दूर-दूर रखना तालीम को निष्प्रभ और निर्जीव बनाना है। शिक्षा पूर्ण जीवन की समग्रता से ओतप्रोत है। बुनियादी शिक्षा इसीलिए बुनियादी है कि वह जीवन की बुनियादी बातों को तालीम का मुख्य अंग मानती है और बुनियादी शिक्षा इसीलिए राष्ट्रीय शिक्षा है कि वह हमारे राष्ट्र की मूल और ज्वलन्त समस्याओं को सुलझाने की दृष्टि से अपना कार्यक्रम निर्धारित करती है।

बुनियादी शिक्षा धनिकों के लिए अहितकारी नहीं

यहाँ एक बहुत महत्वपूर्ण प्रश्न उठता है। हमारे देश में जो लोग पहले से धनवान या वैभवशाली हैं, वे कह सकते हैं कि हमारे पास अन्न-वस्त्र और स्वास्थ्य तथा महल पहले से विद्यमान हैं। हम अपने बच्चों को कष्ट नहीं देंगे। हम तो सिर्फ पढ़ाई-लिखाई, संगीत, नाटक, कविता-भाषण, वकालत, डॉक्टरी, इंजीनियरिंग, गणित, विज्ञापन और साहित्य संस्कृति में ही अपने बच्चों को लगाएँगे। हम तो अपने बच्चों को आला दर्जे की बातें ही देना चाहते हैं। हम चाहते हैं कि हमारे बच्चे टेनिस, क्रिकेट और बेडमिन्टन खेलें और हमारे झाडू टोकरी, फावडा, कुदाली, हल, बैल, तकली, चरखा, चूल्हा, चक्की, बाल्टी और रस्सी आदि को छुएँ भी नहीं। हम तो अपने बच्चों को पैदल चलाना भी नहीं चाहते, बल्कि हमारे बच्चों के लिए तो साइकिल भी अशोभनीय है। हम तो उन्हें केवल मोटर में ही घुमाना चाहते हैं। हम विद्यार्थियों को खादी पहनाना या कताई सिखाना व्यर्थ समझते हैं। हम उनके लिए मिल के बढ़िया से बढ़िया कपड़े खरीद सकते हैं। फिर क्या आवश्यकता है कि हम अपने बच्चों को इस बुनियादी शिक्षा में डालें?

यह मनोवृति केवल आज के धनिकों तक ही रह सकती है, यह कोई अनिवार्य बात नहीं है। आज मैं दरिद्र हूँ। पर मैं इस कोशिश में ही हूँ कि कल मैं धनी हो जाऊँ। जब मैं धनी हो जाऊँगा, तो कल मैं भी इसी भाषा में बात कर सकता हूँ।

इसलिए इस विषय में किसी धनी को कुछ भी बुरा भला कहने की आवश्यकता नहीं है। इस विषय पर शांति से विचार किया जाना चाहिए कि क्या वास्तव में यह धनिकों के स्वार्थ की बात होगी कि उनके बच्चे इस तेजस्वी शिक्षा से वंचित रखे जाए, जिसे हम बुनियादी शिक्षा के नाम से जानते हैं।

जो भी धनिक है, उसे समझना चाहिए कि उसके धन की बुनियाद पसीना ही है। वास्तव में श्रम ही वास्तविक धन है, और इसलिए जिसे श्रम का अनुभव नहीं है, उसे न धन का और न धनिकता का ही वास्तविक अनुभव है। धन का समुचित उपयोग वही कर सकता है, जो जानता हो कि उसे किस प्रकार उत्पन्न किया जाता है। अतः धनवानों के लड़के-लड़कियों को भी बाल्यकाल में अपनी शिक्षा के अंग के रूप में निर्धन और श्रमिक जीवन का प्रत्यक्ष अनुभव प्राप्त करना चाहिए। इससे इनका धनिकपन जाता न रहेगा, बल्कि वे धन को ठीक तरह समझ सकेंगे और उसका सदुपयोग करना सीखेंगे। धन का आदर करने का मतलब यह नहीं है कि सोने-चांदी और हीरे जवाहरात के बीच लक्ष्मीजी का चित्र सजाकर उसका दिवाली के दिन पूजन किया जाए और ईश्वर से और अधिक धन की याचना की जाए। धन की इज्जत का मतलब है मानवता। आम का स्वाद मीठा हो सकता है, पर उसका पूरा स्वाद प्राप्त करने के लिए उसमें कुछ द्रव्य और भी मिलाए जाते हैं। उसी प्रकार पूंजी के उपभोग में सुख हो सकता है, पर उसका पूरा स्वाद पाने के लिए तथा उसके सुख को बढ़ाने के लिए उसमें श्रम और श्रमिक के आदर का मानवीय रस यदि मिला दिया जाए, तो सोने में सुहाग वाली बात चरितार्थ होती है। कृष्ण को अपने गुरु-गृह के लिए स्वयं ही लकड़ी चुनने के लिए जंगल में जाने की आवश्यकता नहीं थी। पर वे स्वयं लकड़ी चुनने के लिए गए और उन्होंने दरिद्र सुदामा से अपना तादात्म्य स्थापित किया। दरिद्र सुदामा की मित्रता कृष्ण के जीवन की कितना बड़ा ऐश्वर्य थी। सुदामा की मित्रता के बिना क्या कृष्ण का जीवन उनके विशाल ऐश्वर्य के बावजूद कंगाल न होता?

वर्तमान धनिकों को यह भी समझना चाहिए कि विद्या की प्राप्ति विजय और अनुभव से होती है, न कि धन से। विद्या से मेरा मतलब 'ठगविद्या' से नहीं है, जिसमें धनिक वर्ग को विशेष योग्यता प्राप्त है। विद्या से मतलब मानवता से है, आत्मविद्या से है। यह मानवता तो जीवन का अनुभव प्राप्त करने से ही आ सकती है। जीवन का अनुभव जीवन की मूल और बुनियादी बातों के अनुभव से ही हो सकता है। जीवन की मूल बातों में गरीब और अमीर सभी समान हैं। फिर भी अमीर का जीवन परिश्रम से रहित अर्थात कृत्रिम होता है। ऐसे कृत्रिम जीवन के कारण अमीर लोग गरीबों के जीवन के साथ कोई एकता स्थापित नहीं कर पाते। अमीर समझता है कि परिश्रम से बचना उसके ऐश्वर्य का लक्षण है, जिस पर उसे गर्व होना चाहिए। पर यदि एक अमीर अपने धन के बावजूद जीवन की बुनियादी आवश्यकताओं की पूर्ति

करने वाले कामों का अनुभव प्राप्त कर लेगा, तो वह इस योग्य होगा कि अपने धन का वास्तविक शासक हो। ऐसा न करने से वास्तव में वह अपने धन का मालिक नहीं, बल्कि अपने धन का गुलाम बनकर ही जीता है। हाँ, यह बात अवश्य है कि आज के धन के गुलाम लोगों की यह भ्रांति बनी हुई है कि वे मालिक हैं। इस भ्रांति से निकलकर धन को वास्तविक मालिक बनने के लिए यह अच्छा होगा कि हमारे देश के धनिक लोग अपने बच्चों को बुनियादी तालीम कराएँ अर्थात् अपने बच्चों को श्रम में निहित धन का प्रत्यक्ष अनुभव करने दें। इससे उनकी भौतिक समृद्धि में कोई हानि न होगी, बल्कि इससे उनकी दिल की दुनिया भी आबाद होगी, उनकी तिजोरियाँ ही भरी न होगी, बल्कि उनका दिल का खजाना भी भर जाएगा। पाठक जानते होंगे कि इंग्लैड के भावी शासकों का बाल्यकालीन प्रशिक्षण इस ढंग से किया जाता है कि वे शरीर श्रम और कठोर जीवन का अभ्यास कर सकें। इस तरह का अवसर मिलने से उन भावी सम्राढों को कोई हानि नहीं होती, बल्कि बाल्यकाल के उन अनुभवों के कारण उनका जीवन और अधिक समृद्ध होता है।

परन्तु यह विषय केवल धनिकों का वर्गगत प्रश्न नहीं है। यह एक महत्वपूर्ण राष्ट्रीय प्रश्न है। धनिकों एवं निर्धनों का पृथक वर्ग होने से तथा प्रत्यक्ष उत्पादन से नहीं, बल्कि धन को पैदा करने वाले लोगों का शोषण करके धनी बनने की छूट होने से हमारे देश का राष्ट्रीय दृष्टि से महान अहित हुआ है। हमारा देश विज्ञान में इसलिए इतना पिछड़ा रहा कि हमारी विद्या हमारे जीवन की मौलिक और भौतिक आवश्यकताओं से पृथक् हो गई। रोटी, कपड़ा और मकान, स्वास्थ्य और राष्ट्र की भौतिक उन्नति से शिक्षा का कोई संबंध नहीं रहा। शिक्षा जीवन से दूर जा पड़ी और इसका परिणाम यह हुआ कि यह सोने की चिड़िया (भारत) अपनी स्वाधीनता की रक्षा नहीं कर सकी। हमारा ऐश्वर्य निःसत्व एवं गुलाम बन गया। अतः यदि हमें इस दुर्भाग्यपूर्ण इतिहास की पुनरावृति को रोकना है और यदि समृद्धि और ऐश्वर्य के बीचों-बीच हमें अपने राष्ट्रीय सत्व और पौरुष की रक्षा करनी है, तो धनवानों को यह छूट नहीं दी जा सकती कि वे जीवन की बुनियादी बातों की तालीम से बचकर कोमलांग लखनवी नवाब बन जाए। धनवान होना पुरुषार्थहीन होने का बहाना बनने नहीं दिया जा सकता। यह न तो धनिकों के हित में है और न राष्ट्र के हित में। अतः जीवन की बुनियादी बातों और बुनियादी समस्याओं की शिक्षा (अर्थात् बुनियादी शिक्षा) हमारे देश के गरीब और अमीर सभी लोगों के लिए समान रूप से लागू होनी चाहिए।

शिक्षा का अर्थ विकास की दिशा - ड्यूई

विख्यात अमेरिकन शिक्षाशास्त्री ड्यूई ने तालीम को विकास की दिशा या मानव विकास का मार्गदर्शन माना है। विकास की दिशा किसी पूर्ववर्ती या किसी उत्तरवर्ती सीमा से नियंत्रित नहीं होती। जिस प्रकार सुदूरपूर्व जापान में भी पूर्व दिशा की तरफ

बढ़ा जा सकता है और सुदूर पश्चिम अमेरिका में भी पूर्वदिशा की ओर बढ़ा जा सकता है, उसी तरह कोई व्यक्ति या समाज पतन के गहरे गर्त से भी विकास की दिशा में आगे बढ़कर विकास की दिशा में जा सकता है। अतः तालीम की गुँजाइश दीन और दरिद्र लोगों के लिए भी उसी तरह है, जिस तरह कि उसकी गुँजाइश सुविकसित धनिकों के लिए। जो शिक्षा केवल एक स्तरविशेष के बालकों को ही शिक्षित कर सकती है और असमर्थ और असहाय बालकों को साथ लेकर नहीं चल सकती, वह सच्ची तालीम या उन्नति की सच्ची शिक्षा नहीं है। बुनियादी शिक्षा इसलिए सच्ची तालीम है और इसीलिए वह ड्यूई की शिक्षा की कसौटी पर भी खरी उतरती है कि वह विद्यार्थी से यह नहीं कहती कि पहले तुम अमुक सीमा तक उन्नति कर ही डालो और तभी तुम्हारी शिक्षा हो सकेगी। बुनियादी शिक्षा विद्यार्थी की तालीम उसी स्थान और उसी समय से शुरू मानती है, जहाँ जिस समय वह विद्यार्थी खड़ा हो। यही उसकी विशेषता है और इसी विशेषता के कारण वह बुनियादी शिक्षा मानी जा सकती है।

समग्र नित-नयी तालीम

विनोबाजी ने बुनियादी शिक्षा के बारे में जो कुछ कहा है, उसमें उनका यह कथन मुख्य है कि बुनियादी शिक्षा 'समग्र और नित-नयी-तालीम' है। उनका यह कथन इसी बात की पुष्टि करता है कि बुनियादी शिक्षा जीवन की बुनियादी बातों की शिक्षा है। समग्र शिक्षा का अर्थ यही है कि बुनियादी शिक्षा जीवन के किसी एकांग को शिक्षा का क्षेत्र नहीं मानती, जैसा कि पारंपरिक शिक्षा में कवेल बौद्धिक ज्ञान को पूरी शिक्षा मान लिया जाता था। इसके अलावा पारंपरिक शिक्षा में शिक्षा के अलग-अलग विषयों में विभक्त दृष्टि से देखा जाता था और यह नहीं माना जाता था कि जीवन में एकत्व है और इसलिए विभिन्न विषय भी एकत्व में पिरोए जाने चाहिए। मनुष्य का जीवन एक समग्र वस्तु है और इसलिए उसकी शिक्षा भी समग्र या अविभक्त रूप में होनी चाहिए। यह समवायी दृष्टि भी बुनियादी शिक्षा में है, इसलिए विनोबाजी ने बुनियादी शिक्षा को समग्र शिक्षा कहा है। विनोबाजी का दूसरा कथन कि बुनियादी शिक्षा को केवल नयी तालीम ही नहीं माना जाना चाहिए, जैसा कि उसके बारे में प्रसिद्ध है। बल्कि एक कदम आगे बढ़कर यह कहा जाना अधिक उपयुक्त होगा कि बुनियादी शिक्षा नित-नयी तालीम है। विनोबाजी के इस कथन से भी वास्तव में इसी बात की पुष्टि होती है कि बुनियादी शिक्षा जीवन की बुनियादी बातों की शिक्षा है और (ड्यूई के अनुसार) ऐसी शिक्षा है, जिसका प्रारंभ और अंत किसी सीमा से निर्धारित नहीं है, बल्कि जो विद्यार्थी की जब जैसी स्थिति हो और उस समय जैसी उसकी आवश्यकता हो, उसी के अनुसार उसको शिक्षा दी जाए। जैसे-जैसे परिस्थितियाँ और विद्यार्थी की आवश्यकताएँ बदलती जाएगी, वैसे-वैसे शिक्षा भी बदलकर नित-नूतन

होती जाएगी। गांधी जी ने जो यह कहा था कि बुनियादी शिक्षा वह शिक्षा है, जो कि माँ के गर्भ से लेकर आजीवन तथा श्मशान तक चलती रहती है, उसमें भी भावना यही है कि बुनियादी शिक्षा जीवन की मूल बातों की शिक्षा है और क्योंकि जीवन की मूल बातें माता के गर्भ से लगाकर मृत्युपर्यन्त साथ ही हैं, इसीलिए बुनियादी शिक्षा भी जन्म से मृत्यु तक की शिक्षा है।

उपसंहार

जहाँ भी, जो भी महानुभाव बुनियादी शिक्षा का काम करें, वे बहुत ही अच्छा काम करेंगे, यदि वे इस बात को समझ लें कि बुनियादी शिक्षा जीवन की बुनियादी बातों की शिक्षा है। इसका अर्थ यह नहीं है कि बुनियादी शिक्षा में जीवन के अलंकार या सौन्दर्य के प्रति उदासीनता रहनी चाहिए। इसका अर्थ केवल इतना है कि शिक्षा का खास काम मानव जीवन की भौतिक, सामाजिक, आर्थक और नैतिक समस्याओं को सुलझाना है और इन समस्याओं को सुलझाने में ही जीवन का सौन्दर्य भी ढूंढ़ा जाना चाहिए। जीवन का सौन्दर्य और जीवन की कठोर वास्तविकाताएँ इन दोनों का क्षेत्र भिन्न-भिन्न नहीं होना चाहिए, जैसा कि वह आज है। आज कुछ लोग केवल सौन्दर्योपासना में लगे हुए हैं और कुछ केवल जीवन की आवश्यकताओं की पूर्ति का काम करते हैं। इस तरह दोनों का जीवन एकांगी और अपूर्ण है। व्यक्ति और समाज की कोई भी समस्या ऐसी नहीं है, जिसका संबंध शिक्षा से न हो और जिससे शिक्षा को परहेज हो। जो समस्या जिस समय जीवन से जितनी निकट है, उस समय वह उतनी ही बुनियादी शिक्षा की समस्या है।

हमारे पारंपरिक स्कूलों का वर्तमान पाठ्यक्रम ऐसा है कि उसमें बहुत सी बातें जनसामान्य के सामान्य जीवन के लिए कोई महत्व नहीं रखती और उस पाठ्यक्रम के बाहर ऐसी बहुत-सी बातें छूटी हुई हैं, जो सामान्य जन के जीवन के साफल्य के लिए अत्यावश्यक है। बुनियादी शाला का यह काम है कि वह पाठ्यक्रम को इस दृष्टि से निरन्तर दुरस्त करती रहे कि कौन सी जीवनोपयोगी बातें ऐसी हैं, जो एक विद्यार्थी को आवश्यक रूप से जाननी चाहिए, और जिनका अभ्यास उन्हें अवश्य होना चाहिए। ध्यान में रखने की मुख्य बात यह है कि बुनियादी शिक्षा को विश्वविद्यालय की उच्च शिक्षा की तैयारी मात्र समझने की परंपरा समाप्त होनी चाहिए। आज प्राइमरी शिक्षा तो माध्यमिक शिक्षा की तैयारी है और माध्यमिक शिक्षा विश्वविद्यालय की शिक्षा की तैयारी है और सभी की शिक्षाएँ केवल नौकरी में बाजी जीतने की तैयारी है। बुनियादी शाला की कसौटी यह है कि वह उच्चतर शिक्षा की पिछलग्गू साबित न हो, जैसा कि उसे बनाया जाता रहा है। वास्तव में जो उच्च शिक्षा है, उसी को चाहिए कि अपने आपको बुनियादी शिक्षा के अनुसार ढाले। बुनियादी शिक्षा का पाठ्यक्रम या शिक्षाक्रम केवल एक ही दृष्टि से बनाया जाना चाहिए और वह दृष्टि

यह है कि जिस क्षेत्र में बच्चा जी रहा है, वहाँ वह एक सामान्य नागरिक की स्थित में तथा एक सामान्य मनुष्य के रूप में अपना व्यक्तिगत और सामाजिक जीवन भली प्रकार बिता सकें। इसके लिए विनोबाजी का दिया हुआ शब्द 'समग्र' बहुत ही उपयोगी है। पारंपरिक शिक्षा मानव जीवन की आंशिक और विच्छिन्न शिक्षा थी, जिसके विरुद्ध बुनियादी शिक्षा मानव जीवन की संपूर्ण तथा संयुक्त शिक्षा है। जीवन की बुनियादी बातों की शिक्षा, जीवन द्वारा जीवन की शिक्षा, जन्म से मृत्यु तक की शिक्षा, समग्र शिक्षा, नित-नवीन शिक्षा आदि परिभाषाओं का यही अर्थ है।

बुनियादी शिक्षा : भारतीय प्रयोग

हुमायूँ कबीर

शिक्षा की राष्ट्रीय प्रणाली हमेशा विचारों की राष्ट्रीय प्रणाली को प्रतिबिम्बित करती है। वास्तव में, इससे आगे जाकर यह कहा जा सकता है कि व्यक्ति एवं समूहों के जीवन-उद्देश्यों के द्वारा शिक्षा आकार ग्रहण करती है और बदले में उसे आकार भी देती है। यह केवल मनुष्यों पर ही लागू नहीं होता बल्कि उन पर भी लागू होता है जिसे हम निम्न स्तरीय सृजन या जीव मानते हैं। इस प्रकार पशुओं के बच्चे अपने वयस्कों की क्रियाओं का अनुकरण कर खुद को भविष्य के लिए तैयार करते हैं। मनुष्य के प्रकरण में ऐसा अनुकरण वयस्क जीवन की जिम्मेदारियों को पूरा करने के लिए दिये जाने वाले प्रशिक्षण की सचेत प्रक्रिया होती है।

वातावरण में परिवर्तन के लिए जरूरी होता है कि व्यक्ति की प्रतिक्रिया में परिवर्तन हो, यदि उस प्रजाति को जीवित रहना है। विकास की कथा, वातावरण के प्रति अनुकरण में सुधार के लगातार प्रयास का एक दस्तावेज है। हालाँकि मनुष्य ऐसी अवस्था में पहुँच गया जहाँ वह वातावरण के प्रति सिर्फ प्रतिक्रिया देने में ही संतुष्ट नहीं रहा। अब वह अपनी जरूरतों के अनुसार वातावरण का अनुकरण चाहता है। चूँकि सचेत उद्देश्य मानव क्रियाओं के लगातार फैलते क्षेत्र को नियंत्रित करता है अतः सामाजिक उद्देश्यों में कोई परिवर्तन की मांग होती है उसे अक्सर शिक्षा प्रणाली में परिवर्तन से पूरा किया जाता है।

अन्य समाज सुधारकों की तरह महात्मा गांधी जानते थे कि शिक्षा में सुधार किये बिना वे अपने सामाजिक उद्देश्यों को प्राप्त नहीं कर सकते। समाज की श्रेष्ठता, उसके सदस्यों की श्रेष्ठता पर निर्भर करती है। अतः एक बेहतर किस्म के समाज की प्राप्ति का जरिया शिक्षा द्वारा व्यक्ति में सुधार है। भविष्य के नागरिकों के जीवन को बेहतर तरीके से आकार उनके आरंभिक एवं विकास के दौरान दिया जा सकता है, इस मान्यता ने गांधी को लोगों के संसाधन की सहकारिता प्राप्ति के माध्यम के रूप में बुनियादी शिक्षा का सिद्धांत विकसित करने हेतु प्रोत्साहित किया। उनके शब्दों में *''मुख्य विचार यह है कि जो हस्तशिल्प बच्चों को सिखाया जाता है उसके जरिये*

आत्मा, मस्तिष्क और शरीर की संपूर्ण शिक्षा दी जाए। आपको, बच्चों के भीतर जो भी है, उसे हस्तशिल्प की संपूर्ण प्रक्रियाओं के प्रशिक्षण और शिल्प संबंधी इतिहास, भूगोल एवं अंकगणित के जरिये बाहर लाना है।'

मानव अनिवार्य रूप से एक सामाजिक प्राणी है और वह समुदाय में रहता है। बुनियादी शिक्षा बच्चे के साथ सहकारी समूह के एक सदस्य के रूप में व्यवहार करती है। बच्चों को एक समुदाय के सदस्य के रूप में और इसी तरह एक दूसरे के प्रति जिम्मेदार महसूस करना सिखाया जाता है। खुद के अधिकार की तरह दूसरों के प्रति कर्त्तव्य भी महत्वपूर्ण हैं। इस प्रकार, बुनियादी शिक्षा वैयक्तिक स्वतंत्रता के नाम पर पारिवारिक एवं सामाजिक बंधनों में ढील देने के आधुनिक रुझान में सुधार करना चाहती है। गांधीजी ने महसूस किया कि शिक्षा को व्यक्ति को पुनर्संगठित करना चाहिए और उसे जैविक समाज के एक सदस्य के रूप में विकसित करना चाहिए। सहकारी समूह की एक इकाई के रूप में बच्चों के सभी क्रियाकलापों में सामाजिक तत्व होता है। इस तथ्य की मान्यता पर ही बुनियादी शिक्षा आधारित है और ऐसी मान्यता को बढ़ते बच्चों के मानसिक विकास का एक हिस्सा बनाना इसका लक्ष्य होता है। सभी स्कूली गतिविधियाँ न केवल समूह में आयोजित की जाती हैं, बल्कि ऐसे की जाती हैं कि उनकी कोई तात्कालिक सामाजिक जरूरत हो। इसका लक्ष्य बच्चे में सहकारिता की भावना और एकदम शुरुआती दौर में जिम्मेदारी का बोध पैदा करना है।

शैक्षिक-मनोवैज्ञानिक सहमत हैं कि शिक्षक द्वारा दिये जाने वाले निर्देशों के निष्क्रिय ग्रहणकर्त्ता की बनिस्बत किसी प्रक्रिया में सक्रिय भागीदारी के जरिये बच्चा अधिक तेजी से सीख सकता है। बच्चे को काम करना पसंद होता है। प्रवृत्ति के लिहाज से वह सक्रिय होता है और उसकी चपलता उसके ऊर्जावान होने की केवल एक अभिव्यक्ति है। उसे लंबे समय तक बिना हिले-ढुले चुपचाप बिठाये रखना उस पर बंदिश लगाना होगा, जैसा कि अक्सर पारंपरिक स्कूलों में होता है। वास्तव में यह कोई नयी खोज नहीं है। यथार्थ में गतिविधि के सिद्धांत की स्पष्ट अवधारणा के बिना, अविस्मरणीय रूप से गतिविधि/क्रियाकलाप ने बच्चों की शिक्षा के कुछ हिस्से का गठन किया है। कम से कम पिछली सदी के उत्तरार्ध से अमरीका एवं यूरोप में शिक्षा का रुझान अधिक से अधिक क्रियाकलाप केन्द्रित होने में रहा है। करीब पचास वर्ष पहले, बच्चों के लिए गतिविधि/क्रियाकलाप और स्वतंत्रता के महत्व पर जोर देते हुए टैगोर ने शिक्षा में अपना महान प्रयोग आरंभ किया। यदि गतिविधि/क्रियाकलाप पर जोर को बुनियादी शिक्षा का सार माना जाए तो यह स्वीकार करना पड़ेगा कि इसके बुनियादी सिद्धांत भारत के लिए भी नये नहीं हैं।

यद्यपि बुनियादी शिक्षा ने स्कूल संबंधी गतिविधि सिद्धांत में एक नया अवयव प्रस्तुत किया। बुनियादी शिक्षा में बच्चों के प्रशिक्षण हेतु चयनित गतिविधियाँ

उद्देश्यात्मक, सृजनात्मक और सामाजिक रूप में उपयोगी गतिविधि होती हैं। सामाजिक उपयोगिता एवं उद्देश्य पर जोर भूलवश या ऐसे ही नहीं है। उत्पादन, संगठित मानव जीवन का मेरुदंड है। समाज वस्तु के उत्पादन की उस क्षमता पर जीवित रहता है जो उसके सदस्यों के लिए आवश्यक है। सभी के सहकारी प्रयासों से उत्पादन स्तर को बरकरार रखा जा सकता है। बुनियादी शिक्षा जिसका जोर सामाजिक रूप से उपयोगी गतिविधि पर है, वह बच्चे के साथ उसके शैक्षणिक जीवन के आरंभ से ही समुदाय के एक सदस्य के रूप में व्यवहार करती है। जबकि भारत और बाहर के शिक्षा-विचारकों ने लगातार गतिविधि एवं स्वतंत्रता के मूल्य पर जोर दिया है। भारत में प्रचलित व्यवस्था में अधिक से अधिक पुस्तक केन्द्रित बनने का रुझान था। यहाँ तक कि बच्चों के मामले में बुद्धि, भावना और चरित्र के विकास की बजाय यह अधिक से अधिक याद रखने का अभ्यास बन चुका है। पुस्तकों के प्रति अत्यधिक चिंता ने भारतीय जीवन की सच्चाई से शिक्षा को अलग दिया है। यह अक्सर बच्चों को उनकी सामाजिक एवं सांस्कृतिक वातावरण से दूर कर देता है और उनमें शारीरिक श्रम के प्रति यदि घृणा नहीं तो अरूचि को जरूर बढ़ावा देता है। परिणाम यह होता है कि पारम्परिक रूप में प्रशिक्षित बच्चों में एक खास प्रकार के रोजगार पर निर्भर होने की प्रवृत्ति होती है। यदि उक्त खास दिशा में उसे अवसर प्राप्त नहीं होता तो वह अक्सर निरीह और नाउम्मीद हो जाता है। इस कारण भारत में औसत शिक्षित व्यक्ति में अक्सर आत्मविश्वास और पहल करने की कमी पायी जाती है और जब एक नयी और बदली हुई स्थिति से उसका सामना होता है तो वह उसका सामना नहीं कर पाता। पारम्परिक व्यवस्था जीवन की तैयारी में असफलता के अलावा शैक्षणिक दृष्टिकोण से भी संतोषजनक नहीं है। व्यक्तित्व के संतुलित विकास पर लक्ष्य करने की बजाय यह बौद्धिकता पर अतिरिक्त रूचि रखती है। इच्छा एवं कल्पना को नकार दिया जाता है और बौद्धिकता के विभिन्न पहलुओं में तर्कशक्ति एवं निर्णय की बजाय स्मरण-शक्ति पर ज्यादा जोर दिया जाता है। परिणाम यह होता है कि बौद्धिकता भी पूर्ण परिपक्वता नहीं प्राप्त कर पाती। बच्चा सूचना प्राप्त करता है किन्तु वयस्क नहीं बन पाता।

गांधीजी प्रचलित शिक्षा व्यवस्था के खिलाफ थे, हालाँकि वे स्वयं इसी व्यवस्था से निकले थे। मेरा विचार है कि उनका संघर्ष इसकी शैक्षणिक अपर्याप्ता से आरंभ हुआ किन्तु विकल्पों के आर्थिक एवं सामाजिक निहितार्थ के चलते इनमें मजबूती आयी, जिसे विकसित करने में उन्होंने मदद की। इस कारण कुछ महत्वपूर्ण पहलुओं पर पहले ध्यान देना होगा जिसमें बुनियादी शिक्षा, ऐसी शिक्षा से प्रस्थान दर्शाती है, जो हाल के दिनों में भारत में प्रचलित रही है। बुनियादी कमी इस व्यवस्था में ही है अनिवार्य शिक्षा की सुनियोजित एवं विस्तृत व्यवस्था पर माध्यमिक एवं उच्च शिक्षा का आधार देने की बजाय प्राथमिक एवं माध्यमिक शिक्षा को उच्च शिक्षा का पूरक

और अनुगामी बना दिया गया। एक अर्थ में यह शायद अनिवार्य था। यह केवल पिछले सौ वर्षों की स्थिति है कि राज्य ने सार्वजनीन शिक्षा व्यवस्था के प्रावधान को एक अनिवार्यता के रूप में स्वीकार किया है। यदि ऐसा ही राष्ट्रीय सरकारों के साथ है तो कोई शायद ही उम्मीद करेगा कि एक अनजान सरकार उन विषयों के लिए ऐसी सुविधाएँ उपलब्ध कराए। ईस्ट इंडिया कम्पनी और बाद में ब्रिटिश राज ने देश में अपनी प्रशासनिक कार्रवाई को आसान बनाने के लिए पर्याप्त संख्या में भारतीयों को अंग्रेजी में प्रशिक्षित करने के माध्यम के लिए शिक्षा में अपनी रूचि दिखाई। यह सच है कि मैकाले जैसे व्यक्ति ने पश्चिमी विज्ञान एवं राजनीतिक विचारों से संपर्क बनाये रखा जो भारतीय लोगों के लिए लाभदायी हुआ और परिणामस्वरूप अपने सांस्कृतिक मूल्य को इस शिक्षा व्यवस्था में प्रस्तुत करना चाहा। हालाँकि शिक्षा का मुख्य जोर उपयोगितापरकता पर ही रहा है और परिणामस्वरूप प्राथमिक एवं माध्यमिक शिक्षा को उच्च स्तर के लिए विद्यार्थियों को तैयार करने का जरिया माना गया। यह भी अनिवार्य था कि ऐसे संदर्भ में ग्रामीण क्षेत्रों की आवश्यकता, जहाँ भारतीय जनसंख्या की बहुत बड़ी आबादी निवास करती है, की बड़े पैमाने पर उपेक्षा हो। बुनियादी शिक्षा, दोनों मामलों में स्थितियों का निराकरण खोज रही है। यह ग्रामीण आवश्यकता पर ज्यादा जोर देती है और औसत नागरिक के लिए शिक्षा के पूर्ण स्तर के रूप में काम आना चाहती है।

ब्रिटिशों द्वारा प्रस्तुत व्यवस्था की एक अन्य खामी है कि यह अनिवार्य रूप से व्यैक्तिक व्यवस्था है। इसमें लोगों एवं समाजों के बीच सहयोग की बजाय प्रतिस्पर्धा के विचार पर जोर दिया गया। वर्तमान शिक्षा व्यवस्था समान हितों की चिंता के बिना व्यक्ति में सफलता की इच्छा को प्रोत्साहित करती है। इस दर्शन के अनुयायियों का विश्वास है कि समान हितों की कुछ पूर्ति होती यदि प्रत्येक व्यक्ति अपनी जिम्मेदारी को पूरा करता।

ठोस कार्यों के प्रदर्शन और इससे मिलने वाली खुशी पर जोर देने वाली मौजूदा शिक्षा से बुनियादी शिक्षा भिन्न है। खासकर अनुपयुक्त शिक्षकों के जिम्मे पारम्परिक शिक्षा के चलते यह सभी निर्देशों को एक बौद्धिक अभ्यास में कमतर (Reduce) करता है। चूँकि शिक्षा प्राप्त करने वाला बच्चा इसके उद्देश्य को देख नहीं सकता, वह निष्क्रिय रहता है और कई मामलों में वह अनिच्छुक व्यक्ति बना रहता है जो शिक्षा का ग्राह्य होने की बजाय उसके वशीभूत हो जाता है। इसके विपरीत शिल्प-केन्द्रित शिक्षा में बच्चे को अपने श्रम का तुरंत परिणाम दिखता है। शिल्प का उत्पाद उसके लिए सफलता का भौतिक प्रतीक है और उसे प्राप्ति का अहसास दिलाता है।

हस्तकार्य पर जोर के जरिये बुनियादी शिक्षा एक अन्य बाधा को तोड़ने में मदद करती है जिसने भारतीय समाज को विभक्त किया। आरंभ में जाति व्यवस्था की

पहचान श्रम विभाजन की आवश्यकता के रूप में की जा सकती है। यह भी सच है कि एक स्तर पर यह कार्यात्मक और बड़े पैमाने पर लचीला है। हालाँकि यह जल्द ही समाप्त हो गया और जाति की रूढ़ि के चलते श्रम और बौद्धिकता के बीच विभाजन आ गया। इस दौरान शारीरिक श्रम के साथ सामाजिक कलंक चस्पा हो गया। इस असंगति को तोड़ने में ब्रिटिश राज के प्रभाव से कोई मदद नहीं मिली। ब्रिटिश लोगों की वर्ग-चेतना भारतीयों की जाति-चेतना में समाहित हो गयी और इसने ऐसी स्थिति का निर्माण किया जिसमें विभिन्न सामाजिक स्तरों के बीच का अंतर पहले की तुलना में और अधिक बढ़ गया। साथ ही आर्थिक एवं राजनीतिक अवस्था ने एक ऐसी स्थिति निर्मित की, जिसमें यह असमानता ज्यादा चल नहीं सकी। यद्यपि कथित 'बौद्धिक' वर्गों के साथ जुड़ा सम्मान जारी रहा। यह अनिवार्य था कि ऐसे संदर्भ में भारत की मौजूदा शिक्षा व्यवस्था साहित्यिक एवं पुस्तकीय हो। शारीरिक श्रम और गतिविधियों के साथ इसके गहरे संबंधों के द्वारा बुनियादी शिक्षा ने श्रम के साथ प्रतिकूलता को तोड़ने और बच्चों के दिमाग में श्रम के गौरव की मान्यता को स्थापित करने में मदद की।

सामाजिक रूप से उपयोगी कार्य पर ध्यान केन्द्रित करने से अन्य पहलुओं में भी बेहतर लाभ प्राप्त हुआ। बच्चों को शिल्प कार्य से जोड़ा गया जिससे भौतिक वस्तुओं का उत्पादन होता है। अतः उनके श्रम का परिणाम बच्चों द्वारा तत्काल देखा जाता है। उन्हें मूर्त प्राप्ति का संतोष देने के जरिये यह बच्चों के आत्मविश्वास को भी बढ़ाता है। इसके अलावा साथियों के सहयोग से कार्य प्रदर्शन से बच्चों में एक सामाजिक जिम्मेदारी का बोध भी विकसित करता है। जिम्मेदारी इसके साथ अनुशासन का अहसास लाती है जो बाहर से थोपी नहीं जाती बल्कि उनके कार्य के दौरान विकसित होती है। बुनियादी स्कूल के बच्चे साधारण स्कूलों के बच्चों की तुलना में अक्सर बेहतर आत्मविश्वास और अनुशासन का बोध प्रदर्षित करते हैं जो महज संयोग नहीं है। तथ्य है कि पारम्परिक स्कूलों के बच्चे हमेशा प्राप्तकर्त्ता होते हैं न कि समाज में योगदान देते हैं। जबकि बुनियादी स्कूल के बच्चे उत्पादक होते हैं और ये स्कूल अकेले ही उनके आचरण की विभिन्नता की व्याख्या करने में मदद कर सकती है।

पारम्परिक व्यवस्था के खिलाफ की जाने वाली विभिन्न आलोचनाओं में से सबसे वैध आलोचना है कि स्कूलों के विषय बेतरतीब ढंग से चुने जाते हैं और अक्सर उनमें परस्पर कोई संबंध नहीं होता। चयनित शिल्प संबंधी अड़चनों को हटाकर विभिन्न स्कूलों के विषयों के बीच जैविक सहसंबंध स्थापित कर बुनियादी शिक्षा इस कमी को ठीक करना चाहती है। सहसंबंध का विचार भी नया नहीं है। एकदम भिन्न स्कूलों से जुड़े शिक्षाविदों ने मानसिक जीवन में एकता विकसित करने के लिए अध्ययन में समन्वय की आवश्यकता पर जोर दिया है। व्यक्ति का जीवन विभिन्न कार्यों एवं

दावों के बीच लगातार सामंजस्य है। जब तक विभिन्न गतिविधियों को परस्पर जोड़ा नहीं जाता तब तक ऐसे सामंजस्य नहीं किये जा सकते। यह अनिवार्य है कि बच्चे को उसके शुरुआती दिनों में ही अपने हितों से सहसंबंध और सामंजस्य बनाने के लिए प्रशिक्षित किया जाना चाहिए। इस प्रकार बुनियादी शिक्षा विभिन्न स्कूल गतिविधियों के बीच सहसंबंधों पर जोर के प्रबल शैक्षणिक सिद्धांत का अनुसरण करती है।

सहसंबंध का सिद्धांत का विस्तार समुदाय तक भी है जिसकी सेवा स्कूलों का लक्ष्य है। चूँकि स्कूल समुदाय के जीवन को प्रतिबिम्बित करना चाहते हैं, यह स्थानीय वातावरण के लिहाज से शिल्प का चयन करती है। यह पहले की श्रम की भाँति लग सकता है किन्तु इस पर ध्यान देना है कि यदि बिना स्थानीय जुड़ाव के शिल्प का चयन किया गया तो बुनियादी शिक्षा का मुख्य शैक्षणिक लाभ खो जाएगा। बुनियादी शिक्षा का लक्ष्य है कि बच्चों के गुणों को व्यवस्थित एवं कुछ जानी-पहचानी शिल्प से संबंधित गतिविधियों के स्तरीय प्रदर्शन के जरिये विकसित किया जाए। यदि शिल्प अनजाना है तो यह बच्चों की ऊर्जा एवं हित पर अनचाहा तनाव थोप देगा। अतः स्कूलों के लिए चयनित शिल्प का वातावरण के साथ प्राकृतिक संबंध होना चाहिए। यदि ऐसा नहीं है तो शिल्प पर जोर, बच्चे के व्यक्तित्व के विकास में मदद की बजाय नयी समस्या उत्पन्न करेगा।

साथ ही किसी एक शिल्प पर अत्यधिक जोर की उपेक्षा करना भी उतना ही महत्वपूर्ण है। बुनियादी शिक्षा न केवल भविष्य के नागरिकों को प्रशिक्षित करना चाहती है बल्कि जितना संभव हो सके जीवन के करीब की स्थितियों में करना चाहती है। अतः यह आवश्यक है कि बुनियादी शिक्षा को, समुदाय के जीवन को प्रतिबिम्बित करना चाहिए। किसी एक शिल्प के जरिये ही कोई समुदाय न तो सफल हो सकती है और न ही पनप सकती है। अतः यदि कोई बुनियादी स्कूल किसी एक शिल्प में ही तल्लीन है तो इस दशा में वह जीवन के कई पक्षों को प्रतिबिम्बित करने में असफल होता है। बुनियादी स्कूलों के लिए अक्सर बुनाई एवं कताई ही एकमात्र उपयुक्त शिल्प माना जाता रहा है। हालाँकि बुनाई एवं कताई के महत्व की उपेक्षा नहीं की जा सकती, यह याद रखना होगा कि अन्य शिल्पों को त्यागकर उन पर ध्यान केन्द्रित करना बुनियादी शिक्षा के मूलभूत सिद्धांत की अवहेलना होगी।

अन्य तरीके से, एक शिल्प पर जोर बुनियादी शिक्षा की भावना के साथ असंगत है। औपचारिक एवं अकादमिक अध्यापन में नियत पाठ्यक्रम विद्यार्थी एवं अध्यापक दोनों के लिए बंधनकारी है। राज्य के भविष्य के नागरिक तैयार करने की बजाय परीक्षा की तिथि के पहले पाठ्यक्रम पूरा करने में स्कूलों का जोर होता है। बुनियादी शिक्षा का दावा है कि गतिविधि के जरिये सीख, अध्यापक और विद्यार्थी दोनों को ज्यादा स्वतंत्रता देती है। वैकल्पिक शिल्पों के अभाव में यह सुनिश्चित नहीं किया

जा सकता। एक शिल्प के बंधन का मतलब है कि विभिन्न रूचि एवं योग्यताओं वाले अध्यापकों एवं बच्चों के पास चयन की स्वतंत्रता नहीं होगी। अतः तीन कारणों से वैकल्पिक शिल्पों की आवश्यकता है। बहु-शिल्प जीवन के बहुआयामी पक्ष को प्रतिबिम्बित करने का रुझान रखते हैं। विभिन्न योग्यताओं वाले अध्यापकों एवं बच्चों की जरूरतों की पूर्ति विभिन्न शिल्पों से होती है। यह भी महत्वपूर्ण है कि वैकल्पिक शिल्प की उपलब्धता बच्चे को चयन की स्वतंत्रता का अहसास दिलाती है।

पूर्व की चर्चा में यह स्पष्ट होना चाहिए कि केवल शैक्षणिक विचार से सभी मौजूदा स्कलों को धीरे-धीरे बुनियादी स्कूलों में परिवर्तित करने का यह एक अचूक मामला है। भारत की आर्थिक स्थिति से इस शैक्षणिक तर्क को और बल मिलता है। गांधीजी इस व्यवस्था की ओर न केवल इसकी शैक्षणिक मूल्यों के चलते बल्कि इसकी मान्यता के कारण भी आकर्षित हुए कि इसे प्रस्तुत करने मात्र से शिक्षा तक सबकी पहुँच बनाने का यह एक जरिया हो सके। शिल्प पर जोर देने के द्वारा बुनियादी शिक्षा का लक्ष्य शिक्षा को कम से कम आंशिक रूप से स्व-सहायक बनाना है। बच्चों के श्रम की सामाजिक उपयोगिता होती है और इस कारण यह अर्थव्यवस्था में समाहित की जा सकती है। यदि किसी अन्य के अलावा, ऐसे उत्पाद का उपयोग स्वयं स्कूल द्वारा किया जा सकता है तो स्कूलों को कुछ खर्च करने से बचाना जो कि अन्य लिहाज से आवश्यक होगा। साथ ही यदि अध्यापकों एवं विद्यार्थियों के कुछ भोजन एवं कपड़ों की आपूर्ति उनके श्रम से की जा सके तो देश के शैक्षणिक बजट के एक बड़े मद की पूर्ति स्वतः हो जाएगी।

बुनियादी शिक्षा की अर्थव्यवस्था का संयोजन बड़ी सावधानी के साथ करना होगा न केवल इसके दावों की परीक्षा के लिए, जो राष्ट्रीय शिक्षा की व्यवस्था को संभव बनाता है बल्कि यह भी सुनिश्चित करता है कि इसका शैक्षणिक मूल्य खंडित न हो। उत्पादन पर अत्यधिक जोर के साथ यह जोखिम भी रहता है कि स्कूल, बच्चों के श्रम का शोषण करने वाले उद्योग में बदल जाएँ। जहाँ तक कि समर्पित अग्रणियों के दल द्वारा संचालित बुनियादी शिक्षा का सवाल है तो इस प्रकार का कोई जोखिम नहीं है। हालाँकि जब व्यवस्था विस्तार पाती है और पूर्व की सेवाभावियों की जगह व्यावसायिक लोग लेते हैं (जिनमें से सभी से कार्य के प्रति समर्पण की भावना की उम्मीद नहीं की जा सकती) तो यह जोखिम होता है कि अध्यापक बुनियादी शिक्षा के उन पहलुओं पर अपना ध्यान केन्द्रित करें जिसमें सफलता या असफलता को आसानी से परखा जा सकता है। तब यह जाना लेना आसान होता है कि किसी स्कूल ने निर्देशित मात्रा में उत्पादन किया है या नहीं। यह निर्णय करना उतना आसान नहीं होता कि क्या इसने विद्यार्थियों में चरित्र निर्माण किया है या नहीं और उनमें जीवन के मूल्यों का सम्मान दिया है या नहीं।

वास्तव में यह स्पष्ट है कि पहले दो या तीन वर्षों में बच्चों द्वारा वस्तु उत्पादन

का नाममात्र आर्थिक मूल्य हो सकता है। जैसे ही बच्चे बढ़ते हैं और उनका कौशल बढ़ता जाता है, उनके द्वारा उत्पादित वस्तु की गुणवत्ता में सुधार होना चाहिए। शिक्षा के एक हिस्से के रूप में मानक स्तर पर जोर आवश्यक है। यदि बच्चों को समुचित प्रशिक्षण दिया जाए और वे अपना कार्य सचेत, कुशलता और सावधानी के साथ करें तो कोई वजह नहीं कि बड़े बच्चों का उत्पाद घटिया या असंतोषजनक हो। इस प्रकार बेहतर गुणवत्ता के वस्तुओं का उत्पादन प्रशिक्षण का हिस्सा है जिसे बच्चों को स्कूलों में दिया जाना चाहिए।

इस पर ज्यादा जोर नहीं दिया जा सकता कि भविष्य के नागरिकों के प्रशिक्षण के लिए स्कूल केन्द्र है और न ही वर्तमान उपभोग के लिए वस्तुओं के उत्पादन की फैक्टरी है। शिल्प जिस पर शिक्षा केन्द्रित है उसे बच्चे की योग्यता विकसित करनी चाहिए और अन्य विषयों के साथ सह-संबंधों के जरिये उसे समाज की जैविक प्रकृति को स्वीकारने हेतु तैयार करना चाहिए। बच्चे द्वारा उत्पादित कुछ वस्तुएँ बिकाऊ होंगी और बिकाऊ होना चाहिए। किन्तु बिकाऊपन को ही उसके कार्य को परखने का एकमात्र मानदंड बनाने की कोशिश नहीं की जानी चाहिए। यह याद रखा जाना चाहिए कि चौदह या पन्द्रह वर्ष का बच्चा भी प्रशिक्षु जितना बेहतर होता है। उस उम्र में उसे कुशल शिल्पकार बनाने की कोई भी कोशिश तब ही सफल हो सकती है यदि मानकों का स्तर कम कर दिया जाए। समुदाय के दृष्टिकोण से यह बेहतर है कि निम्न स्तर के कुशल शिल्पकार की तुलना में एक अव्यस्क को संभावित अर्धप्रशिक्षित तकनीशियन होना चाहिए।

बुनियादी शिक्षा के विस्तार और बिना सेवाभावना वाले अध्यापकों की बड़ी संख्या के कारण सड़कछाप या अत्यधिक ईर्ष्यालु अध्यापकों के द्वारा जाने या अनजाने होने वाले बच्चों के शोषण के खिलाफ सुरक्षातंत्र बनाया जाना आवश्यक हो गया है। दृष्टि एवं कल्पना-सम्पन्न अध्यापक, बच्चों को महान कार्य करने लायक बना सकते हैं किन्तु एक जोखिम है कि आम अध्यापक चाह सकता है कि उसके उदाहरण की नकल की जाए। इसके लिए वह बच्चों पर दबाव बनाता है, भले ही वह उनकी क्षमता से परे हो। अतः कोई सीमा तय की जानी चाहिए ताकि बच्चों से चाही गयी काम की मात्रा निर्धारित की जाए। ऐसा किया जा सके उससे पहले सजग और सघन प्रयोग आवश्यक हैं। किसी भी मामले में ऐसी सीमा लचीली होनी चाहिए और शिल्प एवं संस्था की प्रकृति के अनुसार उसमें परिवर्तन आना चाहिए।

जिनके पास बुनियादी स्कूलों का बेहतर अनुभव है उन्होंने पाया कि यही पर्याप्त होगा यदि शिल्प के लिए इस्तेमाल कच्चे माल की कीमत वसूल हो जाए किन्तु यह उचित नहीं लगता। बुनियादी शिक्षा का सबसे लम्बा अनुभव बिहार का है। जहाँ कुछ स्कूलों ने अपने कुल खर्च में से अधिक से अधिक 50 प्रतिशत या अधिक की वसूली की है। किन्तु विभिन्न वजहों से इस बात पर संदेह है कि क्या इन अग्रणी संस्थाओं

के अनुभवों को अन्य जगहों पर दोहराया जा सकता है। हालाँकि बिहार के कई स्कूलों ने शिल्प में इस्तेमाल कच्चे माल की खरीद में खर्च राशि से दोगुना आय प्राप्त किया है और यह उचित वजह लगता है। कोई कह सकता है कि स्कूल के खर्च का कम से कम 10 फीसदी की वसूली, अध्यापक और विद्यार्थी द्वारा किये गये कार्य से की जाए। यदि ऐसा नहीं किया जाता तो यह अध्यापक की क्षमता पर प्रतिबिम्बित होगा। इसी तरह अधिकतम सीमा करीब 40 प्रतिशत पर तय की जा सकती है। यदि यह सीमा पार कर जाए तो यह निश्चित अनुमान होगा कि अध्यापक शिल्प के शैक्षणिक पहलू की बजाय उत्पादक पहलू पर ज्यादा ध्यान देते हैं।

अतः शिल्प के उत्पादक पहलू पर अत्यधिक जोर खतरनाक है जिससे बुनियादी शिक्षा को बचना चाहिए। हालाँकि यह व्यवस्था की कोई आलोचना नहीं है क्योंकि दुनिया में ऐसी कोई व्यवस्था नहीं है जिसका दुरुपयोग न किया जा सकता हो। इस दृष्टिकोण से बहु-शिल्प के प्रावधान का विशेष महत्व है। कई शिल्प का मतलब होगा कि अध्यापकों एवं विद्यार्थियों दोनों के लिए ज्यादा विभिन्नता और इससे बुनियादी शिक्षा के आर्थिक पहलू की बजाय शैक्षणिक पर जोर देने में मदद मिलेगी। साथ ही लम्बे समय के लिए यह देश की अर्थव्यवस्था के बेहतरी में अपनी योगदान देगा। बहु-शिल्प वाले बुनियादी स्कूल व्यापार एवं उद्योग के विस्तार के लिए आधार तैयार करेंगे। सोवियत रूस के आरंभिक दिनों के अनुभव ने ऐसी उम्मीद को न्यायोचित बनाया। जब शिक्षा को शिल्प केन्द्रित बनाया गया तो सार्वजनीन शिक्षा की प्रगति को बड़ी शक्ति प्राप्त हुई। बच्चों के साथ ही किशोरों को अपने कौशल और आय की क्षमता सुधारने का अवसर दिया गया। स्कूलों के पॉलिटेक्नीकरण की ओर यह पहला कदम था और इस पॉलिटेक्नीकरण ने वह नींव तैयार की जिस पर सोवियत रूस का औद्योगिकीकरण और विकास हुआ। बुनियादी शिक्षा का विस्तार भारत में ऐसे पॉलिटेक्नीकरण का आरंभ हो सकता है।

स्वतंत्रता और संगठन ऐसे दो सिद्धांत हैं जो न केवल प्रगति बल्कि समाज के अस्तित्व को भी सुनिश्चित करते हैं। इस कारण सहजता और बच्चे में सामाजिक बोध का विकास बुनियादी स्कूल का सबसे प्रमुख लक्ष्य है। सहजता से बच्चे के मस्तिष्क की क्षमता का सर्वांगीण विकास होता है। सामाजिक बोध उसे जिम्मेदारी का अहसास देता है और उसे स्वयं को समाज के एक उत्पादक के रूप में जागरूक बनाता है। कक्षा प्रतिनिधि और कार्यकारिणी की व्यवस्था, पहल और जिम्मेदारी का बोध विकसित करती है। कॉरपोरेट गतिविधियाँ सहयोग के मूल्य पर जोर देती हैं। साथ मिलकर वे बच्चों के लिए शिक्षा को यथार्थ बनाती हैं ताकि वे महसूस करें कि वे समुदाय के सदस्य हैं।

इस कारण एक बुनियादी स्कूल को अपने कार्य में लोकतंत्र का उदाहरण पेश करना चाहिए। क्या यह आदर्श प्राप्त किया गया है, यह मुख्यतः अध्यापक की

गुणवत्ता पर निर्भर करता है। सभी लोकतंत्रों की तरह स्कूल समुदाय केवल तब ही प्रभावी रूप से कार्य कर सकता है जब यदि बौद्धिक एवं पर्याप्त नेतृत्व हो। मैंने पहले ही संकेत दिया है कि निर्धारित पाठ्यक्रम एवं पाठ्यपुस्तकों से छूट के चलते बुनियादी स्कूल के अध्यापकों से बहुत ज्यादा अपेक्षा होती है। मैंने ऐसे बुनियादी स्कूल देखे हैं जहाँ कताई के शिल्प के साथ भौतिकी या रसायन के अध्यापन का संबंध बनाने के प्रयास किये गये हैं किन्तु बच्चों को अपने क्षेत्र या कक्षा की संख्या या उनके खुद की ऊँचाई एवं वजन के बारे में जानकारी नहीं है। मैंने अन्य बुनियादी स्कूल भी देखे हैं जहाँ सीखना बच्चों के लिए वातावरण की एक सिलसिलेवार और रोमांचक खोज है। किसी व्यवस्था में अंततः अध्यापक महत्वपूर्ण होता है और बुनियादी स्कूल में अन्य स्कूलों की तुलना में कुछ ज्यादा ही महत्वपूर्ण होता है।

अधिकांशतः सभी देशों में शिक्षा के राष्ट्रीय कार्यक्रम में सीखने की प्रक्रिया को आनंददायी बनाने की चाहत होती है। ऊब और एकरसता को कम करने और विद्यार्थियों की रूचि बढ़ाने की लगातार कोशिश की जाती है। देश में बेहतर रुझानों को हर कीमत पर बढ़ावा दिया जाना चाहिए। भारतीय संदर्भ में इस बिंदु पर ज्यादा जोर दिये जाने की आवश्यकता है चूँकि हममें अक्सर भोगे गये अहसास की प्रशंसा करने की प्रवृति होती है। तपश्यर्चा कई भारतीयों को लुभाता रहा है। मजबूत आदर्शवाद के बोधवाला व्यक्ति महसूस करता है कि सुख के कारणों के लिए, सुख का त्याग करना ही उसकी निष्ठा की परीक्षा है। आदर्श के लिए कष्ट उठाना व्यक्ति को सम्मानीय बना सकता है किन्तु हमें याद रखना चाहिए कि कष्ट का अपने आप में कोई मूल्य नहीं है और परिणाम प्राप्ति के जरिये के रूप में ही इसे न्यायोचित ठहराया जा सकता है। बुनियादी स्कूलों के कुछ अध्यापकों में कष्ट या तपस्या के लिए प्रशंसा की प्रवृत्ति होती है। जब तक ऐसी प्रवृत्तियों को रोका नहीं जाता तब यह खतरा है कि कि युवा पीढ़ी की सृजनात्मक चाह की मुक्ति का माध्यम होने के बावजूद बुनियादी शिक्षा प्रतिरोधी बन सकती है।

बुनियादी शिक्षा यह बेहतर समझती है कि मानसिक एवं शारीरिक कार्य के समन्वय और शिल्प कार्य की गतिविधियों से विकसित अकादमिक विषयों को तैयार कर, बच्चों को ऊब और एकरसता से मुक्त किया जाए। यह स्कूल में स्वतंत्रता और आनंद का माहौल बनाना चाहती है। इस कारण बुनियादी शिक्षा बच्चे के लिए बेहतर है क्योंकि यह उन्हें अपने व्यक्तित्व को मुक्त रूप से चुने और खुद आरंभ की गयी गतिविधियों के जरिये विकसित करने में मदद करती है। जो बच्चे के लिए बेहतर है, वह समाज के लिए भी बेहतर है। समाज के लिए एक लाभ का उल्लेख पहले ही किया जा चुका है। सार्वजनीन शिक्षा की राष्ट्रीय व्यवस्था के खर्च के कुछ हिस्से की पूर्ति के माध्यम से बुनियादी शिक्षा सभी के लिए शिक्षा को आसान बनाता है। यह उन लोगों के विरोधों को दूर करने में मदद करता है जो मानव की सभी

गतिविधियों का निर्णय उसकी सामाजिक उपयोगिता के आधार पर करते हैं। सब सहमत हैं कि लम्बी अवधि के लिए शिक्षा उत्पादक है किन्तु अल्पावधि की कठिनाइयाँ अक्सर दीर्घावधि के लक्ष्यों को चरितार्थ करने से रोकती हैं। निःसंदेह विवेकसम्मत निवेश से लाभ प्राप्त होता है किन्तु तब कोई क्या करे, जब निवेश के लिए पूँजी ही न हो? इस सवाल का जवाब बुनियादी शिक्षा के पास है। बुनियादी स्कूल यह साबित करना चाहती है कि शिक्षा न केवल अप्रत्यक्ष और दूरगामी लाभों वाला निवेश बने बल्कि ऐसा हो कि जिसमें तत्काल और प्रत्यक्ष लाभ मिल सके।

(मूल अंग्रेजी से अनुवाद : संजय सिंह)

जरूरत है हस्तक्षेपधर्मी शिक्षा की

रामशरण जोशी

शिक्षा पर लिखते समय दक्षिण अफ्रीका की मुक्ति के महानायक नेल्सन मंडेला की आत्मकथा याद आती है। वे अपनी आत्मकथा में स्कूली शिक्षा और स्वयं के अनुभवों का उल्लेख करते हुए बतलाते हैं कि श्वेत परिवारों में बच्चों को प्रश्न करने के लिए प्रोत्साहित किया जाता था। जबकि हमारे अश्वेत परिवारों में बच्चों को प्रश्न पूछने से रोका जाता था। हमारे माता-पिता हम बच्चों को सवाल करने पर झिड़की देते और उद्दंड बतलाते। इसके विपरीत मेरे श्वेत सहपाठियों के माता-पिता उन्हें अधिक से अधिक प्रश्न करने के लिए प्रेरित करते और निरंतर नयी-नयी बातों को जानने के लिए बच्चों में जिज्ञासा अंकुरित करते रहते।

मंडेला का यह अनुभव केवल दक्षिण अफ्रीका तक ही सीमित नहीं है बल्कि पिछड़े समाजों के परिवारों की भी यही स्थिति रही है। भारत भी इस मामले में अपवाद नहीं है। वास्तव में सामंती और औपनिवेशिक समाजों में शिक्षा सदैव ही विशिष्ट व प्रभु वर्गों की संपत्ति रही है। प्रभु वर्गों ने अपने वर्गीय हितों को ध्यान में रखकर शिक्षा का अनुकूलन किया। 'शिक्षा की दशा-दिशा निर्धारित की।' शिक्षा की गतिशीलता व पहुँच का सीमांकन किया। 'शिक्षा के सर्वव्यापीकरण' के हर संभव माध्यमों को बाधित किया। फलस्वरूप शिक्षा पिछड़े समाजों में उत्पीड़न, अत्याचार, निषेध, नियंत्रण, आधिपत्य और वर्चस्व के हथियार की भूमिका निभाती रही। शासक दल ने सुनियोजित ढंग से शिक्षा और सामान्य जन के बीच विभिन्न प्रकार के बैरीकेड (जाति, धर्म, भाषा, संस्कृति आदि) खड़े किए। परिणाम यह निकला कि शिक्षा की मूल भूमिका 'मुक्ति की प्रक्रिया' अपने निर्धारित पथ से भटकती रही और विशिष्ट जनों की चाकरी में रत रही।

जब नेल्सन मंडेला श्वेत और अश्वेत परिवारों के बच्चों के तुलनात्मक अनुभवों का विवरण लेते हैं तो उनका इसके पीछे केवल उद्देश्य यह है कि सामंती और औपनिवेशीकृत समाज का नेतृत्व शिक्षा को सवाल पूछने का माध्यम नहीं बनने देना चाहता, क्योंकि वह शासित होता है और मुक्ति के खतरे उठाने से भयभीत रहता है।

शिक्षा का आधारभूत लक्ष्य है व्यक्ति को सत्य से साक्षात्कार कराना। 'कारण और प्रभाव के अंतर्संबंधों को रेखांकित करना', मनुष्य को व्यवस्था व परिवेश के चरित्र से परिचित कराना, 'मनुष्य को सभी प्रकार के बंधनों, संकीर्णताओं, अज्ञानताओं और अंधविश्वासों से मुक्ति दिलाना।' एक समतावादी व गरिमापूर्ण व्यवस्था का निर्माण करना। वास्तव में भारत में शिक्षा की भूमिका को लेकर आदिकाल से विमर्श चलता आ रहा है। जब गौतम बुद्ध अपने शिष्यों से यह कहते हैं कि वे स्वयं अपना दीपक बनें और सत्य को जानें। इस उपदेश को मूर्त रूप तभी दिया जा सकता है जब शिक्षा समाज को विवेचनात्मक चेतना से समृद्ध करे। यदि शिक्षा व्यक्ति में विवेचन, विश्लेषण और परिवर्तन की चेतना पैदा नहीं करती है तो वह एक प्रकार से यथास्थितिवादी भूमिका निभाती है। रवींद्रनाथ ठाकुर और महात्मा गांधी के शिक्षा संबंधी विचार इस बात के द्योतक हैं कि वे शिक्षा को अंधकार से प्रकाश की ओर तथा आश्रयता से आत्मनिर्भरता की ओर ले जाने के माध्यम के रूप में देखते रहे हैं। क्योंकि वे जानते थे कि भारत एक परंपरागत समाज है, औपनिवेशिकता में जी रहा है, सामंती संस्कार इसकी नस-नस में मौजूद हैं। अतः ऐसी शिक्षा की आवश्यकता है जो भारतीयों को शिक्षित, स्वाभिमानी, समतावादी और विवेचनात्मक चेतना-संपन्न बनाए। गांधी ने शिक्षा, आत्मसम्मान और शारीरिक श्रम तीनों को एक साथ रखा है। वे इस पक्ष में नहीं थे कि शिक्षा व्यक्ति को यांत्रिक बनाए।

स्वतंत्र भारत के प्रसिद्ध शिक्षाशास्त्री स्व. मुनीस रजा का सपष्ट मत था कि ''*मनुष्य अपनी पशुता का अतिक्रमण कर सके, इसके लिए शिक्षा को उसकी मदद करनी है इसके साथ ही वह मस्तिष्कहीन यंत्र मानव न बन जाए, शिक्षा को यह भी देखना है।*' हम यह भी कह सकते हैं कि शिक्षा मनुष्य को रोबोट में रूपांतरित न करे बल्कि उसे 'हस्तक्षेपकर्ता' बनाए। जब मैं शिक्षा को हस्तक्षेप के परिप्रेक्ष्य में देखता हूँ तो इसके ठोस कारण हैं। मैं इस संबंध में दक्षिण अमरीका के विश्वविख्यात क्रांतिकारी शिक्षाशास्त्री पाओलो फ्रेरे का यहाँ संक्षिप्त उल्लेख प्रासंगिक समझता हूँ। ब्राजील के इस शिक्षाशास्त्री ने शिक्षा को ''शिक्षा- मुक्ति की निरंतर प्रक्रिया'' के रूप में देखा है। आखिर उन्होंने शिक्षा को केवल शिक्षित करने तक ही सीमित क्यों नहीं रखा बल्कि शिक्षा की भूमिका के नए क्षितिजों को भी उद्घाटित किया है। उनकी तीन प्रमुख पुस्तकें 1. *'उत्पीडितों का शिक्षाशास्त्र', 2. 'स्वतंत्रता के लिए सांस्कृतिक कार्रवाई', और 3. 'आलोचनात्मक चेतना के लिए शिक्षा'*, एक क्रांतिकारी शिक्षा दर्शन को जन्म देती हैं। हम जानते ही हैं कि दक्षिण अमरीका के देश कितने पिछड़े उत्पीडित, शोषित और अमरीकी तानाशाही से ग्रस्त रहे हैं। दक्षिण अमरीका के देशों में दशकों तक सैनिक तानाशाहियों का शासन रहा है। वहाँ की मूल जनजातियाँ (रेड इंडियंस) योरप से गए श्वेत आक्रमणकारियों के अत्याचारों की शिकार रही हैं। बड़े-बड़े जमीदारों का वर्चस्व रहा है। अतः हर दृष्टि से अत्यंत पिछड़े समाजों को

जागृत करने के लिए विशिष्ट शिक्षा प्रणाली की आवश्यकता थी। पाओलो फ्रेरे ने दक्षिण अमरीकी समाज को सर्वांगीण रूप से स्वतंत्र करने के लिए क्रांतिकारी शिक्षा दर्शन को प्रतिपादित किया। आज उनका शिक्षा दर्शन दक्षिण अमरीका तक ही सीमित न रहकर बल्कि तीसरी दुनिया में अलख जगाने का एक प्रमुख माध्यम बन चुका है। इसके प्रभाव अफ्रीका, बंग्लादेश, भारत जैसे देशों में भी देखे जा सकते हैं।

जब हम भारतीय परिदृश्य पर दृष्टिपात करते हैं तब हमें भी यह सोचने के लिए विवश होना पड़ता है कि क्या भारतीय समाज को भी क्रांतिकारी और हस्तक्षेपवादी शिक्षा की आवश्यकता है? वास्तव में एक भारत में कई भारत रहे हैं और हैं। 1. सामंती संस्कारित भारत, 2. महाजनी-पूंजीवादी ग्रामीण भारत, 3. आदिवासी भारत, 4. अंग्रेजी संस्कारित शहरी व महानगरीय भारत। दूसरे शब्दों में हम इंडिया, भारत और हाशिए का भारत कह सकते हैं। संक्षेप में जाति, धर्म, क्षेत्र और विकास की दृष्टि से आधुनिक इंडिया में कई अदृश्य 'आंतरिक उपनिवेश' मौजूद हैं। इसलिए भारत को एक जेनुइन लोकतांत्रिक राष्ट्र में रूपांतरित करने और सभी प्रकार के आंतरिक उपनिवेशों का अंत करने के लिए एक विशिष्ट प्रकार की शिक्षा की आवश्यकता से इनकार नहीं किया जा सकता। भारत के भूतपूर्व प्रशासक और आज के प्रसिद्ध आंदोलनकारी नेता डॉ. ब्रह्मदेव शर्मा ने भारत का प्रमुख रूप से निम्न वर्गीकरण किया है- 1. संगठित बनाम असंगठित, 2. शिक्षित बनाम अशिक्षित, 3. औपचारिक बनाम अनौपचारिक, 4. शहरी बनाम ग्रामीण व आदिवासी 5. रोजगार बनाम बेरोजगार। जाहिर है इन सभी प्रकार के भारत की अपनी विशिष्ट समस्याएँ हैं। इनके अपने-अपने अंतर्विरोध हैं। इनका सामान्यीकरण या सरलीकरण करना शिक्षा की दृष्टि से गलत होगा।

वास्तव में शिक्षा का जन्म शून्य में नहीं होता है। शिक्षा व्यवस्था सापेक्ष होती है। जैसी राज्य व्यवस्था होगी शिक्षा पद्धति भी वैसी ही होगी। भारत के प्रसिद्ध जुझारू शिक्षाशास्त्री डॉ. अनिल सदगोपाल का स्पष्ट मत है कि "*सामाजिक, आर्थिक कारकों में परिवर्तन लाए बगैर शिक्षा में परिवर्तन संभव है?*" एक अन्य प्रसिद्ध शिक्षाशास्त्री कृष्णकुमार का कहना है कि "*स्वतंत्र भारत की शिक्षा प्रणाली कानून और व्यवस्था बनाए रखने के काम में योगदान करने वाली एक संस्था भर है।*" 15 अगस्त, 1947 से पहले भी औपनिवेशिक काल में शिक्षा की भूमिका साम्राज्यवादी शासन को सत्ता में बनाए रखने की रही है। शिक्षा ने भारतीयों में राजसत्ता और राज्य के चरित्र के संबंध में प्रश्न खड़े करना कभी नहीं सिखाया। शिक्षा का काम समाज में सक्रिय सामाजिक, आर्थिक, राजनीतिक शक्तियों के चरित्र की सही-सही पहचान करना और विद्यार्थी को समकालीन परिवेश के चरित्र से परिचित कराना है। विद्यार्थी में असमानता, निर्धनता, जातिवाद, सांप्रदायिकता आदि को लेकर प्रश्न खड़े होने चाहिए। क्या स्वातंत्र्योत्तर भारत की शिक्षा पद्धति ने यह भूमिका निभाई है?

भारत के विभिन्न ग्रामीण और आदिवासी अंचलों के निजी अवलोकन और अनुभवों के आधार पर मैं कह सकता हूँ कि हाशिए के समाजों में सुनियोजित ढंग से यथास्थितिवादी और वर्चस्ववादी शिक्षा का प्रचार व प्रसार किया गया। आदिवासी अंचलों में स्थित विद्यालयों में सवर्णों के देवी-देवताओं और मान्यताओं (सरस्वती पूजन, हनुमान चालीसा, वैष्णो देवी जागरण, रामचरित मानस पाठ, राम-सीता पूजन, महाराणा प्रताप, शिवाजी आदि) को प्रसारित व स्थापित किया गया। आदिवासियों के परंपरागत देवी-देवताओं और त्योहारों को किनारे लगा दिया गया। यही व्यवहार दलित समाजों के साथ भी किया गया। उन पर ऊँची जातियों के मानदंडों और जीवन शैली को आरोपित किया गया। फलस्वरूप हाशिए के लोगों और स्वतंत्र भारतीय राष्ट्र-राज्य के बीच एक प्रकार का 'बेगानापन' पैदा होता गया है। इसमें आधुनिक भारत की शिक्षा पद्धति ने प्रमुख भूमिका निभाई है। यदि शिक्षा पद्धति हाशिए के समाजों की चारित्रिक विशिष्टताओं, अंतर्विरोधों और इथोस पर आधारित होती तो संभव है छत्तीसगढ़, झारखंड, पश्चिम बंगाल, बिहार, आंध्रप्रदेश जैसे प्रदेशों के जंगल आज सुलग नहीं रहे होते। आज आदिवासी समाजों में जो 'दावानल' दिखाई देता है उसके लिए काफी हद तक देश की वर्तमान शिक्षा पद्धति भी जिम्मेदार है।

यद्यपि भारत आज भूमंडलीकरण के तीसरे चरण में प्रवेश करता जा रहा है। सरकार का दावा है कि भारत में 20 से 25 करोड़ का एक मजबूत मध्यवर्ग अस्तित्व में आ चुका है। देश के अरबपति विश्व के अरबपतियों में शुमार होने लगे हैं। कतिपय बुद्धिजीवी उत्तरआधुनिकता का मंत्र अलापते हैं। इन सबके बावजूद विगत एक दशक में ढाई लाख से अधिक किसान आत्महत्या करते हैं। करीब चालीस प्रतिशत आबादी अशिक्षित है। गुणवत्ता शिक्षा सीमित वर्ग को उपलब्ध है। शिक्षा के मामले में भारत और इंडिया के बीच गहरी विषमता है। कभी-कभी लगता है कि काफी कुछ ठहरा हुआ है। यद्यपि उच्च शिक्षा में जबरदस्त पूंजी नियोजन हो रहा है। विदेशी विश्वविद्यालय और विदेशी पूंजी नियोजन के द्वार खोले जा चुके हैं। शिक्षा का निजीकरण द्रुत गति से जारी है। लेकिन इन सबके बावजूद क्या हम शिक्षा को परिवर्तन का कारगर माध्यम बना सके हैं। मैंने करीब तीन दशक पहले शिक्षा की दृष्टि से भारतीय समाज की कुछ विशिष्टताओं और अंतर्विरोधों की पहचान की थी, वे आज इक्कीसवीं सदी में भी प्रासंगिक हैं। उन्हें निम्न प्रकार से समझा जा सकता है-

1. उत्पीडित और उत्पादक वर्ग का सत्ता तंत्र से मानसिक, आर्थिक और राजनीतिक अलगाव। परिणामतः असंवाद की स्थिति।
2. परंपरागत उत्पीड़ित वर्ग में विवेचना और प्रतिरोधात्मक शक्ति का अभाव।
3. संरचना में व्याप्त विकासात्मक विषमताएँ जैसे- (क. अंतर्विरोधहीन आदिम व्यवस्था ख. संक्रांतिक कृषक समाज तथा ग. औद्योगिक समाज)।

4. आर्थिक और राजनीतिक सत्ता के निर्माण में वर्ग के साथ-साथ वर्ण की पूरक भूमिका। वर्ण मानसिकता एवं वर्ग मानसिकता एक निर्णायक सीमा तक परस्पर पूरक हैं।
5. उत्पादन के साधनों में परिवर्तन के बावजूद सामाजिक स्तर पर उत्पादन संबंधों में परिवर्तन का अभाव।
6. नियंत्रक या व्यवस्थापक संस्थाओं के ऊपरी और आतंरिक ढाँचे में बुनियादी विसंगतियाँ।
7. मानसिक और सांकृतिक व्यवहार की दृष्टि से सामंतवादी तथा उपनिवेशवादी नेतृत्व।
8. आर्थिक और राजनीतिक नीति-निर्माण के क्षेत्र में स्वतंत्रता का अभाव फलस्वरूप आर्थिक साम्राज्यवाद और उपनिवेशवाद का बढ़ता हुआ व्यापक उत्पीड़न।
9. विशिष्ट वर्गीय संस्कृति (शिक्षा) का व्यापक प्रभाव।
10. संगठन की दृष्टि से संगठित और असंगठित उत्पादक शक्तियाँ।

अतः भारतीय समाज की इन विशिष्टताओं के परिप्रेक्ष्य में शिक्षा की भूमिका को समझा जाना चाहिए। यह सही है कि विगत तीन-चार दशकों में देश के प्रत्येक क्षेत्र में परिवर्तन आया है। निस्संदेह साक्षरता का प्रतिशत बढ़ा है। शिक्षा का अधिकार विद्यार्थियों को मिला है। अब 14 वर्ष तक के प्रत्येक बच्चे को विद्यालय जाना होगा। वह भारतीय राज्य से शिक्षा देने की अधिकारपूर्वक माँग कर सकता है। लेकिन मूल प्रश्न शिक्षा पद्धति और पाठ्यक्रमों की अंतर्वस्तु का है। इसी से जुड़ा हुआ है गुणवत्ता का प्रश्न भी। क्या हम इक्कीसवीं सदी की चुनौतियों को ध्यान में रखकर शिक्षा उपलब्ध करा रहे हैं? इस पर विचार की आवश्यकता है।

यह सर्वविदित है कि आज का विश्व वैश्वीकरण की आबोहवा में सांस ले रहा है। उपभोक्तावादी संस्कृति का सर्वत्र वर्चस्व है। सूचना क्रांति का विस्फोट हो चुका है। एक प्रकार से विश्व मुक्त अर्थव्यवस्था की गिरफ्त की ओर बढ़ता जा रहा है। कारपोरेट परंपरागत राज्य को निष्प्रभावी बनाने के नित नए कुचक्र रच रहे हैं। ऐसे में शिक्षा की भूमिका पहले से अधिक संवेदनशील व चुनौतीपूर्ण हो चुकी है। क्योंकि वैश्वीकरण ने जीवन के तमाम मानदंडों को आमूलचूल बदल दिया है। अब प्रत्येक वस्तु उत्पाद, व्यापार और उद्योग बन चुकी है। इस दृष्टि से शिक्षा भी अपवाद नहीं रही। उदारीकरण, निजीकरण और विनिवेशीकरण के परिवेश में शिक्षा एक प्रकार से उद्योग में बदल चुकी है। यही कारण है कि आज गली-कूचों में तथाकथित पब्लिक स्कूल और इंटरनेशनल स्कूल कुकुरमुत्ते की भांति उग रहे हैं। उपभोक्तावादी और पूंजीन्मुखी शिक्षा फैलती जा रही है। आज की शिक्षा, सूचना व पूंजी प्रधान है, न कि ज्ञान प्रधान। लाख कोशिशों के बावजूद सरकार देश में समान स्कूल पद्धति

(कॉमन स्कूल सिस्टम) लागू नहीं करवा सकी है। भारत के बच्चे 'कान्वेंट' और 'नान कान्वेंट' में विभाजित हो चुके हैं। यह स्वस्थ लोकतांत्रिक व्यवस्था के लिए शुभ लक्षण नहीं है। इसलिए शिक्षा के संबंध में नए सिरे से विचार करने की आवश्यकता है।

बेहतर तो यह रहेगा कि हम स्कूली शिक्षा को मजबूत बनाएँ। बगैर किसी भेदभाव के सभी को समान शिक्षा और समान माध्यम से उपलब्ध कराएँ। स्कूली शिक्षा को बड़ी पूंजी से मुक्त रखा जाए। यह समाज के सभी वर्गों की पहुँच में रहे।

चूंकि भारतीय समाज मूलतः अत्यंत संवेदनशील, भावुक और उद्वेगी है। अतः सामाजिक समरसता और धर्म निरपेक्षता को ध्यान में रखकर पाठ्यक्रम तैयार किए जाने चाहिए। चूंकि शिक्षा संविधान की समवर्ती सूची में है इसलिए प्रदेश अपनी राजनीतिक तात्कालिकताओं को ध्यान में रखकर पाठ्यक्रम के साथ दलगत स्वेच्छाचारिता करते हैं। यह स्वेच्छाचारिता समाज और वर्गों के बीच तनाव को जन्म देती है। इसलिए इक्कीसवीं सदी में ऐसी शिक्षा पद्धति विकसित की जानी चाहिए जोकि जातिगत, धार्मिक, क्षेत्रगत पूर्वग्रह से मुक्त हो। सच तो यह है कि शिक्षा का काम नागरिकों में वैज्ञानिक मानस का निर्माण करना होना चाहिए जिससे कि वे समकालीन मुद्दों के प्रति वैज्ञानिक दृष्टिकोण अपना सकें। यह सही है कि आज सूचना क्रांति और टेक्नालॉजी क्रांति के कारण दुनिया 'विश्वग्राम' का रूप ले चुकी है लेकिन शिक्षा के क्षेत्र में स्थानीयता का अपना विशेष महत्त्व होता है। ईश्वरचंद्र विद्यासागर, महात्मा ज्योतिबा फुले, गिजूभाई, महात्मा गांधी, टैगोर जैसे क्रांतिधर्मी शिक्षा[illegible]कों ने स्थानीयता व देशज पर आधारित शिक्षा को महत्त्व दिया था क्योंकि शिक्षा का सीधा व मूलभूत सरोकार जन से होता है। जब तक शिक्षा के केंद्र में जन नहीं होगा तब तक शिक्षा की सार्विक भूमिका एवं उपयोगिता संदिग्ध बनी रहेगी। स्वतंत्र भारत के प्रथम कोठारी आयोग ने भी भारत की आवश्यकताओं पर आधारित शिक्षा पद्धति के विकास पर जोर दिया था। जाहिर है कि वैश्विकता से जुड़ने की प्रतिस्पर्धा में हम देशज आग्रहों की उपेक्षा नहीं कर सकते। जब विदेशी विश्वविद्यालयों के लिए भारत के द्वार खोल दिए गए हैं तब इस नयी चुनौती का सामना करने के लिए ऐसी शिक्षा पद्धति की आवश्यकता है जो स्थानीयता और देशजपन की रक्षा ही न करे बल्कि इन्हें मजबूत और समृद्ध भी बनाए। यदि ऐसा नहीं किया गया तो बहुराष्ट्रीय पूंजी निवेश और विदेशी विश्वविद्यालयों के बेलगाम प्रवाह में देश की देशज मेधा संकटग्रस्त हो सकती है। शताब्दियों पुरानी देशज मेधा विदेशी प्रवाह में विलीन हो सकती है। क्योंकि आर्थिक व राजनीतिक दृष्टि से भूमंडलीकरण, नव साम्राज्यवाद और नव उपनिवेशवाद का वाहक भी है। वैश्वीकरण ने पिछड़े और विकास संघर्षशील राष्ट्रों पर नया राजनैतिक-आर्थिक दर्शन (पोलिटिकल इकोनामी) थोप दिया है। हमारी शिक्षा के प्रति वर्तमान दृष्टि भी इसी दर्शन से नियंत्रित व संचालित होती है। जब एक दशक पहले राष्ट्रीय लोकतांत्रिक गठबंधन की सरकार मुकेश अंबानी, बिडला, टाटा जैसे

एकाधिकारवादी पूंजीपतियों के नेतृत्व में शिक्षा समिति का गठन करती है तब इससे राज्य के शिक्षा के प्रति नए सरोकारों का प्रमाण भी मिलता है। इस समिति का गठन स्वयं में नव उदारवादी राजनैतिक-आर्थिक दर्शन का परिचायक है।

वास्तव में आज शिक्षा तेजी से संक्रमण काल से गुजर रही है। इस संक्रांति काल में पहले से अधिक सावधानी बरतने की आवश्यकता है। महात्मा गांधी ने कहा करते थे कि वे चाहते हैं कि उनके कमरे की सभी खिडकियाँ खुली रहें, बाहर की ताजी हवा भीतर आए लेकिन वे हवा को कमरे के भीतर की व्यवस्था को अस्त-व्यस्त करने की अनुमति देने के पक्ष में नहीं हैं। उनके ये विचार शिक्षा पर भी लागू होते हैं। इसका सीधा अर्थ यह हुआ कि हम अपने देश की अंतर्वस्तु को पहले से अधिक सुरक्षित और समृद्ध बनाएँ ताकि हम बाह्य प्रभावों का विवेकशीलता के साथ सामना कर सकें। यदि हम आलोचनात्मक चेतना से लैस रहेंगे तो हम 'नीर-क्षीर-विवेक' से चीजों को स्वीकार करेंगे या अस्वीकार करेंगे। यह तभी संभव है जब हम अपनी शिक्षा पद्धति पर नए सिरे से विचार करें और बुनियादी तालीम को गुणवत्ता संपन्न बनाएँ।

शिक्षा का वाहन होता है भाषा। आज भाषा सबसे अधिक विवाद का विषय बनी हुई है। लगभग सभी शिक्षाशास्त्री इस सवाल पर एकमत हैं कि शिक्षा का माध्यम विद्यार्थी की मातृभाषा होना चाहिए। विश्व के अधिकांश राष्ट्रों ने स्वदेशी भाषाओं को अपनी शिक्षा पद्धति का माध्यम बनाया और विकास भी किया। इस संदर्भ में ब्रिटेन, फ्रांस, जर्मनी, इटली, अमेरिका, सोवियत संघ (अब रूस), जापान, चीन जैसे राष्ट्रों का उदाहरण दिया जा सकता है। यह सही है कि इतिहास में भारत जैसे देशों की विशिष्ट स्थिति रही है। करीब दो शताब्दियों तक भारत गुलाम रहा है इसलिए आजादी से पहले और बाद में भी अंग्रेजी का वर्चस्व प्रशासनिक और अकादमिक क्षेत्रों में बना हुआ है। इस यथार्थ से इंकार नहीं है। वैश्वीकरण के दौर में भी अंग्रेजी, भारत और शेष दुनिया के बीच बहुआयामी सेतु की भूमिका निभा रही है। लेकिन क्या शिक्षा में स्वदेशी भाषाओं की भूमिका को नामंजूर कर दिया जाना विवेकसंगत रहेगा? क्या हम ऐसी शिक्षा पद्धति का विकास नहीं कर सकते जोकि भारतीय भाषाओं को आधुनिक चुनौतियों का सामना करने के योग्य बनाए? भारतीय भाषाओं में भी आधुनिक ज्ञान-विज्ञान का साहित्य लिखा जाए जहाँ हम अंग्रेजी की भूमिका को सहर्ष अंगीकार करें वहीं हम शिक्षा में भारतीय भाषाओं की भूमिका को गरिमापूर्ण स्थान भी दिलाएँ। इसके लिए बौद्धिक इच्छाशक्ति के साथ-साथ राजनीतिक इच्छाशक्ति की भी महती आवश्यकता है क्योंकि राजनीतिक नेतृत्व ही शिक्षा का चरित्र निर्धारण करता है। इसलिए बुनियादी तालीम से लेकर उच्च शिक्षा तक स्वदेशी भाषा की उपादेयता को नजरअंदाज करना एक प्रकार से राष्ट्रविरोधी और जनविश्वासघाती कदम होगा।

इक्कीसवीं सदी की चुनौतियों का सामना करने की दृष्टि से कुछ निम्न सुझाव

यहाँ देना मौंजू रहेगा-

1. भारतीय भाषाओं का समग्र आधुनिकीकरण और उन्हें टेक्नोलाजी संपन्न बनाना
2. समान स्कूल व्यवस्था लागू करना
3. सितारा निजी स्कूलों की समाप्ति
4. स्कूलों में निजी पूंजी के निवेश पर पूर्ण प्रतिबंध
5. सीमांत समाजों के लिए विशेष शिक्षा व्यवस्था
6. शिक्षा को प्रतिरोधात्मक शक्ति से संपन्न करना
7. संपूर्ण शिक्षा प्रणाली को आलोचनात्मक व संवादात्मक रूप देना
8. ग्रामीण भारत के लिए प्रतिबद्ध शिक्षक सेना का निर्माण
9. भारतीय भाषाओं में साहित्येतर शैक्षणिक साहित्यों का प्रचुर मात्रा में निर्माण
10. सुदूर व भीतरी अंचलों में स्थित स्कूलों की विशेष मानीटरिंग
11. पाठ्य-पुस्तकों को पूर्णरूपेण धर्मनिरपेक्षवादी बनाना
12. विद्यार्थियों में मौलिक चिंतन और विमर्श को प्रोत्साहित करना
13. परीक्षा पद्धति में आमूलचूल परिवर्तन कर इसे चिंतन व विश्लेषण आधारित बनाना
14. विश्वविद्यालयों की शोध व्यवस्था में आधारभूत परिवर्तन
15. शिक्षा को समता, गरिमा और श्रम से जोड़ना
16. शिक्षा को सामंतवादी व पूंजीवादी मूल्यों और विचारधाराओं से मुक्त रखना
17. संपूर्ण शिक्षा पद्धति हस्तक्षेपकारी हो न कि यथास्थितिवादी

बुनियादी शिक्षा की बुनियाद

मनोज कुमार

पश्चिमी सभ्यता से गांधीजी का गहरा लगाव था। लंदन देखकर अपनी जिज्ञासा तृप्त करने का गुप्त मंसूबा उनके अंदर पहले से ही मौजूद था। उन्होंने शिक्षा प्राप्त करने के साथ दार्शनिकों और कवियों की भूमि-सभ्यता के साक्षात केन्द्र स्थल इंग्लैण्ड को देखने की तमन्ना पूरी की। लेकिन वे कहते हैं कि यह मेरे आज के विचारों का द्योतक नहीं है।[1] उन्होंने कहा है कि मेरा धर्म मुझे यह अनुज्ञा नहीं देता कि मैं दूसरे की संस्कृति को तुच्छता या अनादर की दृष्टि से देखूँ, उसी तरह वह इस बात पर भी जोर देता है कि मैं खुद अपनी संस्कृति को मानूँ और उसके अनुसार चलूँ, क्योंकि ऐसा नहीं करना सामाजिक दृष्टि से आत्महत्या कर लेना है।[2] सभ्यता व्यवहार है, जो हमें कर्तव्य सिखाता है। हिंद-स्वराज में आधुनिक सभ्यता का विरोध गांधीजी ने द. अफ्रीका के अनुभव से व्यक्त किया है, यहीं उन्होंने समझा कि आधुनिक सभ्यता ही साम्राज्यवाद का मूल कारण है। लेनिन साम्राज्यवाद को पूंजीवाद की उपज मानते हैं, वहीं गांधी साम्राज्यवाद को आधुनिकता से जोड़ते हैं। हिंद-स्वराज में अंग्रेज विद्वान हेक्सले के विचारों को उद्धृत करते हुए शिक्षा के उद्‌देश्य को गांधीजी रेखांकित करते हैं - *"उस आदमी ने सच्ची शिक्षा पाई है, जिसके शरीर को ऐसी आदत डाली गई है कि वह उसके बस में रहता है, जिसकी बुद्धि शुद्ध, शांत और न्यायदर्शी है। जिसका मन कुदरती कानूनों से भरा है और जिसकी इंद्रियाँ उसके बस में हैं, जिसके मन की भावनाएँ बिल्कुल शुद्ध हैं, जिसे नीच कामों से नफरत है, और जो दूसरे को अपने जैसा मानता है। ऐसा आदमी ही सच्चा, शिक्षित या तालीमशुदा माना जाएगा।"*

भारत में मैकॉले ने शिक्षा के द्वारा गुलामी की बुनियाद डाली। गांधीजी कहते हैं कि अंग्रेजी शिक्षा लेकर हमने राष्ट्र को गुलाम बनाया है। इस शिक्षा से दंभ, राग, जुल्म, वगैरह बढ़े हैं। उन्होंने कहा है कि शिक्षा की वर्तमान पद्धति का सम्बन्ध एक नितान्त अन्यायी सरकार के साथ है। यह विदेशी संस्कृति पर आधारित है। देशी संस्कृति का इसमें नामोनिशान तक नहीं है। सिर्फ दिमाग की संस्कृति तक ही यह सीमित है, इसमें हृदय और हाथ की संस्कृति पर ध्यान नहीं दिया जाता। इसलिए

विदेशी माध्यम द्वारा वास्तविक शिक्षा असम्भव है।[3] उन्होंने यहाँ तक कहा कि सरकारी संस्थाएँ मुझे जलते हुए मकानों की तरह लगती हैं।[4] कलकत्ता में स्नातकोत्तर छात्रों और कानून के विद्यार्थियों की सभा में उन्होंने कहा कि यदि आपको पूरी तरह यह विश्वास हो गया है कि आप अपने आत्म-सम्मान की थोड़ी बहुत रक्षा करते हुए भी इस सरकार के शासन में नही रह सकते। यदि आपको यकीन हो गया है कि इस सरकार ने आपकी नवीनतम् भावनाओं को पैरों के नीचे रौंदा है, उसने हमारे प्रिय अधिकारों की उपेक्षा की है तो आप इस नतीजे पर पहुँचेंगे कि इस सरकार से सरोकार रखना अपराध और पाप है। इसलिए वे कहते हैं कि उसके प्रभाव में संचालित या स्वयं उसी के द्वारा दी जाने वाली शिक्षा स्वीकार करना असंभव है। ऐसी शिक्षा न लें, अपनी पढ़ाई स्थगित कर दें। आप अपनी पुस्तकों को जला दीजिए। स्वराज की खातिर लकड़ियाँ काटिए और पानी खींचिए।[5] दुनियाँ में कोई सरकार इतनी गैर-जिम्मेदार नहीं, और जनता की भावना की उतनी उपेक्षा करके नहीं चलती, जितनी गैर जिम्मेदार भारत सरकार है। 'स्वराज' का अर्थ स्पष्ट करते हुए वे कहते हैं कि स्वराज का मतलब है सरकारी नियंत्रण से चाहे वह विदेशी सरकार का नियंत्रण हो या राष्ट्रीय सरकार का मुक्त होने के लिए सतत प्रयत्न करते रहना। अगर स्वराज होने पर भी लोग सरकार के मुखापेक्षी होंगे तो स्वराज सरकार एक निस्सार चीज ही होगी।

25 जून, 1921 को बम्बई में प्राथमिक विद्यालयों के शिक्षकों और विद्यार्थियों की सभा में गांधीजी ने कहा कि एक अनुभवी शिक्षक के रूप में मैं महसूस करता हूँ कि भारत की स्वतंत्रता की कुंजी शिक्षकों के ही हाथों में है।[6] अगर भारतीय गरीब हैं और दुनिया की विभिन्न जातियों की तुलना में उनकी स्थिति गिरी हुई है तो हमारी इस स्थिति के लिए आप भी उतने ही जिम्मेदार हैं जितने कि हमारे शासक7 पाठ्यपुस्तकें अव्यावहारिक हैं। पढ़ाई-लिखाई में वह जितना आगे बढ़ता है घर से उतनी ही दूर होता जाता है। गृह जीवन में उसे आनन्द नहीं आता। उसी की सभ्यता उसे निःसत्व, जंगली, अंधविश्वासों से भरी हुई और सारे अमली कामों के लिए निकम्मी बताई जाती है। केवल साहित्यिक शिक्षा देना, आगे के जीवन में उसे हाथ से काम करने के अयोग्य बना देना एक जुर्म है। गांधी कहते हैं कि बालकों को लड़कपन से ही परिश्रम को गौरव की दृष्टि से देखने की तालीम दी जानी चाहिए। 18 मार्च, 1930 को बोरसद में उन्होंने कहा कि आपने जो थैली दी है उसके लिए मैं एहसान मान रहा हूँ। लेकिन पैसे से मेरा पेट भरनेवाला नहीं है। मेरी इच्छा है कि आप सब बहन-भाई इस यज्ञ में अपना नाम लिखा लें। 15 वर्ष से ऊपर के विद्यार्थी और शिक्षक अपना नाम लिखायेंगे, ऐसी मुझे आशा है - जापान, चीन, मिस्र, इटली, आयरलैण्ड और इंग्लैंड में विद्यार्थियों और शिक्षकों ने मुख्य रूप से परिवर्तन के कामों में भाग लिया है। उन्होंने कहा कि युद्ध में भाग लेना प्रत्येक विद्यार्थी और शिक्षक

का धर्म है। परतंत्रता से मुक्त होने के लिए जिस समय अन्तिम युद्ध छिड़ा हुआ हो उस समय जो विद्यार्थी अथवा शिक्षक घरों में अथवा स्कूलों में बैठे रहेंगे, उसके बारे में यह माना जाएगा कि वे देश के प्रति द्रोह कर रहे हैं। आगे वे कहते हैं कि जिस तरह घर में आग लग जाती है और सारे लोग उसे बुझाने के लिए दौड़ पड़ते हैं उसी तरह हिंद के दुःखों को, उसकी ज्वाला को शमन करने के लिए आप सबलोग भी निकल पड़ें।[8]

गांधीजी ने बुनियादी शिक्षा की स्पष्ट तस्वीर 1935-37 में देश के सामने रखी, लेकिन जैसा कि वी. आर. नन्दा कहते हैं वे अपने बच्चों पर शिक्षण संबंधी प्रयोग कर चुके थे।[9] जून 1910 में 100-150 बाल-बच्चों, स्त्री-पुरुषों को लेकर केलनवेक के साथ जंगल में चले गए। इसमें सत्याग्रही मित्रों के बच्चे थे। सुमित्रा गांधी कुलकर्णी ने लिखा है कि इन नादान, अनपढ़ और काफी हद तक एकदम अशिक्षित, असंस्कारी बच्चों और परिवार में संस्कार-सिंचन और शिक्षा-दीक्षा का कार्यभार गांधी भाई ने अपने उपर ले लिया।[10] इसी प्रयोग में उन्होंने अपने तीनों बेटे मणिलाल, रामदास, देवदास को भी फिनिक्स के बसे-बसाये घर से निकालकर अपने पास टाल्सटॉय फार्म पर बुलवा लिया। 150 लोगों की इस जीवन्त पाठशाला में हिंदू, मुसलमान, पारसी और ईसाई सब धर्मों के बच्चे थे। सभी को उनके धर्मों की भी शिक्षा दी जाती थी। गांधीजी कहते हैं कि यहाँ वे माँ बन गए थे।[11] माँ बनकर उन्होंने शिक्षा दी क्योंकि उनके अनुसार हृदय की शिक्षा पुस्तकों के द्वारा नहीं दी जा सकती है, वह तो सिर्फ शिक्षक के प्राण प्रेरक सहवास के द्वारा ही मिल सकती है।[12] उन दिनों उनके आत्म-निग्रह और संयम में जो वृद्धि हुई उसका बहुत कुछ श्रेय गांधीजी ने टाल्सटाय फार्म के शिक्षण-संबंधी उत्तरदायित्वों के प्रति अपनी सजगता को दिया है।[13] सुमित्रा गांधी कुलकर्णी ने लिखा है कि शायद टाल्सटॉय फार्म संसार की आदर्श पाठशाला बन जाता। लेकिन दो वर्ष के अन्त तक कई बच्चों के पिता जेल से लौट आए थे। धीरे-धीरे यह संख्या 20-25 ही रह गयी। बचे हुए बच्चों को उन्होंने अपने निवास स्थान फिनिक्स ले आए। गांधीजी ने 1909 में हिंद स्वराज में पश्चात्य शिक्षा की कटु आलोचना की है। उन्होंने कहा है कि मैं पिछले चालीस वर्षों से शिक्षा की चालू पद्धति के परिणामों पर दृष्टि रखता आया हूँ।[14]

टॉल्सटाय फार्म के अनुभवों के आधार पर गांधीजी द्वारा माता और बालक के बीच संवाद शैली में लिखी 'बालपोथी' नवजीवन ट्रस्ट ने 14 अप्रैल, 1951 में प्रकाशित किया। हकीम अजमल खाँ के नाम 14 अप्रैल, 1922 के पत्र में बालपोथी की समाप्ति का जिक्र है।[15]

बुनियादी शिक्षा के संबंध में काफी आलोचनाएँ भी की गईं। दस्तकारी के माध्यम से शिक्षा मध्यकालीन व्यवस्था को लागू करना आदि प्रमुख है। कुछ आलोचनाओं का गांधीजी ने 'हरिजन' के माध्यम से जवाब दिया है। उन्होंने कहा है कि मेरा कहना

यह तो हरगिज नहीं है कि शिक्षा का आरम्भ दस्तकारियों से किया जाए और अन्य बातें गौण रूप में सहायक विषयों के तौर पर सिखाई जाए। इसके विपरीत मैंने तो यह कहा है कि विद्यार्थी की प्रायः सारी सामान्य पढ़ाई दस्तकारियों के जरिये और दस्तकारियों में उनकी प्रगति के साथ-साथ ही हो, उन्होंने साफ कहा है कि मध्य या किसी भी युग में यह उद्देश्य तो कभी नहीं रहा है कि दस्तकारियों की सहायता से मनुष्य का पूर्ण विकास किया जाए। उनके अनुसार यह कल्पना सर्वथा मौलिक है।[16] चरखा मध्यकालीन चीज है लेकिन उसने वर्तमान जीवन में अपना स्थान पा लिया है। वह स्वतंत्रता और एकता का प्रतीक बन गया है। गांधीजी कहते हैं कि नवीन भारत को आज उसके अन्दर गहन और सच्चे रहस्य नजर आने लग गये हैं जिसकी कल्पना हमारे बुजुर्गों को सपने में भी नहीं होगी।[17] इसलिए वे कहते हैं कि आज उन्हें सम्पूर्ण और सच्चे-से-सच्चे अर्थ में शिक्षा का प्रतीक और वाहन बन जाना चाहिए। गुजरात विद्यापीठ के शिक्षकों के साथ (14 अगस्त, 1934) चर्चा में उन्होंने कहा कि विद्यापीठ का असली काम तो गाँवों में है। गांधीजी कहते हैं कि कार्यकर्ता के पास नष्ट करने का समय होगा ही नहीं, वह न खुद आलस्य करेगा और न अन्य लोगों को आलस्य करने देगा। उसका जीवन सदा अपने पड़ोसियों के लिए निरन्तर आनन्द, उद्योग का सबक होगा। शरीर की शक्ति के लिए शारीरिक श्रम और मस्तिष्क के संस्कार के लिए बौद्धिक श्रम जरूरी है। गाँव का कार्यकर्ता उद्योग की जीती-जागती प्रतिमा होगी। उन्होंने साफ कहा कि यह मानकर नहीं चलिए कि बच्चों या व्यक्तियों को पढ़ना-लिखना सिखाए बगैर ग्रामीण प्रशिक्षण कार्य में आगे नहीं बढ़ सकते। अक्षर ज्ञान के बिना भी मौजूदा हालत की और इतिहास, भूगोल तथा प्राथमिक हिसाब-किताब की काफी उपयोगी जानकारी मौखिक रूप से दी जा सकती है। शिक्षा के क्षेत्र में आँख, कान और जीभ का स्थान हाथ से पहले आता है। लिखने से पहले पढ़ने का और वर्णमाला के अक्षरों का रूप खींचने से पहले चित्र खींचने का स्थान है। यदि यह स्वाभाविक तरीका अपनाया जाए तो बच्चों को बुद्धि के विकास का ज्यादा अच्छा अवसर मिलेगा। यह बच्चों का प्रशिक्षण वर्णमाला से शुरू करके उनकी बुद्धि पर जोर डालने से अधिक अच्छा है।[18]

उत्पादक काम और ज्ञान के रिश्ते समकालीन संदर्भ में वैश्वीकरण और धार्मिक उन्माद तथा कट्टरवाद के फैलाव के कारण बिगड़ते गए हैं। भ्रम फैलाया गया है, नीति बनाने वालों ने जानबूझकर इसे विकृत किया है। अनिल सद्‌गोपाल कहते हैं कि आज हिंदुस्तान का समाज और हिंदुस्तान की राजनीति इन क्रांतिकारी विचारों को सुनने और समझने के लिए तैयार नहीं है। क्योंकि वे जो निर्णय प्रक्रिया में हैं ये देश के तिहाई हिस्से नहीं हैं।[19] गांधीजी ने शिक्षा दर्शन के द्वारा सामाजिक, राजनैतिक और अर्थव्यवस्था को चुनौती दी थी। पूरी व्यवस्था को हिला दिया था। अनिल सदगोपाल बुनियादी शिक्षा को ब्राह्मणवादी सामाजिक और सांस्कृतिक व्यवस्था

को दी गई चुनौती के रूप में देखते हैं। एक गुमनाम पत्र जिसमें ऐसे विद्यालयों को बंद कर देने की सलाह दी गई थी। उसके जवाब में गांधीजी लिखते हैं कि दुनिया में किसी भी काम का महत्व इस बात से नहीं आँका जा सकता कि उसमें कितने लोग लगे हुए हैं और उनपर कितना पैसा खर्च किया जा रहा है। संख्या बढ़े तो अच्छा है, न बढ़े तो भी हमें श्रद्धा रखनी चाहिए और जब तक हममें विश्वास है तबतक हमें इस प्रवृति में लगे रहना चाहिए।[20] नवजीवन में उन्होंने एक शिक्षक के दुःख पर टिप्पणी लिखी जिसमें उन्होंने कहा कि मेरे कहने का आशय यह तो माना ही नहीं जा सकता कि दस शिक्षक या एक शिक्षक केवल एक ही बालक को पढ़ाकर आराम करने लग जाए, वे लिखते हैं कि दस नहीं यदि बीस शिक्षक भी हों और विद्यार्थी एक ही हो तो भी वे शाला का त्याग न करें वरन विद्यार्थियों की संख्या बढ़ाने का प्रयत्न करें। प्रतिकूल परिस्थितियों में कुछ भी वेतन न लेने में उनकी सच्ची कसौटी है। दूसरा काम खोज लिया जाय इसका अर्थ है कि विद्यार्थी न हो, समय व्यर्थ जा रहा हो तो उसमें शिक्षक बुनाई या धुनाई का काम करके अपना गुजारा करे।[21] वे कहते हैं कि जैसे-जैसे राष्ट्रीय स्कूलों के शिक्षकों और लड़कों के चरित्र का विकास होगा और लोग उन्हें देखेंगे वे इस शाला में प्रवेश पाने के लिए उत्सुक हो उठेंगे।[22] 30 जनवरी, 1927 को बिहार विद्यापीठ पटना में दीक्षांत भाषण में उन्होंने कहा कि यदि विद्यापीठ द्वारा एक भी आदर्श विद्यार्थी और आदर्श अध्यापक प्रस्तुत हो सके तो उसे अपने अस्तित्व की सार्थकता सिद्ध करने के लिए इससे अधिक कुछ करने की आवश्यकता नहीं है। इन संस्थाओं का प्रयोजन मणियों की खोज करना है। इससे कोई अंतर नहीं पड़ता कि मणियाँ कम हैं या ज्यादा। अवश्य ही वे निर्मलतम एवं सौम्य प्रकाश फैलानेवाली हों। यदि हम किसी ऐसी वस्तु पर जिसका महत्व केवल कृत्रिम है चाहे जितना श्रम और धन लगाने में संकोच नहीं करते तो मानवीय खान से हीरे निकालने में हमें कितना खर्च करना चाहिए? हमें इसी भावना से शिक्षण का काम जारी रखना चाहिए।[23] रस्किन ने हीरे की उपमा-''आत्माओं का निर्माण'' माना है। वे कहते हैं कि जिस तरह बीज खेत में फलता है उसी तरह आप पर खर्च हुई रकम फलेगी।[24]

नारायणदास गांधी को 10 जुलाई, 1933 के पत्र में उन्होंने लिखा कि राष्ट्रीय शिक्षा के मामलों में भी अन्धेर चल ही रहा है। नामलेवा बहुत हैं, समझने वाले कम हैं। उनमें भी अमल करने वाले विरले ही हैं। उन्होंने लिखा कि जिस प्रकार खादी फैले या न फैले हम उसमें मिलावट नहीं करते उसी प्रकार राष्ट्रीय शिक्षण में भी मिलावट नहीं की जानी चाहिए। इस तरह यदि एक भी विद्यार्थी प्रेम से विशुद्ध राष्ट्रीय शिक्षण प्राप्त करें तो मैं कहूँगा कि राष्ट्रीय शिक्षण चल रहा है और उसका भविष्य उज्ज्वल है।[25] त्याग और बलिदान की बात, संसार की आँख में धूल झोंकना है। गांधीजी कहते हैं कि हमारा त्याग, त्याग नहीं वह तो विलास है। उसमें हमारी इच्छा

को सन्तुष्ट करने का स्वार्थ रहता है। अगर हम अपने लिए कातें तो हम भोजन की तरह इसे भी हम नहीं छोड़ेंगे।[26] ढोंग को खत्म करने और नियमों को आसान बनाने के सुझाव पर उन्होंने साफ किया कि बच्चे ढोंग नहीं कर सकते। शिक्षक के बारे में ऐसा अन्देशा हो सकता है, लेकिन जहाँ थोड़ा बहुत नियम पालन होता है, वहाँ ढोंग तो आ ही जाता है। उसका उपाय वातावरण को शुद्ध बनाना है, नियमों को आसान बनाना नहीं।[27] उनके अनुसार शुद्ध ज्ञान जितना अधिक होगा, मोह उतना ही कम होगा। उन्होंने कहा कि जिस पर आपकी श्रद्धा न हो मुझे सन्तोष देने के लिए करें तो यह पाखण्ड है, छल है, कपट है।[28] वे कहते हैं कि मैंने माता के प्रेम के कारण मांस छोड़ा, माता के प्रेम के कारण व्यभिचार में फँसते-फँसते बचा। इस प्रकार मैं मोह के वश होकर ऊँचा उठा। परन्तु ऊँचा उठा, यह भी कौन कह सकता है? मैं तो वास्तव में गिरते-गिरते बचा हूँ। मैं माता और पिता के प्रेम के व्रतवर्ती और व्रत के वंशवर्ती होकर बचा हूँ।[29]

शिक्षकों की जिम्मेदारियों और कर्तव्य के बारे में गांधीजी की बहुत ऊँची धारणा थी, "मैं झूठ बोलता रहूँ और अपने शिष्यों को सच्चा बनाने की कोशिश करूँ" तो वह बेकार जाएगी। डरपोक शिक्षक अपने शिष्यों को वीरता नहीं सिखा सकता। वे अपने साथ रहनेवाले लड़के और लड़कियों के सामने पदार्थ-पाठ रूप में रहे शिष्य उनके शिक्षक बन गए। गांधीजी कहते हैं कि अपने लिए नहीं तो उनके लिए मुझे भला होकर रहना चाहिए, यह भी मैंने समझा लिया। (आत्मकथा, पृ. 390) वे कहते हैं कि अगर अध्यापक अपने उच्चाधिकारियों से झूठ बोलते हैं तो वे बालकों से सच बोलने की कैसी अपेक्षा कर सकते हैं। वे तो अपने अध्यापकों से ही सीखेंगे। इसलिए शिक्षकों को व्यक्तिगत उदाहरणों से सीखना होगा।[30]

चरखा, अस्पृश्यता और हिंदू-मुस्लिम एकता कार्यक्रम में तीनों अंग की तरह दिखाई देते हैं।[31] प्रत्येक शिक्षकों से उन्होंने कहा कि आप हिंदू और मुसलमान से समान व्यवहार करें। दलित वर्गों, ढ़ेढ़ों और भंगियों के साथ भाईयों सा, मानवों सा व्यवहार करें। क्योंकि जबतक ये लोग दलित रहेंगे तब तक स्वराज प्राप्त करना असम्भव है।[32] गुजरात विद्यापीठ में उन्होंने साफ कहा कि यदि हिंदू, मुसलमान, पारसी, ईसाई, यहूदी जो हमारे भाई हैं उनपर यदि आपका यकीन न हो तो आप महाविद्यालय छोड़ सकते हैं।[33]

शिक्षण संस्थाओं में भाषा के सवाल पर गांधी अधिक स्पष्ट है। वे मानते हैं कि विदेशी भाषा के माध्यम ने लड़कों के दिमाग को शिथिल कर दिया है। इसने उनकी दिमागी शक्तियों पर अनावश्यक बोझ डाला है। उन्हें रट्टू और नकलची बना दिया है। मौलिक विचारों और कार्यों के लिए उन्हें अयोग्य बना दिया है।[34] वे कहते हैं कि भारत में अंग्रेजी का ज्ञान चाहे बढ़ गया है, परन्तु समष्टि-रूप से अक्षर-ज्ञान कम हो गया है, देहाती पाठशालाओं की संख्या कम हो गई है। ज्यों-ज्यों हमारी आर्थिक

उन्नति हुई है, त्यों-त्यों देहात की अवनति हुई है। ब्रह्मदेश में अंग्रेजो के पहले तमाम बालकों को अक्षर-ज्ञान था, सभी गाँवों में पाठशाला थी। ग्रामीण पाठशालाएँ टूटती जा रही हैं और इससे अक्षरहीनता बढ़ती जा रही है।[35] हमें अपनी बातचीत में अंग्रेजी के विशेषणों, क्रियाविशेषणों बल्कि मुहावरों का भी प्रयोग करने की गन्दी आदत हो गई है। हम यह समझते हैं कि इससे हमारी बातों का अधिक वजन होता है।[36] अध्यापक प्रशिक्षणार्थियों के साथ बातचीत में उन्होंने साफ कहा कि (3/4 फरवरी, 1939) यदि हमारी बुद्धि अंग्रेजी माध्यम द्वारा ही काम कर सकती है तो बुनियादी तालीम की कल्पना को कार्यान्वित करना असम्भव है। बुनियादी तालीम करोड़ो की है और हमारे करोड़ो लोगों की शैक्षणिक आवश्यकताओं की पूर्ति बुनियादी तालीम ही कर सकती है। वे यहाँ तक कहते हैं कि यदि मेरे हाथ में मनमानी करने की सत्ता होती तो मैं आज से ही विदेशी भाषा के द्वारा अपने देश के लड़के-लड़कियों की पढ़ाई बन्द करवा देता और सारे शिक्षकों और अध्यापकों से यह माध्यम तुरन्त बदलवाता या उन्हें बरखास्त करा देता। मैं पाठ्य-पुस्तकों की तैयारी का इन्तजार न करता। शिक्षकों से कहता कि वे अपने देश के लिए अपनी ज्ञान-राशि को देशी भाषाओं के द्वारा ही प्रकट करें।[37]

शिक्षक के बारे में गांधी अधिक सजग थे, क्योंकि बुनियादी शिक्षा में व्यवहार के द्वारा जीवन से शिक्षण देने की कल्पना की गई है। वे कहते हैं कि शिक्षित भारतीय अध्यापन-कार्य इसलिए नहीं करते कि उससे उन्हें प्रेम है बल्कि इसलिए करते हैं कि उनके पास जीविका देनेवाला इससे अच्छा कोई दूसरा काम नहीं। इस प्रकार वे शुरू से ही अपने रास्ते में रूकावट खड़ी कर लेते हैं।[38]

शिक्षक-सम्मेलन में उन्होंने कहा कि मुझे आशा है, शिक्षक लोग शिक्षकों के लिए पास किये गये उन प्रस्तावों पर ठीक-ठीक और शब्दशः अमल करेंगे। प्रस्तावों को पास करके उनपर कभी अमल न करना हमारे राष्ट्रीय जीवन का एक अभिशाप रहा है। यों ही बेमतलब वचन देना शिक्षकों के लिए तो सबसे ज्यादा अशोभनीय है। देश के युवकों को एक सही साँचे में ढालने का काम उन्हीं के हाथों में है। उन्हें अच्छी तरह समझनी चाहिए कि विद्यार्थी लोग इन प्रस्तावों और वचनों की पवित्रता के सम्बन्ध में उनके लम्बे-चौड़े प्रवचनों से प्रभावित होने की बजाय उनके वचन-भंग के बुरे उदाहरण का अनुकरण कहीं अधिक तत्परता से करेंगे।[39] गांधीजी शिक्षकों के चयन में अधिक सतर्क रहने की आवश्यकता महसूस करते हैं, वे कहते हैं कि प्राइमरी स्कूलों के शिक्षकों का चुनाव, उनमें कितनी देशभक्ति है इसे देखकर नहीं किया जाता है। वहाँ तो सिर्फ वे ही लोग आते हैं जिनकी रोटी का सहारा कहीं दूसरी जगह नहीं होता।[40] जो अध्यापक देश की सेवा करना चाहते हैं, उन्हें कभी भूखों नहीं मरना पड़ेगा। एक बार उन्होंने कहा कि मुझे आपसे यह कहने में कोई संकोच नहीं है कि अन्य लोगों की भाँति अध्यापकों ने भी अध्यापन के धन्धे को इसलिए अपनाया है

कि इसके द्वारा वे जीविका अर्जित करना चाहते हैं, इसलिए नहीं कि यह सुन्दर और सौम्य धन्धा है और इससे वे देश का भला कर रहे हैं। अत्यन्त व्यथित होते हुए वे कहते हैं कि जिस तरह डाक्टरों और वकीलों ने अपने-अपने पेशे को कमाने के लिए ही अपनाया है, उसी तरह अध्यापकों ने भी अध्यापन कार्य सिर्फ पैसा कमाने के लिए ही अपनाया है। उसके पीछे कोई अन्य भाव नहीं है।[41]

बंगीय शिक्षक संघ की ओर से एक शिष्ट मण्डल गांधीजी से मिला और शिक्षक की दशा सुधारने के लिए सलाह मांगी थी। शिष्ट मंडल ने कहा कि वे विद्यार्थियों को ऐसी शिक्षा दे रहे हैं जिसका न कोई लाभ है और न जिसमें किसी को रूचि है। उन्हें मशीन की तरह ऐसे पाठ्यक्रम के मुताबिक चलना पड़ता है। बंगाल में 900 स्कूलों में 20,000 शिक्षकों के जरिये यह शिक्षा दी जा रही है। थोड़ी तनख्वाह, समाज में हेय दृष्टि से देखा जाता है, स्कूल के अधिकारियों और अभिभावकों के बीच अविश्वास की भावना है।[42] गांधी कहते हैं कि बुनियादी शिक्षा में ऐसे शिक्षकों की आवश्यकता होगी, जिनके विचार मौलिक हों, जिनमें सच्चा उत्साह और जोश हो और जो हर रोज सोच सके कि आज विद्यार्थियों को क्या सिखाया जाय। गांधी कहते हैं कि इसके लिए शिक्षा पद्धति में क्रान्ति होनी चाहिए, शिक्षकों की दृष्टि में क्रान्ति होनी चाहिए।[43] भारत में पुरुषों और स्त्रियों का एक ऐसा वर्ग तैयार होना चाहिए, जो देशभक्ति की भावना से अध्यापन का पेशा अपनाये और इसकी परवाह न करें कि उससे भौतिक लाभ कितना होता है। फिर राष्ट्र शिक्षकों के पेशे को कम करके नहीं आँकेगा। उसका हृदय में ऊँचा स्थान होगा।[44] आगे वे कहते हैं कि शिक्षक तो चुम्बक की तरह काम करता है। उसके आसपास लड़के बने ही रहते हैं और उसे घड़ी भर छोड़ना पसंद नहीं करते यदि शिक्षक धनी हो जाता है तो वह चोर (दत्तात्रेय बालकृष्ण कालेलकर) समझा जाता है और भूखों मरता है तो बुद्धू माना जाता है। गांधीजी कहते हैं कि वे घर-घर भीख मांगकर अपना पेट भरे लेकिन अपना शिक्षा धर्म न छोड़े।[45] प्राथमिक शालाएँ केवल डालियाँ है। उन्हें जिधर मोडिए मुड़ जाएँगी। हमारे हाथ से वे सीधी दिशा में मुड़नी चाहिए।[46] श्रम उपार्जित विद्या का शुद्ध उपयोग है।[47]

विद्यार्थियों में अभिरूचि उत्पन्न हो जाएँ तो विद्यार्थी भी अवश्य कातना सीखेंगे। उसकी किसी विषय में दिलचस्पी उस विषय के कारण नहीं होती बल्कि शिक्षकों के कारण होती है। अपने अनुभवों के आधार पर उन्होंने कहा कि जिस रसायनशास्त्र को पढ़ाते समय एक शिक्षक मुझे निद्रावश कर देता था उसी विषय को पढ़ाते समय दूसरा शिक्षक मुझे जाग्रत रखता और उसमें रस उत्पन्न कर देता था। एक शिक्षक पढ़ाते हैं, विद्यार्थी को वह समझ में नहीं आता, अच्छा नहीं लगता, दूसरा पढ़ाता है तो ऐसा लगता है कि घंटा समाप्त ही न हो। सवाल वही, विद्यार्थी भी वही अन्तर सिर्फ एक के पढ़ाने का ढंग सरस होता है और दूसरे का नीरस। वे कहते हैं कि--चरखे में रस की गागर भरी है।[48] बिना आचार के कोरा बौद्धिक-ज्ञान वैसा ही है,

जैसा कि मोमिया लगाया हुआ मुर्दा। वह देखने में शायद सुन्दर दिखाई देता है परन्तु उसमें स्फूर्ति या प्रेरणा देनेवाली कोई भी बात नहीं।[49] जो मनुष्य श्रम रूचि, तपस्या नहीं करता उसे जीने का कोई अधिकार नहीं, केवल अपने दिमाग में विभिन्न तथ्य ठसाठस भर लेना और फिर उनको जहाँ तहाँ बाँटते रहना शिक्षा नही हैं। इसलिए वे कहते हैं कि जिसे चरखे में श्रद्धा न हो उसे विद्यापीठ का त्याग ही कर देना चाहिए।[50] जो लोग खादी पहनते हैं वे या तो स्वेच्छा से पहनें या कतई न पहने।[51] और जिन्हें किसी लाभदायक दस्तकारी द्वारा शिक्षा देने के विषय में पूर्ण श्रद्धा न हो और जो इस काम को केवल प्रेमभाव से करता हो और सिर्फ जीविका लायक पैसा लेकर करने के लिए तैयार न हो उनकी जरूरत इस शिक्षा में नही हैं।[52]

गांधीजी ने काफी सोच-विचार कर गहरे और लम्बे अनुभव के बाद व्यवस्थित रूप से वर्गविहीन अहिंसक समाज रचना के अनुरूप शिक्षा व्यवस्था को ढाला था। एक ओर बुनियादी शिक्षा सामाजिक व्यवस्था को चुनौती देती है, दूसरी ओर नयी समाज व्यवस्था के लिए नागरिक तैयार करती है। अनिल सदगोपाल उत्पादन, काम और ज्ञान के रिश्ते को Dialectal Materialism के रिश्ते के रूप में भी देखते हैं। उन्होंने कहा है कि जब आप वस्तुनिष्ठ यथार्थ (Objective Reality) से जोड़कर ज्ञान प्रक्रिया को आगे बढ़ाते हैं तो वह ज्ञान प्रक्रिया कभी पलायनवादी नहीं होती। ज्ञान सम्प्रेषण की प्रक्रिया इस वस्तुनिष्ठ यथार्थ के हिस्से के रूप में आगे बढ़ती है तो वो उस ज्ञान का चरित्र पलायनवादी ज्ञान से बिल्कुल अलग होता है। इस प्रकार तुलनात्मक भौतिकवादी रिश्ता उत्पादन, उत्पादक, काम और ज्ञान का रिश्ता है। बुनियादी शिक्षा के मनोविज्ञान को समझना होगा। जब हम हाथ से काम करते हैं तो हमारा स्नायुतंत्र विकसित होता है, इन्द्रियों का भी विकास होता है। जॉन पियाजे का मनोवैज्ञानिक चिंतन इसी सिद्धान्त पर टिका हुआ है। गांधीजी भी मानते हैं कि हाथ के काम से संगीत उत्पन्न होता है। व्याख्यान सुनने पर कान बन्द हो जाते हैं, कान वो सुनने लगते हैं जो उनको नहीं सुनना चाहिए। मेरी आँखें इधर-उधर भटक जाती हैं। वो देखने लगती है जो उनको नहीं देखना चाहिए। जबान उन शब्दों को बोलने लगती है जो उनको बोलना नहीं चाहिए। लेकिन यह सब नहीं होता जब हम अपने हाथों से काम करते हैं। हमें सही चुनाव करना नहीं सिखाया जाता है। इसलिए गांधीजी कहते हैं कि जो शिक्षा हमें अच्छे-बुरे का भेद करना और बुरे को त्यागना नहीं सिखाती, वह शिक्षा सच्ची शिक्षा ही नही है।[53] काम के द्वारा यथार्थवादी टिकाऊ और समीक्षात्मक ज्ञान प्राप्त होता है।

बुनियादी शिक्षा का नैतिक आधार अत्यन्त मजबूत है। विद्वानों का मानना है कि मेहनत से शांति का भाव पैदा होता है, सहयोग की भावना बढ़ती है। प्रतिस्पर्धा होड़, लालच, संचय की प्रवृत्ति, मुनाफा और सत्ता पक्ष और बाजार के साथ लगातार समायोजन की प्रक्रिया इन सारे मूल्यों पर बुनियादी शिक्षा सवाल खड़ी करती है।

आज हमारी शिक्षा वैश्वीकरण और धार्मिक कट्टरता से प्रभावित हो रही है। यह वैश्विक बाजार का हिस्सा बन गई है। ज्ञान-निर्माण की प्रक्रिया से मेहनतकश परिवारों के बच्चों को अलग रखने की कोशिश हो रही है। वर्तमान शिक्षा लिंगभेद को भी गहरा कर रही है। गांधीजी शिक्षा में आमूल परिवर्तन करना चाहते थे। उन्होंने साफ कहा है कि दिमाग को हाथ के काम द्वारा शिक्षा मिलनी चाहिए।[54] वे कहते हैं कि मैं कवि होता तो हाथ की पाँच ऊँगलियों की अद्भुत शक्तियों के बारे में कविता लिख सकता। उन्होंने कहा है कि बुनियादी तालीम को अगर शास्त्र माना जाए, तो वह हमें ज्ञान की अनन्त शाखाओं में ले जाती है।[55] सर्व श्री एबट (क्लॉड कूलीर एबट, अंग्रेजी शिक्षा शास्त्री) ने भी ग्रामीण शिक्षा के एक महत्वपूर्ण अंग के रूप में शारीरिक श्रम की उपयोगिता को स्वीकार किया है। स्पष्ट है कि शारीरिक श्रम के द्वारा ही बच्चों का मानसिक विकास होना चाहिए और शरीर श्रम की शिक्षा महज इसलिए नहीं दी जानी चाहिए कि बच्चे स्कूल के संग्रहालयों के लिए चीजें तैयार करें अथवा ऐसे खिलौने बनाएँ जिसकी कीमत हो। जो बाजार मे बिक सके, काम इसलिए कराएँगे कि उससे उनका मनोरंजन होता हो और उनकी बुद्धि को उत्तेजना मिलती है। डीसिल्वा के एक प्रश्न के उत्तर में गांधीजी कहते हैं कि जब आपकी शिक्षा स्वयं-प्रेरित और स्वाश्रयी बन जाएगी तो यह जबरदस्त समस्या खुद ही सरल हो जाएगी। आपको इस काम की शुरुआत कर देनी चाहिए और साथ-साथ शिक्षकों को तैयार करना चाहिए। उन्होंने इसके लिए आर्यनायकम्, भारतन कुमारप्पा और द. वा. कालेलकर से भी बातचीत करने की सलाह दी। बुनियादी शिक्षा बिल्कुल नयी है इस पर कोई प्रयोग सामान्य रूप से नहीं किए गए हैं। गांधीजी भी कहते हैं कि जब तक हम किसी नयी कल्पना को अच्छी तरह आजमा नहीं लेते, उस पर बिल्कुल सीधा आक्रमण करना उचित नहीं है। किसी चीज को आजमाने से पहले उसे असंभव बना देना कोई दलील नही है। खादी अनिवार्य करने के विरुद्ध एक शिक्षक ने दलील दी कि इससे बच्चे ढोंगी बनना सीखते हैं। नासमझ बच्चों के लिए खादी पहनना अनिवार्य बना कर उसे अप्रिय बनाने के बजाय स्कूल में भरती होने के बाद उन्हें स्वतः खादी पसन्द करने दी जाए। थोड़ा धीरज रखना अच्छा होगा। गांधी कहते हैं कि जो नियम समाज में घर कर चुके हैं, वे अनिवार्य होने पर भी अनिवार्य नहीं माने जाते।[56] अक्सर समाज का मन तैयार हो जाता है पर शरीर तैयार नहीं होता। अनिवार्य प्रतिबंध तो वे हैं जो सत्ता या हुकूमत बलपूर्वक प्रजा पर लगती है। और प्रजा उसे नहीं मानती तो सजा दी जाती है। उन्होंने कहा कि शिक्षक को सिपाही की तरह हुक्म नहीं देना चाहिए, उसे बच्चे का मन जीतने का प्रयत्न करना चाहिए।[57]

एक प्रश्न कि औद्योगिकीकरण के प्रबल प्रवाह में वर्धा-योजना टिक पाएगी? गांधीजी कहते हैं कि हमारे सामने प्रश्न यह नहीं है कि आगे आनेवाले जमाने में क्या होने जा रहा है, बल्कि सवाल तो यह है कि हमारे गाँवों में जो करोड़ों लोग रहते

हैं उनकी सच्ची आवश्यकता इस बुनियादी तालीम की योजना से पूरी हो सकेगी या नहीं। वे कहते हैं कि उन्हें ऐसा नहीं लगता कि हिंदुस्तान में इस हद तक कभी औद्योगीकीकरण हो जाएगा कि गाँव रहेंगे ही नहीं। वे कहते हैं कि हिंदुस्तान का अधिकांश भाग तो हमेशा गाँवों का ही रहेगा। कांग्रेस की नीति में परिवर्तन हुआ तो बुनियादी तालीम की योजना का क्या होगा? इस प्रश्न पर उन्होंने कहा कि कोई असर नहीं होगा। प्रशिक्षणार्थियों से उन्होंने कहा कि तीन हफ्ते के अभ्यासक्रम का शिक्षण लेकर आप अपने-अपने प्रान्त में जाकर विद्यार्थियों को वर्धा-योजना के अनुसार तालीम दें। आपको यह विश्वास रखना चाहिए कि इस शिक्षा पद्धति से हमारी आवश्यकताएँ जरूर पूरी होगी।[58]

नेशनल कॉलेज त्रिचनापल्ली में 20 सितम्बर, 1927 को गांधीजी को अभिनन्दन पत्र दिया गया जिसे संस्कृत में पढ़ा गया। इस अवसर पर गांधीजी ने कहा की दुर्भाग्यवश हमारे देश में ढोंग का नाटकीय प्रभाव उत्पन्न करने की चीजों का बाहुल्य है।[59] काशी विद्यापीठ के दीक्षांत समारोह में 25 सितम्बर, 1929 को गांधीजी ने कहा कि राष्ट्रीय स्नातकों में आत्मविश्वास नहीं है, बेचारे सोचते हैं कि फँस गए हैं, निभा लें- स्वराज के इतिहास में इन विद्यार्थियों का दर्जा छोटा नहीं रहेगा। उन्होंने कहा कि आप लोग राष्ट्र को अपना जीवन समर्पित करने के लिए आते हैं। स्वराज का दरवाजा खोलने की शक्ति हासिल करने के लिए आते हैं।[60] जबकि सरकारी शिक्षण संस्थाओं का मूल उद्देश्य ऐसे क्लर्क लोगों को तैयार करना है, जो विदेशी सरकार को शासन चलाने में सहायता दें।[61] गुजरात विद्यापीठ के स्नातको के बीच कराये गए सर्वेक्षण के नतीजे को भी गांधीजी ने सभा में रखा।[62]

गांधीजी ने अपनी शिक्षा व्यवस्था में दंडनीति को सर्वथा त्याज्य माना है। उन्होंने कहा है कि जो शिक्षक सजा देता है वह शिक्षक नहीं वह तो जेल का दरोगा हुआ। शिक्षक का धर्म विद्यार्थी को रिझाकर प्रेम से आगे ले जाना है। उन्होंने कहा है कि दंड से बालक पढ़ते हैं, यह वहम अब दूर हो जाना चाहिए। धीरज से बच्चों को ज्यादा सिखाया जा सकता है, उनके अनुसार दंड शिक्षक के अज्ञान का सूचक है। इसलिए राष्ट्रीय स्कूलों में दंडनीति सर्वथा त्याज्य है।[63]

इस प्रकार बुनियादी शिक्षा सामाजिक परिवर्तन की वह प्रक्रिया है जिसमें सत्ता द्वारा पोषित शिक्षा व्यवस्था को ध्वस्त करके देश के भावी पीढ़ी को प्रशिक्षित किया जाता है। मुनाफा कमाना स्वावलम्बन नहीं है। पूर्व में ग्रामगणराज्य खड़ा करने के लिए स्वावलम्बन एक आधार था। आज के स्वावलम्बन को वैश्वीकरण की चुनौती के संदर्भ में पारिभाषित करना पड़ेगा। समान स्कूल प्रणाली आयोग अपनी अनुशंसाओं में शिक्षा के अधिकार के लिए शैक्षणिक अवसर की समानता और सामाजिक न्याय को जोड़ने पर बल देता है। यह धारा 21 को प्रभावी बनाने हेतु कानून बनाने की अनिवार्यता महसूस करती है। सम्पूर्ण प्रणाली में व्यापक परिवर्तन करना अनिवार्य

मानती है। सुलभ, उचित गुणवत्ता शिक्षा प्रदान करना अनिवार्य मानती है। प्रमुख सवाल जो आयोग ने उठाए हैं उसमें स्कूली शिक्षा की समांतर धाराओं के चलते रहने की गुंजाइश को बंद करना है।

आयोग कहता है कि समान स्कूल प्रणाली सामाजिक असमानता तथा भेदभाव कम करने, गुणवत्ता शिक्षा प्रदान करने तथा राष्ट्र निर्माण के लिए एक समय की कसौटी पर जांचा परखा माध्यम है। आज बुनियादी शिक्षा पहले से अधिक प्रासंगिक है। इसे मुख्य धारा की शिक्षा में शामिल करना समय की मांग है।

संदर्भ सूची

1. सम्पूर्ण गांधी वाङ्मय खण्ड पृ. 54
2. यंग इण्डिया 1.9.1921, वा. खण्ड 21, पृ. 40
3. वा. खण्ड 21, पृ. 37, यंग इंडिया, 1.09.1921
4. वही, खण्ड 19, पृ. 66
5. वही, खण्ड 19, पृ. 304
6. उपरिवत् पृ. 273-74
7. उपरिवत् पृ. 274
8. वा. खण्ड 43, पृ. 105
9. वी. आर. नन्दा, महात्मा गांधी : एक जीवनी, सस्ता साहित्य मण्डल, छठा, 2005, पृ. 87
10. सुमित्रा कुलकर्णी, महात्मा गांधी मेरे पितामह, पृ. 113
11. वा. खण्ड 23, पृ. 132-33
12. वही, खण्ड 21, पृ. 37-38
13. वी. आर. नन्दा, महात्मा गांधी एवं जीवनी, पृ. 88
14. वा. खण्ड 25, पृ. 431
15. वही, खण्ड 23, पृ. 132-33
16. हरिजन 16.10.1937, वा. खण्ड 66, पृ. 264-65
17. उपरिवत्, पृ. 265
18. वा. खण्ड 58, पृ. 322-325
19. बुनियादी तालीम की बुनियादी पड़ताल, 11-12 मार्च 06 को सेमिनार पत्र से
20. वा. खण्ड 25, पृ. 617, गुजरात विद्यापीठ के दीक्षान्त भाषण 14.01.1925
21. वही, खण्ड 26, पृ. 311, नवजीवन, 15.03.1923
22. वही, खण्ड 26, पृ. 355
23. वही, खण्ड 33, पृ. 29
24. वही, खण्ड 24, पृ. 539
25. वही, खण्ड 63, पृ. 144
26. वही, खण्ड 24, पृ. 538
27. वही, खण्ड 26, पृ. 355
28. वही, खण्ड 24, पृ. 538, 540

29. वही, खण्ड 24, पृ. 538
30. वही, खण्ड 20, पृ. 276-77
31. वही, खण्ड 24 पृ. 539
32. वही, खण्ड 20, पृ. 276-77
33. वही, खण्ड 24, पृ. 540
34. वही, खण्ड 21, पृ. 39
35. वही, खण्ड 24, पृ. 455
36. वही, खण्ड 28, पृ. 34-35
37. वही, खण्ड 21, पृ. 39
38. यं. ई. 6.8.1925, वा. खण्ड 28, पृ. 36
39. वा. खण्ड 25, पृ. 580
40. वही, खण्ड 21, पृ. 38
41. वही, खण्ड 20, पृ. 274
42. वही, खण्ड 28, पृ. 34-35 (शिक्षकों की दशा शीर्षक से यंग इण्डिया 6.8.1925)
43. वही, खण्ड 68, पृ. 412
44. यं. ई. 6.8.1925, वा. खण्ड 28, पृ. 37
45. वा. खण्ड 24, पृ. 454-55
46. वही, खण्ड 26, पृ. 355, नवजीवन 22.3.1925
47. वही, खण्ड 25, पृ. 4
48. नवजीवन 17.8.1924, वा. खण्ड 25, पृ. 05
49. वा. खण्ड 21, पृ. 40
50. वही, खण्ड 25, पृ. 618
51. वही, खण्ड 26, पृ. 572
52. हरिजन 9.10.1937, वा. खण्ड 66, पृ. 238
53. वा. खण्ड 68, पृ. 412, अनिल सदगोपाल द्वारा 11-12 मार्च 2006 को परिसंवाद में उद्धृत
54. वा. खण्ड 68, पृ. 412
55. उपरिवत् पृ. 414
56. वा. खण्ड 26, पृ. 354, नवजीवन 22.3.1925
57. वही, खण्ड 26, पृ. 354
58. वही, खण्ड 68, पृ. 410
59. वही, खण्ड 35, पृ. 08
60. वही, खण्ड 41, पृ. 509
61. वही, खण्ड 41, पृ. 510
62. वही, खण्ड 42, पृ. 52-57
63. वही, खण्ड 25, पृ. 06

गांधी का शैक्षिक दृष्टिकोण

नृपेन्द्र प्रसाद मोदी

महात्मा गांधी ने शिक्षा के बारे में अपने दृष्टिकोण को अपनी पुस्तक 'हिंद स्वराज' में लिखा है कि शिक्षा या तालीम का अर्थ क्या है? अगर उसका अर्थ सिर्फ अक्षर ज्ञान ही हो तो वह तो एक साधन जैसी ही हुई। उसका अच्छा उपयोग भी हो सकता है और बुरा भी। एक शस्त्र से चीर-फाड़ करके बीमार को अच्छा किया जा सकता है और वही शस्त्र किसी की जान लेने के लिए भी काम में लाया जा सकता है। अक्षर-ज्ञान भी ऐसा ही है। बहुत-से लोग उसका बुरा उपयोग करते हैं, यह तो हम देखते ही हैं। उसका अच्छा उपयोग प्रमाण में कम ही लोग करते हैं। यह बात अगर ठीक है तो इससे यह साबित होता है कि अक्षर-ज्ञान से दुनिया को फायदे के बदले नुकसान ही हुआ है।[1]

शिक्षा का साधारण अर्थ अक्षर-ज्ञान ही होता है। लोगों को लिखना, पढ़ना और हिसाब करना सिखाना बुनियादी या प्राथमिक-प्राइमरी-शिक्षा कहलाती है।[2] समाज में परिवर्तन या क्रांति लाने के लिए शिक्षा के क्षेत्र में क्रांति लाना आवश्यक है। गांधी के सर्वोदय समाज की कल्पना में शिक्षा को समाज परिवर्तन का एक सक्षम यंत्र माना गया है। परन्तु इसकी शिक्षा-नीति सिद्धान्त और व्यवहार दोनों दृष्टि से तथाकथित प्रजातांत्रिक और सर्वाधिकारी राज्य की शिक्षा नीति से भिन्न है। सर्वाधिकारी राज्य में तानाशाह अथवा राज्य नेता अपने अभिप्राय की सिद्धि हेतु ही शिक्षा का जाल बुनते हैं। यहाँ शिक्षा जनमानस को प्रबुद्ध बनाने की अपेक्षा उसे राजनेताओं की स्तुति और प्रशंसा का यंत्र बना देती है। इससे राजा का हित भले ही हो, जनसमूह का कल्याण होना अनिवार्य नहीं।[3] ऐसी शिक्षा सत्य से बहुत दूर हट जाती है तथा व्यक्ति को सच्ची स्वतंत्रता के अनुभव से वंचित रखती है। यदि शिक्षा सचमुच जीवन के लिए है, तो इसे पुस्तकों और पुस्तकालयों के कृत्रिम तथा सांकेतिक अभियंत्रों तक ही सीमित नहीं रखकर प्रकृति और परिस्थितियों के सच्चे संदर्भ में लाना पड़ेगा। प्रचलित शिक्षा-पद्धतियों के द्वारा मिलने वाली शिक्षा निस्तेज, जड़, यांत्रिक तथा कुंठित होती है जिससे मानव के समग्र व्यक्तित्व का निर्माण नहीं हो पाता है। यह समाज में बेकारी

उत्पन्न करती है तथा अंतिम रूप से राजनैतिक आर्थिक तथा सांस्कृतिक दासता को उत्पन्न कर समाज की सच्ची प्रगति को अवरूद्ध कर देती है। गांधी ने यह अनुभव किया कि प्रचलित शिक्षा में परिवर्तन लाये बिना नये समाज की कल्पना करना व्यर्थ है। अतः उन्होंने एक नयी शिक्षा का आविष्कार किया जिससे शोषण, परतंत्रता और विषमता को दूर कर अहिंसक समाज का निर्माण किया जा सके और वह है बुनियादी शिक्षा या नयी-तालीम।[4]

बुनियादी शिक्षा का जन्म प्रचलित अंग्रेजी शिक्षा की अर्थहीनता से होती है। गांधी ने हिंद स्वराज्य में अंग्रेजी शिक्षा की कटु आलोचना की तथा अंग्रेजी पाठ्य-ग्रंथों के आधार पर मिलने वाली आकारिक और सांकेतिक शिक्षा को शिक्षा मनोविज्ञान के विरुद्ध पाया। उन्होंने यह अनुभव किया कि अंग्रेजी शिक्षा में उन वस्तुओं के लिए स्थान नहीं है जिन्हें बच्चे अपने घरेलू जीवन के साहचर्य से जानते हैं। ज्यों-ज्यों बच्चे उच्च शिक्षा की ओर बढ़ते जाते हैं, वे घरेलू जीवन से दूर भागते जाते हैं। जीवन के अंत में ऐसी स्थिति आती है कि ग्रामीण जीवन में उन्हें कोई आनंद नहीं मिलता। इस प्रकार अंग्रेजी शिक्षा उन्हें पारंपारिक संस्कृति से अलग कर स्वदेशी तथा राष्ट्रीय भावना का अंत कर देती है। अतः गांधी ने यह स्वीकार किया कि अंग्रेजी पाठ्य-ग्रंथों के स्थान पर नये पाठ्य-ग्रंथों का निर्माण हो जिसमें बच्चों को घरेलू जीवन के वातावरण की वस्तुओं द्वारा ज्ञान प्राप्त हो।[5]

'यंग इंडिया,' (1.9.1921, पृ. 276) में प्रकाशित शिक्षा की अवधारणा में उन्होंने शिक्षा को मात्र साक्षरता नहीं माना है। साक्षरता न तो शिक्षा का आरंभ है और न अंत। इसके प्रशिक्षण से नैतिक ऊँचाई में एक इंच की भी वृद्धि नहीं होती है। चरित्र-निर्माण साक्षरता से बिल्कुल स्वतंत्र वस्तु है। अंग्रेजी शिक्षा भारत जैसे कृषि-प्रधान देश के नागरिकों को केवल अक्षर-ज्ञान देकर तथा शरीर-श्रम की न्यूनता बतलाकर उन्हें भावी जीवन में बेकार बना देती है।[6] इस प्रकार की शिक्षा से व्यक्ति पौरुषहीन, असहाय तथा नास्तिक बन जाता है। वह लिपिक और भाष्यकार के अतिरिक्त कुछ भी नहीं बन सकता। वास्तविक शिक्षा में शरीर-श्रम और स्वावलंबन को समुचित स्थान मिलना चाहिए। अतः शिक्षा को स्वावलंबी तथा व्यावहारिक बनाने के लिए ऐसी व्यवस्था होनी चाहिए कि उसमें अपनी शिक्षा का आंशिक भार ही सही, उठा सकें तथा शिक्षण के माध्यम से ही वे भविष्य की आजीविका में निपुणता प्राप्त कर सकें।[7]

भारत में निःशुल्क एवं अनिवार्य प्राथमिक शिक्षा को लागू करने में स्वतंत्रता के कई दशकों के बाद 2010 में लागू करना संभव हो पाया जबकि गांधीजी ने 'हरिजन' (1937) में ही उक्त दृष्टिकोण व्यक्त कर चुके थे। उनका कहना है कि 'मैं भारत के लिए निःशुल्क और अनिवार्य' प्राथमिक शिक्षा के सिद्धान्त को दृढ़तापूर्वक मानता हूँ। मैं यह भी मानता हूँ कि इस लक्ष्य को पाने का सिर्फ यही एक रास्ता है कि हम

बच्चों को कोई उपयोगी उद्योग सिखाएँ और उसके द्वारा उनकी शारीरिक, मानसिक तथा आध्यात्मिक शक्तियों का विकास सिद्ध करें। ऐसा किया जाय तो हमारे गाँवों के लगातार बढ़ रहे नाश की प्रक्रिया रूकेगी और ऐसी न्यायपूर्ण समाज-व्यवस्था की नींव पड़ेगी जिसमें अमीरों और गरीबों के अस्वाभाविक विभेद की गुंजाइश नहीं होगी और हर एक को जीवन-मजदूरी और स्वतंत्रता के अधिकारों का आश्वासन दिया जा सकेगा।[8]

अक्षर ज्ञान हाथ की शिक्षा के बाद आना चाहिए, हाथ से काम करने की क्षमता-हस्तकौशल ही तो वह चीज है, जो मनुष्य को पशु से अलग करती है। लिखना-पढ़ना जाने बिना मनुष्य का सम्पूर्ण विकास नहीं हो सकता, ऐसा मानना एक वहम ही है। इसमें शक नहीं कि अक्षर-ज्ञान से जीवन का सौन्दर्य बढ़ जाता है, लेकिन यह बात गलत है कि उसके बिना मनुष्य का नैतिक, शारीरिक और आर्थिक विकास हो ही नहीं सकता।[9] उनका यह भी मानना था कि बुद्धि की सच्ची शिक्षा हाथ, पैर, आँख, कान, नाक आदि शरीर के अंगों के ठीक अभ्यास और शिक्षण से ही हो सकती है। परन्तु जबतक मस्तिष्क और शरीर का विकास साथ-साथ न हो और उसी परिभाग में आत्मा की जागृति न होती रहे, तब तक केवल बृद्धि के एकांगी विकास से कुछ विशेष लाभ नहीं होगा। आध्यात्मिक शिक्षा से मेरा आशय हृदय की तालीम से है। इसलिए मस्तिष्क का ठीक और चतुर्मुखी विकास तभी हो सकता है, जब वह बच्चे की शारीरिक और आध्यात्मिक शक्तियों की तालीम के साथ-साथ होता हो।[10]

गांधी के मतानुसार मानव की विचार-शक्ति का विकास समाज के सहज और बहुमुखी जीवन के संदर्भ में होता है। अंग्रेजी शिक्षा कृत्रिम, आकारिक तथा एकांगी शिक्षा है। यहाँ ज्ञान को कर्म से अलग कर दिया गया है। जिससे समाज में अनावश्यक दरारें उत्पन्न होती हैं तथा उनसे शोषण और विषमता को पोषण मिलता है। इससे श्रमिक और ज्ञानी, शिक्षित और अशिक्षित वर्ग और समूह, धनी और गरीब इत्यादि के बीच अनावश्यक रूप से ऊँच-नीच का भेद-भाव उत्पन्न होता है।[11]

गांधी के अनुसार अंग्रेजी-शिक्षा से रटने तथा अनुकरण करने की प्रवृति का विकास होता है। इससे मस्तिष्क पर अनावश्यक रूप से तनाव पड़ता है तथा व्यक्ति की स्वतंत्र चिंतन-शक्ति अवरूद्ध हो जाती है। इस प्रकार की शिक्षा का उपयोग न तो व्यक्तिगत जीवन में हो पाता है और न सामाजिक जीवन में ही। यह अपनी ही भूमि पर बच्चों को विदेशी बना देती है।[12] इससे मातृभाषा का विकास नहीं हो पाता। परन्तु इसका यह अर्थ नहीं कि गांधीजी अंग्रेजी शिक्षा का भारत भूमि से उन्मूलन करना चाहते हैं। वे अंग्रेजी भाषा के उचित महत्व को स्वीकार करते हैं। गांधीजी की अंग्रेजी शिक्षा-पद्धति की आलोचना को कई समसामयिक शिक्षा शास्त्रियों ने अपने-अपने ढंग से स्वीकार कर बुनियादी शिक्षा का समर्थन किया है। पाउलो फ्रोरे के अनुसार शिक्षा स्वतंत्रता के लिए सांस्कृतिक कार्य है, अतः यह ज्ञान प्राप्त करने

की क्रिया है न कि स्मरण की क्रिया।[13] वर्तमान शिक्षा पद्धति तो एक बैंकिंग व्यापार माना जा सकता है।

इस प्रकार इमान डी. इलिख तथा अलविन टॉफ्लर ने भी वर्तमान शिक्षा-पद्धति की आलोचना की है। इलिख ने अपनी पुस्तक 'डीस्कूलिंग सोसाइटी' में वर्तमान शिक्षा की आलोचना की है जिसका आधार स्कूल और कॉलेज की आकारिक शिक्षा है। अलविन टॉफ्लर के अनुसार वर्तमान शिक्षा एक ही प्रकार के नागरिकों को तैयार करने का कारखाना है। जिसकी उपयोगिता भावी समाज के लिए नहीं है। भावी समाज में जीने के लिए पराऔद्योगिक शिक्षा14 का विकास होना चाहिए। आज यदि गांधी जिंदा होते तो शायद इन अमेरिकन विचारकों की शिक्षा-संबंधी सभी आलोचनाओं के प्रति सहमत होते।

बुनियादी शिक्षा का मूल आधार मानव संस्कृति का निर्माण है। गांधी के अनुसार संस्कृति मानव आत्मा का एक गुण है जो उसके समस्त व्यवहारों में व्याप्त है। अतः शिक्षा का अर्थ है - मनुष्य के शरीर, मस्तिष्क और आत्मा में से उत्तम तत्वों का विकास करना।[15] सच्ची शिक्षा में व्यक्ति के शारीरिक मानसिक और आध्यात्मिक सभी प्रकार की शक्तियों का विकास होता है।[16] यदि शिक्षा का लक्ष्य मनुष्य का सर्वांगीण विकास करना है, तो साक्षरता इसके लिए केवल एक पहलू के रूप में रह जाती है, मात्र साक्षरता के आधार पर ज्ञान प्राप्त नहीं किया जा सकता। सच्चे ज्ञान की प्राप्ति के लिए कर्म के माध्यम से शिक्षा देना अनिवार्य है। जिसमें मानव के हस्तकौशल के विकास के साथ-साथ बुद्धि और आत्मा का भी विकास होता है। बुनियादी शिक्षा का उद्देश्य हस्तकारी के माध्यम से बालकों का शारीरिक, बौद्धिक और नैतिक विकास करना है। लेकिन मैं मानता हूँ कि कोई भी पद्धति, जो शैक्षणिक दृष्टि से सही हो और जो अच्छी तरह चलायी जाय, आर्थिक दृष्टि से भी उपयुक्त सिद्ध होगी।[17] उदाहरण के लिए, हम अपने बच्चों को मिट्टी के खिलौने बनाना भी सिखा सकते हैं, जो बाद में तोड़कर फेंक दिये जाते हैं। इससे भी उनकी बुद्धिका विकास तो होगा। लेकिन इसमें इस महत्वपूर्ण नैतिक सिद्धांत की उपेक्षा होती है कि मनुष्य के श्रम और साधन-सामग्री का अपव्यय कदापि न होना चाहिए। उनका अनुत्पादक उपयोग भी कभी नहीं करना चाहिए। अपने जीवन के प्रत्येक क्षण का सदुपयोग ही होना चाहिए इस सिद्धान्त के पालन का आग्रह नागरिकता के गुण का विकास करनेवाली सर्वोत्तम शिक्षा है, साथ ही इससे बुनियादी तालीम स्वावलम्बी भी बनाती है।[18]

गांधी के शिक्षा-सिद्धान्त की सबसे प्रमुख विशेषता समवाय-पद्धति का समर्थन है। नयी-तालीम में समवाय-पद्धति के द्वारा शिक्षा का विधान किया जाता है। समवाय-पद्धति शिक्षण और जीवन की प्रक्रिया को दो नहीं मानकर एक अखंड प्रक्रिया मानता है। अतः जब इस पद्धति के द्वारा शिक्षा दी जाती है तो बच्चा शुरू

से ही पूर्ण एवं अखंड जीवन जीना सीखता है।[19] गांधी ने शिक्षा के माध्यम से व्यक्ति का प्रकृति, पड़ोस, पेट तथा परमात्मा के साथ अनुबंध स्थापित करने का प्रयास किया। इस प्रकार की शिक्षा में व्यक्ति का सीधा सम्बन्ध व्यक्तिगत, सामाजिक, प्राकृतिक और आध्यात्मिक जीवन से होता है। अतः शिक्षा समग्र जीवन का रूप लेती है। समवाय-पद्धति में ज्ञान और कर्म का आपस में मेल स्थापित किया जाता है। गांधी के अनुसार मानव व्यक्तित्व शरीर, मस्तिष्क और आत्मा का सामंजस्यपूर्ण संगठन या समवाय है।[20]

गांधी के अनुसार व्यक्तित्व के अनुकूल शिक्षा प्रणाली को भी समग्र होना चाहिए जिसमें आचरणवान शिक्षक, हस्तकर्म और वैज्ञानिक दृष्टि का आपस में समन्वय हो। अतः शिक्षण का माध्यम वातावरण की प्राकृतिक वस्तु तथा उत्पादक कर्म होना अनिवार्य है। वे अपनी शिक्षा नीति में विद्यालय तथा उद्योगशाला का समन्वय करना चाहते हैं। शिक्षण की यह पद्धति मनोवैज्ञानिक दृष्टिकोण भी अनुकूल है। कार्यों के माध्यम से शिक्षा देने से बच्चों के लिए यह एक प्रकार के खेल का आनंद देता है। बच्चा विशुद्ध शैक्षणिक तथा सैद्धान्तिक-प्रशिक्षण के दबाव से मुक्त हो जाता है तथा उसके अनुभव के बौद्धिक और व्यावहारिक तत्वों में संतुलन स्थापित हो जाता है।[21]

आत्म-निर्भर-शिक्षा स्वावलंबन बुनियादी शिक्षा की सच्ची कसौटी। इसके बिना शोषण-मुक्ति का कार्य नहीं हो सकता। अतः शुरू से ही बच्चों में इस भावना का विकास होना चाहिए। क्रियात्मक शिक्षण से आत्मनिर्भरता की भावना का विकास होता है। इससे जीविका भी मिलती है और जीवन भी बनता है तथा बच्चों में आत्मविश्वास की भावना जाग्रत होती है। सचमुच बेकारी की समस्या को दूर करने का यह एक बहुत बड़ा बीमा है। स्कूल और उद्योग का आपस में संयोग होने से शिक्षण संस्थाएँ सरकार तथा सम्पत्तिवानों के नियंत्रण से स्वतंत्र होकर स्वाश्रयी बन जाती हैं। परन्तु इसका यह अर्थ नहीं कि गांधीजी बुनियादी शिक्षा के द्वारा केवल आर्थिक स्वतंत्रता प्राप्त करना चाहते हैं। वास्तव में इसके अंतर्गत एक क्रांतिकारी विचार का बीज तत्व भरा है जो सामाजिक परिवर्तन का वाहक बन सकता है।

संदर्भ

1. गांधी, हिंदी स्वराज्य, नवजीवन प्रकाशन मंदिर, अहमदाबाद, 1949, पृ. 71
2. उपरिवत्, पृ. 72
3. सिंह, दशरथ, गांधीवाद को विनोबा की देन, बिहार हिंदीग्रंथ अकादमी, पटना, 1975, पृ. 564-65
4. उपरिवत्, पृ. 565
5. उपरिवत्, पृ. 565
6. यंग इंडिया, 1.9.1921, पृ. 276
7. सिंह, दशरथ, पूर्वोक्त, पृ. 566

8. हरिजन, 9 अंक, 37
9. हरिजन, सेवक, 15 मार्च, 1935
10. हरिजन, 8 मई, 1937
11. Mukherjee, S. N. Education in India, Today and Tomorrow, Baroda; Acharya Book Dept. 1969, p. 43
12. यंग इंडिया, 1.9.1921, पृ. 276
13. सिंह, दशरथ, पूर्वोक्त, पृ. 568
14. Toffer, Alvin; Future Shock, London, Pan, Books, Ltd., 1973, p. 361 देखिये, सिंह दशरथ, पूर्वोक्त, पृ. 570
15. हरिजन, 317,37, पृ. 197
16. उपरिवत्, पृ. 197
17. हरिजन, 6 अप्रैल, 1940
18. उपरिवत्
19. सिंह, दशरथ, पूर्वोक्त, पृ. 572
20. Gandhi, M. K., Towards New Education, p. 52
21. सिंह, दशरथ, पूर्वोक्त, पृ. 573

नयी तालीम : अहिंसक व्यक्ति व समाज रचना का माध्यम

नन्द किशोर आचार्य

आधुनिक विचारकों के साथ एक ऐसे व्यक्ति को श्रेणीबद्ध करना बहुत-से लोगों को एक अन्तर्विरोध लग सकता है जिसने आधुनिकता की बाबत पूछे जाने पर एक व्यंग्यपूर्ण मुस्कराहट के साथ कहा हो कि यह एक दिलचस्प विचार है- इट इज एन इंटेरेस्टिंग आइडिया। डॉ. राधाकृष्णन की पुस्तक *'एन आइडियलिस्ट व्यू ऑफ लाइफ'* के प्रकाशित होने पर सी.ई.एम. जोड ने उसे पश्चिम पर पूर्व का प्रत्याक्रमण कहा था। महात्मा गांधी (1869-1948) के चिन्तन को भी हम इसी तर्ज पर आधुनिकता पर सनातनता का प्रत्याक्रमण कह सकते हैं बल्कि प्रत्याक्रमण शब्द में ध्वनित हिंसा-भाव से बचने और गांधीजी के विचारों की आत्मा को ठीक तरह से व्याख्यायित करने की दृष्टि से इसे आधुनिकता के सम्मुख सनातनता का सत्याग्रह कहना अधिक उपयुक्त होगा। सत्य का आग्रह- गांधी के सम्पूर्ण चिन्तन और कर्म की केन्द्रीय विषयवस्तु है और यह सत्य कोई जटिल दार्शनिक अवधारणा नहीं है-क्योंकि गांधीजी शास्त्रीय दार्शनिक पद्धतियों की अधिक चिन्ता नहीं करते थे- बल्कि एक सीधी सादी व्यावहारिक बात है। जब गांधीजी 'ईश्वर सत्य है' के बजाय 'सत्य ईश्वर है' कहते हैं तब भी वह किसी दार्शनिक बहस में उलझने के बजाय एक आध्यात्मिक ईश्वरानुभूति के व्यावहारिक रूप पर ही, उस के कर्मपक्ष पर ही जोर देना चाहते हैं क्योंकि उनके लिए कर्म या व्यवहार ही चिन्तन और अनुभूति का उत्स है और कसौटी या परख भी। इसी कारण जब महात्मा गांधी अपने जीवन को सत्य के साथ मेरे प्रयोग कहते हैं, तब वह प्रकारान्तर से ईश्वर-प्राप्ति के लिए उनकी अनवरत साधना हो जाती है क्योंकि उन्हीं के शब्दों में-''ईश्वर की असंख्य परिभाषाएँ हैं, क्योंकि उस के रूप भी असंख्य हैं। वे मुझे विस्मय और भय से विह्वल कर देते हैं और पल भर के लिए मैं स्तम्भित हो जाता हूँ। पर मैं सत्य के रूप में ही ईश्वर की पूजा करता हूँ। मैं अभी तक उसे पा नहीं सका हूँ, अभी भी मुझे उसकी तलाश है।'' लेकिन साथ ही वह यह भी जोड़ देते हैं, ''सत्य को पूर्णतः प्राप्त कर लेना अपने-आप को ओर अपनी नियति को उपलब्ध कर लेना है अर्थात् सर्वसम्पूर्ण हो जाना है। मैं तो अपनी

अपूर्णताओं को जानता हूँ और इसी में मेरी सारी शक्ति निहित है।''

दार्शनिक जटिलताओं के बजाय ईश्वरत्व की अवधारणा अर्थात् सत्य की संकल्पना के व्यावहारिक पहलू पर आग्रह की ही वजह से गांधीजी कहते हैं कि-''मेरे लिए ईश्वर सत्य और प्रेम है, ईश्वर अन्तरात्मा है। और इस ईश्वर को पाने का एक ही उपाय है कि उसे उस की सृष्टि में देखा और उस के साथ एकाकार हुआ जाए।''

गांधीजी के सत्य-चिन्तन का व्यावहारिक पहलू इसीलिए अहिंसा के रूप में अभिव्यक्ति पाता है, क्योंकि सम्पूर्ण सृष्टि के साथ अहिंसात्मक मनोवृत्ति और आचरण ही हमें उसे वे अर्थात् ईश्वर-रूप में पाना चाहते हैं, तो एकमात्र अनिवार्य साधन प्रेम, आर्थत् अहिंसा है। और क्योंकि मैं मानता हूँ कि साधन और साध्य पर्यायवाची हैं, अतः मुझे यह कहने में कोई हिचक नहीं है कि ईश्वर प्रेम है।

गांधीजी की ये दार्शनिक प्रस्थापनाएँ ही उन के सामाजिक चिन्तन का विन्यास करती हैं। सत्य अहिंसा के रूप में अभिव्यंजित होता है, अतः एक आदर्श समाज व्यवस्था और उस के प्रत्येक व्यक्ति सदस्य के आचरण की कसौटी भी अहिंसा ही हो सकती है-स्थूल और नकारात्मक अर्थों में नहीं, बल्कि सूक्ष्म और सकारात्मक अर्थों में। इसीलिए गांधीजी किसी भी प्रकार की पराधीनता को-चाहे उस का रूप राजनीतिक, सामाजिक, आर्थिक या मनोवैज्ञानिक कुछ भी हो- अनुचित और अन्यायपूर्ण मानते हैं, क्योंकि वह किसी-न-किसी प्रकार की हिंसा पर टिकी होती है और हिंसक मनोवृत्ति को बढ़ावा देती है। किसी भी प्रकार का राजनीतिक दमन, सामाजिक उत्पीड़न और आर्थिक शोषण-'चाहे वह मनुष्य का हो या प्रकृति का-गांधीजी के अनुसार हिंसा के ही विभिन्न रूप हैं। इसी कारण एक और गांधीजी केन्द्रीकृत आर्थिक व्यवस्था और आधुनिक प्रौद्योगिकी को हिंसक मानकर त्यागने का आग्रह करते हैं क्योंकि वह अनिवार्यतया मनुष्य और प्रकृति के अन्यायपूर्ण दोहन पर आधारित है तो, दूसरी ओर, केन्द्रीकृत राजनीतिक व्यवस्था को भी हिंसक मानते हैं क्योंकि वह अनिवार्यतया नागरिक को राजतन्त्र के सम्मुख असहाय बनाती और उस की स्वतन्त्रता का दमन करती है।

इसलिए यह स्वाभाविक है कि गांधीजी एक ऐसी समाज-व्यवस्था की कल्पना करते हैं जिस में सत्ता के किसी भी रूप का केन्द्रीकरण न हो क्योंकि केन्द्रीकरण अनिवार्यतः हिंसा की मनोवृत्ति को बढ़ाता है। इसीलिए गांधीजी की समाज-व्यवस्था की आदर्श इकाई आत्म-निर्भर गाँव है। इसी को राजनीति और अर्थशास्त्र की भाषा में राजनीतिक और आर्थिक विकेन्द्रीकरण कहा जाता है। आत्मा-निर्भर या स्वावलम्बी गाँव ही एक आत्म-निर्भर और अहिंसक राष्ट्र का आधार हो सकता है क्योंकि हिंसा की जरूरत भी तभी पड़ती है जब हम किसी अन्य पर अनिवार्यतया आश्रित हों। लेकिन जाहिर है कि एक अहिंसक समाज और आत्म-निर्भर गाँव के लिए हमें अहिंसक आचरणवाले आत्म-निर्भर या स्वावलम्बी व्यक्ति की आवश्यकता होगी।

एक अहिंसक समाज के लिए अहिंसक स्वावलम्बी व्यक्ति का निर्माण गांधीजी का सम्पूर्ण शिक्षा-दर्शन इसी उद्देश्य को विन्यस्त करता है। जिसे हम बुनियादी शिक्षा या 'नयी तालीम' के नाम से जानते हैं, उस का प्रमुख उद्‌देश्य चिन्तन, अनुभूति और कर्म में एक अहिंसक व्यक्ति का निर्माण करना है। सामान्यतः बुनियादी शिक्षा को "लर्निंग बाई डूइंग" या "करके सीखो" तक सीमित कर उसे कुछ दस्तकारियों आदि की शिक्षा मान लिया जाता है। निश्चय ही वह आजीविका-कौशल की भी शिक्षा है जो कि हर शिक्षा-पद्धति को होना ही चाहिए-लेकिन उसका वास्तविक उद्‌देश्य एक ऐसे स्वावलम्बी व्यक्ति का निर्माण करना है, जिसका अपने सम्पूर्ण परिवेश के साथ, प्राकृतिक और मानवीय दोनों तरह के परिवेश के साथ अहिंसात्मक और सर्जनात्मक रिश्ता हो। गांधीजी की शिक्षा-प्रक्रिया का उद्‌देश्य आत्म-निर्भर व्यक्ति का विकास है, अतः, यह जरूरी है कि उसकी प्रक्रिया भी आत्म निर्भर हो अर्थात् शिक्षार्थी की शिक्षा का व्यय-भार वह स्वयं उठा सके। साधन और साध्य यदि एक हैं तो आत्म-निर्भर व्यक्ति और समाज का साध्य निश्चित करने वाली शिक्षा को अपनी प्रक्रिया में भी अहिंसक और आत्म-निर्भर होना होगा।

गांधीजी के शिक्षा-चिन्तन को आजकल आधुनिक प्रौद्योगिकी और जटिल विज्ञान से आकर्षित समाजशास्त्रियों, अर्थशास्त्रियों और शिक्षा-शास्त्रियों के द्वारा एक खब्त की तरह ही लिया जाता है। बुनियादी शिक्षा के प्रयोग को व्यापक समाज के लिए असफल मान लिया गया है और अब केवल कुछ गांधीवादी संस्थाओं द्वारा ही उसे एक कर्मकाण्ड की तरह किया जा रहा है। समाज में प्रचलित और स्वीकृत शिक्षा-संस्थाएँ सामान्य तौर पर उससे अपने को अलग ही रखे हुए हैं। लेकिन यहाँ यह विचारणीय है कि कोई भी शिक्षा-पद्धति तभी सफल हो सकती है जब हम उस की पृष्ठभूमि में काम कर रहे तत्व-दर्शन और मूल्य-दर्शन के अनुरूप समाज-रचना करना चाहें। दुर्भाग्य से हम स्वतन्त्रता प्राप्त करने के बाद जिस सामाजिक ढाँचे की ओर आकर्षित होते गये हैं, वह एक हिंसक मनोवृत्ति वाले समाज का ढाँचा है, जो राज्यसत्ता और अर्थसत्ता के केन्द्रीकरण पर टिका है तथा आधुनिक प्रौद्योगिकी पर आश्रित होने की वजह से प्रकृति और परिवेश के साथ मूलतः हिंसक मनोवृत्ति रखता तथा मनुष्य को असहाय बनाता और उस की स्वनिर्भरता का दमन करता है।

जब हम एक अहिंसक प्रौद्योगिकी अर्थात् स्वदेशी तकनीक को अपनी अर्थ-व्यवस्था का आधार बनाएँ तभी बुनियादी शिक्षा की सार्थकता समझ में आ सकती है। बुनियादी शिक्षा मूलतः ग्रामोद्योगों से सम्बन्धित शिल्प के प्रशिक्षण को अपना केन्द्रीय आधार बनाती है, ताकि शिक्षार्थी स्वावलम्बी बन सकें। यहाँ यह स्मरणीय है कि पैतृक व्यवसायों पर आधारित सामाजिक संरचना में ग्रामीण शिल्पों के प्रशिक्षण के लिए किसी औपचारिक प्रशिक्षण केन्द्र या शाला की जरूरत ही नहीं पड़ती। प्रत्येक बालक का घर ही उसका प्रशिक्षण केन्द्र हो जाता है और उसका पिता या संरक्षक

उसका अध्यापक। इस प्रशिक्षण का ही नहीं अपना अन्य व्ययभार भी वह बालक स्वयं ही उठाता है क्योंकि प्रशिक्षण के दौरान उसके द्वारा किये गये काम से उसके परिवार की आर्थिक मदद होती है- चाहे वह पशुपालन का प्रशिक्षण ले रहा हो, या बढ़ईगिरी या दर्जीगीरी या कढ़ाई-बुनाई आदि का। दरअसल, पैतृक व्यवसाय पर आधारित समाज की शिक्षा-व्यवस्था से ही बुनियादी शिक्षा की अवधारणा निकलती है, अतः एक ऐसे समाज में ही वह सफल भी हो सकती है। अन्यथा किसी एक शाला के लिए न तो कई तरह की दस्तकारियों का कुशल प्रशिक्षण देना सम्भव हो सकता है और न ही इस प्रशिक्षण के दौरान उत्पादित माल बाजार में अन्य माल से प्रतिस्पर्धा कर सकता है। लेकिन प्रशिक्षण लेते हुए अपने परिवार के कुशल सदस्यों के उत्पादन में सहायक होकर बालक परिवार के आर्थिक जीवन में अपना योगदान भी करता है और अपने व्यवसाय के बारे में उसका ज्ञान तथा आत्मविश्वास भी बढ़ता रहता है। यह शिक्षा का विकेन्द्रीकरण है।

गाँव की सामान्य शिक्षण संस्था की भूमिका तब इसमें इतनी ही होगी कि वह साक्षरता और अन्य सामान्य ज्ञान को उन ग्रामीण शिल्पों पर आधारित प्रक्रिया से बालक तक पहुँचाए जिनका प्रशिक्षण वह अपने पारिवारिक और स्थानीय ग्रामीण परिवेश में ले रहा हो ताकि उसकी साक्षरता व्यावहारिक या क्रियामूलक हो सके और उसे अपने शिल्प के व्यावहारिक प्रशिक्षण के साथ-साथ उसके पीछे सक्रिय सिद्धान्तों की जानकारी मिल सके। अपने शिल्प में सुधार या उस से सम्बन्धित नये आविष्कार करने के लिए यह सैद्धान्तिक ज्ञान अत्यन्त आवश्यक है। अपने परिवेश के साथ अन्तरंग रिश्ता महसूस करने तथा स्थानीय संसाधनों पर आधारित उत्पादन-प्रक्रिया का व्यावहारिक और सैद्धान्तिक ज्ञान प्राप्त करने के कारण शिक्षार्थी के लिए यह स्वाभाविक होगा कि वह इन संसाधनों को कम-से-कम नष्ट करते हुए उनका अधिकाधिक उपयोग करने की ओर उन्मुख हो अर्थात् परिवेश के साथ उस का रिश्ता अहिंसक और सृजनात्मक हो। और यह तो स्पष्ट ही है कि यह शिक्षा मातृभाषा के अलावा अन्य किसी भी माध्यम से सम्भव नहीं हो सकेगी। इन आधारों पर विकसित शिक्षा पद्धति, गांधीजी के शब्दों में, 'बुद्धि, शरीर और आत्मा तीनों का विकास करती हैं।' दिसम्बर 1947 ई. में 'हरिजन' के एक अंक में महात्मा गांधी लिखते हैंः वस्तुतः नयी तालीम की जड़ें और भी गहरी जाती हैं। वे मानव-क्रिया के प्रत्येक क्षेत्र में सत्य ओर प्रेम की प्रयुक्ति तक फैली हुई हैं। हस्तशिल्पों के माध्यम से शिक्षा देने की धारणा इस विचार से उद्‌भूत है कि जीवन के कार्यकलाप सत्य और प्रेम से व्याप्त होने चाहिए। प्रेम की अपेक्षा है कि सच्ची शिक्षा सभी को सरलता से प्राप्त होनी चाहिए और वह प्रत्येक ग्रामवासी के दैनन्दिन जीवन के लिए उपयोगी होनी चाहिए। ऐसी शिक्षा पुस्तकों से नहीं ग्रहण की जाती और न वह उन पर निर्भर होती है। इस का धार्मिक पंथों से भी कोई सम्बन्ध नहीं है। यदि इसका धर्म से कोई सम्बन्ध माना

जा सकता है तो वह सार्वभौम धर्म है जिससे सभी धार्मिक पंथ निकलते हैं। इसलिए यह शिक्षा जीवन की पुस्तक से ग्रहण की जाती है जिस पर कोई लागत नहीं आती और जिसे दुनिया की कोई ताकत आप से नहीं छीन सकती।' सत्य और प्रेम से युक्त मानवीय संसाधन से ही सत्य और प्रेम से युक्त समाज बनाया जा सकता है- तभी मानवीय संसाधन और मानवीय साध्य में एकत्व की सिद्धि-सम्भव है।

गांधीजी के शिक्षा-चिन्तन की सार्थकता तभी समझ में आ सकती है जब हम एक अहिंसक और आत्म-निर्भर समाज और व्यक्ति के विकास का लक्ष्य सामने रखकर चलें और केवल शिक्षा-प्रक्रिया को ही नहीं, अपनी राजनीतिक-आर्थिक संस्थाओं और व्यवहार को भी तद्नुसार रूपान्तरित करने का सत्याग्रह करें। इस सम्बन्ध में प्रसिद्ध अर्थशास्त्री शुमाकर का यह कथन विचारणीय है कि हम दरअसल एक तत्वमीमांसीय रोग के शिकार हैं, इसलिए इसका इलाज भी तत्वमीमांसीय होना चाहिए। गांधीजी का चिन्तन हमारे इस रोग का सही निदान और इलाज बताया है और यह कहना शायद अब जरूरी नहीं है कि रोग के कारणों को मिटाये बिना कोई उपचार सफल नहीं हो सकता।

नयी तालीम : इल्म की स्वदेशी समझ

आशुतोष कुमार मिश्र

मोहनदास करमचन्द गांधी उन तमाम लोगों में अग्रणी हैं जिन्होंने हमारे समय और हमारी चेतना को सबसे अधिक प्रभावित किया है। वैसे 20वीं सदी में तीन चीजों पर सबसे अधिक विमर्श हुए; वे हैं ईश्वर, कार्ल मार्क्स और महात्मा गांधी। ईश्वर पर बहुत निष्कर्षात्मक रूप में अकादमिक बात नहीं हो सकती है। किन्तु मार्क्स और गांधी पर बहुत सारी बातें हुई हैं और होती रहेंगी। वैसे देखा जाय तो इन तीनों में बहुत कुछ समानता है। पहला-ईश्वर के बारे में जानते सब हैं पर वह अभी तक मिला किसी को नहीं, कार्ल मार्क्स की महत्तम संकल्पना 'साम्यवाद' भी अभी तक नहीं आया तो वहीं गांधी जी का 'राम राज्य' तो शेष दोनों का जिक्र प्रसंगवश आता ही है। तीसरा-इन तीनों के जितने अनुयायी हैं तो उतने ही विरोधी भी। चौथा- ये तीनों आज राजनीतिकों के औजार हैं। और पाँचवीं समानता यह है कि ये तीनों आज जितने चर्चित और प्रासंगिक हैं उतने ही असफल।

हमारे समय में होने वाले विमर्शों की इस नियति के साथ यहाँ गांधीजी की शिक्षा-नीति जिसे 'नयी तालीम' के नाम से जाना जाता है; पर कुछ चर्चा की जा रही है। 'नयी तालीम' इल्म (ज्ञान) की स्वदेशी समझ है। यहाँ नयी तालीम पर बात करना अतीत की सामग्री को याद करना नहीं है बल्कि इसे हमारे समय की सबसे बड़ी जरूरत के रूप में महसूस करना है। आज आधुनिक शिक्षा के साथ हम जहाँ आकर खड़े हुए हैं, वहाँ 'शिक्षा' का उद्देश्य ही धुँधला हो गया है। सब कुछ जान लेने, और सिखा देने की विडम्बना में आदमी महज ज्ञान की 'डिग्री' बनकर रह गया है। यहाँ सवाल यह भी है कि क्या 'शिक्षा' का अर्थ इतना अंकिचन और एकांगी है? है तो आधुनिक शिक्षा ठीक है, यदि उत्तर 'नहीं' में है तो हमें 'शिक्षा' का अर्थ और उद्देश्य को समझना होगा।

(I)

गांधीजी ने शिक्षा और ज्ञान की अपनी समझ और प्रयोग के आधार पर 'नयी तालीम'

की नीव डाली थी। गांधीजी 1893 में एक मुकदमें के सिलसिले में दक्षिणी अफ्रीका गये थे। वहाँ पर भारत से मजदूर आदि बनकर गए लोगों की स्थिति बहुत खराब थी। उनके साथ हो रहे अमानवीय व्यवहार ने गांधीजी को द्रवित कर दिया। उन्होंने दक्षिण अफ्रीका में रह रहे भारतीयों के अधिकारों के लिए लड़ना शुरू कर दिया। जिस मुकदमे के लिए वे गए थे उसका जो हआ सो हुआ, किन्तु एक बड़ा मुकदमा शुरू हो गया था जो इन्सानियत का था। भारतीयों के हक के लिए गांधीजी ने अफ्रीका में सत्याग्रह आन्दोलन शुरू किया। जोहान्सबर्ग से कुछ मील दूर एक फार्म किराए पर लेकर उसका नामकरण टाल्सटाय फार्म' किया। टाल्सटॉय फार्म में सत्याग्रही अपने-अपने परिवार के साथ रहते थे। सत्याग्रहियों में हिंदू-मुस्लिम, पारसी कई संप्रदायों के लोग थे। इन्ही सत्याग्रहियों के बच्चों को पढ़ाने के लिए स्कूल खोला गया। गांधीजी स्वयं पढ़ाई-लिखाई का कार्य देखते थे। यहाँ पर बच्चों को कुछ हाथ का काम करना पड़ता और तीन घण्टे पढ़ाना-लिखाना होता था। शिक्षा का माध्यम मातृभाषा और स्रोत के रूप में किताबें कम प्रकृति ज्यादा थी। अनुभव एवं स्वयं करके देखो पर गांधीजी का जोर अधिक था। टाल्सटॉय फार्म में आश्रमवासियों को भी आठ घंटे की व्यावसायिक शिक्षा दी जाती थी। और दो घण्टे बौद्धिक कार्य करना पड़ता था। व्यावसायिक शिक्षण में पाक-कला, सफाई, काष्ठकला, प्रिटिंग आदि को शामिल किया गया था। गांधीजी का शिक्षा के क्षेत्र में यह प्रयोग 1911 से 1914 तक चलता रहा। 1915 में भारत आने के बाद भी गांधीजी ने शिक्षा के अपने प्रयोगों को जारी रखा। गुजरात में साबरमती आश्रम में भी शिक्षा की यही पद्धति चलायी। धीरे-धीरे शिक्षा के अपने इन अभिनव प्रयोगों और उसके निष्कर्षों को लेकर गांधी जी जब कुछ आश्वस्त हो गए तब लगभग 1936 से अपने पत्र 'हरिजन में अपने शैक्षिक विचारों के सन्दर्भ लिखने और उसका प्रचार करने लगे। 1937 में जब देश के नौ प्रान्तों में कांग्रेसी सरकारें गठित हुई तो गांधीजी ने भी बड़े पैमाने पर अपनी शिक्षा योजना को लागू करने का विचार किया। इस नवीन शिक्षा-पद्धति पर विचार करने के आशय से 22-23 अक्टूबर, 1937 को सेवाग्राम में एक 'अखिल भारतीय सम्मेलन' का आयोजन किया गया। सम्मेलन में डॉ. जाकिर हुसैन, खुशाल तलकशी शाह, डॉ. सैयद महमूद, विनोबा भावे, प्रफुलल चन्द्र राय, काका कालेलकर, रविशंकर शुक्ल, अविनाशलिंगक, श्रीमती आशादेवी, किशोरीलाल मशरूवाला, के . जी सैयरन, जे. सी. आर्य नायकम जैसे 80 शिक्षा प्रेमी उपस्थित थे। सम्मेलन की अध्यक्षता गांधी जी ने की थी। सम्मेलन में विचार-विमर्श के बाद डॉ. जाकिर हुसैन के सभापतित्व में एक समिति बनायी गयी। समिति को छह माह का समय दिया गया कि समिति शिक्षा का एक मसौदा तैयार करे। 1938 में हरिपुरा में हुए काग्रेस अधिवेशन में डॉ. जाकिर हुसैन की अध्यक्षता वाली समिति का शिक्षा मसौदा प्रस्तुत हुआ और स्वीकार कर लिया गया। समिति द्वारा प्रस्तुत मसौदा यह था-

1. सात वर्ष तक निशुल्क और अनिवार्य शिक्षा।
2. शिक्षा का माध्यम मातृभाषा।
3. उद्योग-केन्द्रित शिक्षा।
4. स्वालंबन।

समिति द्वारा प्रस्तुत मसौदे पर गांधीजी की स्पष्ट छाप थी। इन सभी बिन्दुओं को गांधीजी ने अपने प्रयोगों में अजमा लिया था। इस शिक्षा को गांधीजी नयी तालीम या बुनियादी शिक्षा' कहते हैं। इस शिक्षा-पद्धति को और भी कई नामों से सम्बोधित किया जाता है, जैसे- वर्धा योजना, आधारभूत शिक्षा, नेशनल एज्युकेशन, मौलिक शिक्षा, बेसिक एज्युकेशन आदि।

केन्द्रीय सरकार की केन्द्रीय शिक्षा परामर्शदात्री परिवार ने इस शिक्षा-योजना पर विचार करने के लिए श्री बी. जी. खेर की अध्यक्षता में एक समिति गठित की। अगले वर्ष श्री खेर की ही अध्यक्षता में दूसरी समिति गठित की गई। खेर की दोनों समितियों ने वर्धा-योजना का अध्ययन-विश्लेषण कर उसमें और सुधार करने के सुझावों के साथ अपनी 'रिपोर्ट' प्रस्तुत की। खेर-समिति के सुझाव निम्नलिखित थे-

1. सर्वप्रथम वर्धा शिक्षा-योजना ग्रामीण क्षेत्रों में लागू होनी चाहिए।
2. बेसिक शिक्षा छह से चौदह वर्ष तक की आयु के बच्चों के लिए अनिवार्य होनी चाहिए।
3. ग्यारह वर्ष की आयु पर या पाँचवी कक्षा के बाद दूसरे प्रकार के विद्यालयों में बालको को जाने की छूट होनी चाहिए।
4. शिक्षा का माध्यम मातृभाषा हो।
5. हिंदी की शिक्षा अनिवार्य हो और उसकी लिपि अरबी और देवनागरी दोनों हो।
6. शिक्षा में बाह्य परीक्षा की आवश्यकता नहीं। आन्तरिक परीक्षा ही पर्याप्त होगी।

केन्द्रीय शिक्षा परामर्शदात्री परिषद ने 'खेर समितियों' की सिफारिशों को मान लिया और सार्जेष्ट-शिक्षा योजना में उनको क्रियान्वित किया गया। भारत सरकार और प्रान्तीय सरकारों ने 'खेर-समितियों' की सिफारिशों को स्वीकृत कर लिया। इस क्रम में 1938 में वर्धा में विद्या-मन्दिर प्रशिक्षण विद्यालय की स्थापना हुई।

(II)

गांधी जी द्वारा प्रतिपादित शिक्षा योजना जीवनानुभवों से जुड़ी हुई थी। आमतौर पर भारत में सरकारी और गैरसरकारी स्तरों पर शिक्षा के क्षेत्र में कई सारे प्रयोग किये जाते रहे हैं जिनकी शुरुआत पुर्तगाली मिशनरियों ने शुरू किया था जो आज भी आधुनिक शिक्षा के नाम पर चल रहे हैं। शिक्षा के क्षेत्र में सुधारों और प्रयोगों की

एक लम्बी परम्परा भारत में उपलब्ध है।[1] शिक्षा की इतनी बलवती परम्परा के बावजूद आज गांधीजी के 'नयी तालीम' की चर्चा क्यों? इस सवाल का जबाब गांधी जी की शिक्षा सम्बन्धी समझ है। शिक्षा का कार्य मानव-व्यक्तित्व का निर्माण और विकास है। मानव-व्यक्तित्व का अर्थ समग्र व्यक्तित्व है। इसलिए गांधी जी कहते हैं कि "*शिक्षा का उद्देश्य सम्पूर्ण मानव को निर्माण करना है, जिससे उसका समग्र व्यक्तित्व विकसित हो सके। इसीलिए सच्ची शिक्षा समग्र या सम्पूर्ण शिक्षा को ही कहना चाहिए, जिससे मानव-व्यक्तित्व के अन्तर्निहित आध्यात्मिक, बौद्धिक और भौतिक सभी गुणों का विकास हो सके।*"[2] शिक्षा को गांधीजी समग्र बदलाव और समग्र व्यक्तित्व निर्माण का साधन मानते हैं। जिस समय भारतीय राजनीतिक परिदृश्य में गांधीजी का आगमन हुआ उस समय भयानक शोषण का जाल चारों तरफ फैलाया जा चुका है। इस दासता से मुक्ति के लिए सबसे पहले समर्थ व्यक्तित्व का निर्माण आवश्यक है। इसके लिए एक सम्पूर्ण शिक्षा की आवश्यकता है। समाज की शिक्षा व्यवस्था ही उसे उसका स्वरूप प्रदान करती है, जैसी शिक्षा वैसा ही समाज बनेगा, किसी भी समाज के उच्चतम जीवन मूल्यों को पीढ़ी-दर-पीढ़ी आगे ले जाने का कार्य शिक्षा ही करती है। इस प्रकार शिक्षा की पद्धति तथा उसका उद्देश्य वैसा ही होता है जैसा समाज का स्वरूप हम बनाना चाहते हैं। इस अर्थ में शिक्षा परम्परा के संरक्षण और परिवर्तन दोनों का कार्य करती है।

शिक्षा (Education) शब्द की उत्पत्ति लैटिन भाषा के 'Education' शब्द से मानी जाती है। यह Education शब्द मुख्यतः दो शब्दो- 'E' तथा 'duco' से मिलकर बना है। यहाँ 'e' का अर्थ होता है 'out of'। अतः 'education' शब्द का अर्थ हुआ 'आन्तरिक को बाहर लाना'। इस तरह शिक्षा वह प्रक्रिया है जो मनुष्य के भीतर की सद्-प्रेरणाओं को उजागर करती है तथा 'उसका विकास करती है। भारत में शिक्षा के सन्दर्भ में समय-समय पर व्याख्याएँ होती रही हैं। भारतीय शिक्षा व्यवस्था के व्यक्ति और उद्देश्यों पर टिप्पणी करते हुए राधाकुमुद मुखर्जी ने लिखा है कि "अनादिकाल से भारत में शिक्षा स्वय के लिए नहीं अपितु धर्म के लिए प्राप्त की जाती थी, यह मुक्ति और आत्म का साधन थी और जीवन का गहन लक्ष्य मुक्ति था।"[3] मुखर्जी यहाँ भारतीय शिक्षा-व्यवहार के महान उद्देश्यों को रेखांकित कर रहे हैं। भारत में शिक्षा मुक्ति और आत्मबोध से जुड़ी हुई थी। यहाँ 'मुक्ति' का अर्थ सभी तरह के लगावों, वासनाओं से छुटकारा पाना है और 'आत्मबोध' का अभिप्रायः 'स्व' का संज्ञान है। 'स्व' का संज्ञान अर्थात् अपने अस्तित्व की तलाश। भारतीय शिक्षा-पद्धति शिक्षा के इस बृहत्तर उद्देश्य को आत्मसात करती है। भारतीय ज्ञान की इस विशिष्ट चिन्तन-धारा का उल्लेख करते हुए डब्ल्यू. आई. थॉमस ने लिखा है कि "ऐसा कोई भी देश नहीं, जहाँ ज्ञान के प्रति अतीत काल से इतना प्रेम हो या जहाँ ज्ञान का इतना स्थायी और शक्तिशाली प्रभाव हो। वैदिक काल में साधारण कवियों

से लेकर आजकल के अर्थनिकों तक शिक्षकों एवं विद्वानों का एक अटूट क्रम भारत में मिलता है।"[4] डब्ल्यू. आई. थॉमस की निगाह भारत के शिक्षा व्यवस्था के अटूट क्रम पर है। वे मानते हैं कि भारत ही वह देश है, जहाँ शिक्षा के प्रति एक निष्ठा और इसकी गहनता सर्वोपरि है। भारतीय शिक्षा को मुक्ति का साधन मानते हुए विष्णु पुरारवकर कहता है कि "सा विधा या विमुक्तये, विद्यान्या शिल्पनैपूर्ण्यम्"[5] अर्थात ज्ञान अथवा विद्या से मुक्ति प्राप्त होती है तथा मनुष्य शिल्प निपुणता प्राप्त करता है। विद्या ही मनुष्य का सबसे बड़ा अलंकार है और 'विद्या' को इतना अधिक महत्व दिया गया है कि इसके बिना मनुष्य का कोई अस्तित्व ही नहीं है। विद्याहीन मनुष्य को पशु तक कहा गया है-"विद्याहीनः पशु।"[6]

भारत में शिक्षा (विद्या) का अर्थ व्यापक रहा है। शिक्षा से ज्ञान मिलता है और ज्ञान मुक्त करता है। यह ज्ञान सच्चे जीवनानुभवों से प्राप्त होता है। इसमें पोथी की भूमिका गौण है। इसी तरह की बात मध्यकाल के प्रसिद्ध भक्त कवि कबीर भी कहते हैं कि 'पोथी-पढ़ि-पढ़ि जग मुआ, पण्डित भया न कोय', अर्थात् पोथी बाँधती है और प्रेम मुक्त करता है। सच्चा ज्ञान वही है जो बंधनों को काट दे। इसमें अक्षर ज्ञान सम्मिलित नहीं है। गांधीजी की इस सन्दर्भ में स्पष्ट राय है कि "शिक्षा-तालीम का अर्थ क्या है? अगर उसका अर्थ सिर्फ अक्षर-ज्ञान ही हो, तो वह तो एक साधन ही हुई। उसका अच्छा उपयोग भी हो सकता है और बुरा उपयोग भी हो सकता है। उसका अच्छा उपयोग प्रमाण में कम ही लोग करते हैं यह बात अगर ठीक है तो इससे यह साबित होता है कि अक्षर-ज्ञान से दुनिया को फायदे के बदले नुकसान ही हुआ है।"[7] यहाँ गांधीजी अक्षर ज्ञान को सिर्फ साधन मानते हैं, साध्य नहीं। गांधी जी का आशय यह है कि शिक्षा एक व्यापक प्रक्रिया है, जो साक्षर ही नहीं शिक्षित भी करती हैं। इस प्रसंग में हम इमाइल दुर्खीम को याद कर सकते हैं, वे अपनी पुस्तक 'एजुकेशन एट सोशियोलॉजी' (1922) में शिक्षा के व्यापक अर्थ की बात करते हैं। इमाइल दुर्खीम शिक्षा को शिशु में उन भौतिक बौद्धिक और नैतिक विशेषताओं के विकास के रूप में देखते हैं जो उसके लिए सम्पूर्ण समाज और पर्यावरण के अनुकूलन करने के लिए आवश्यक है। नैतिक और बौद्धिक विशेषताओं का विकास ही शिक्षा है। तथ्यों का संकलन, या शब्द ज्ञान शिक्षा नहीं है। इसी तरह 'जानकारी' और 'ज्ञान' दोनों अलग-अलग हैं। "तथ्यों की चाहें कितनी भी जानकारी क्यों न हो जाए, वह हमें न तो शिक्षित न सद्गुणी बना सकती हैं।"[8] तथ्य-संकलन और अक्षर-ज्ञान बाह्य शिक्षा है जो व्यक्तित्व की भीतरी खूबियों का स्पर्श नहीं करता। अतः "शिक्षण-प्रक्रिया वस्तुतः उसकी आन्तरिक वृत्तियों की ही परिपूर्णता है, यानी हम कह सकते है कि वास्तविक विकास सचमुच आत्मविकास के द्वारा ही होता है।"[9]

गांधी भी शिक्षा को आत्मविकास और स्वशासन जोड़कर देखते हैं। वे 'हिंदस्वराज' 'में' अंग्रेज विद्वान 'हक्सले' का एक कथन देते हैं, जो इस प्रकार है "उस आदमी

ने सच्ची शिक्षा पायी है, जिसके शरीर को ऐसी आदत डाली गयी है कि वह उसके बस में रहता है, जिसका शरीर चैन से और आसानी से सौंपा हुआ काम करता है। उस आदमी ने सच्ची शिक्षा पायी है, जिसकी बुद्धि शुद्ध, शान्त और न्यायदर्शी है। उसने सच्ची शिक्षा पायी है, जिसका मन कुदरती कानूनों से भरा है और जिसकी इन्द्रियाँ उसके बस में हैं, जिसके मन की भावनाएँ बिल्कुल शुद्ध हैं, जिसे नीच कामों से नफरत है और जो दूसरों को अपने जैसा मानता है। ऐसा आदमी ही सच्चा शिक्षित अथवा तालीमशुदा माना जाएगा, क्योंकि वह कुदरत के कानून के मुताविक चलता है। कुदरत उसका अच्छा उपयोग करेगी और वह कुदरत का अच्छा उपयोग करेगा।''[10] गांधीजी हक्सले के शिक्षा-सम्बन्धी इस धारणा से सहमति व्यक्त करते हैं। गांधीजी के लिए शिक्षा आत्मशुद्धि, आत्मसंयम, आत्म ज्ञान का माध्यम है। उनके अनुसार वह शिक्षा निरर्थक है, जिसका विद्यार्थी अपने जीवन में कोई उपयोग नहीं कर सकता। गांधीजी इन सबका कारण पाश्चात्य-प्रेरित आधुनिक शिक्षा को मानते हैं। वे कहते हैं कि ''करोड़ों लोगों को अंग्रेजी की शिक्षा देना उन्हें गुलामी में डालने जैसा है। मैंकॉले ने शिक्षा की जो बुनियाद डाली, वह सचमुच गुलामी की बुनियाद थी। उसने इसी इरादे से अपनी योजना बनायी थी, ऐसा मैं नहीं चाहता। लेकिन उसके काम का नतीजा यही निकला है। यह कितने दुख की बात है कि हम स्वराज की बात भी परायी भाषा में करते हैं।''[11] गांधी यहाँ भाषा को भी शिक्षा से जोड़ देते हैं। साथ ही मैकॉले की शिक्षा-नीति को कटघरे में खड़ा करते हैं। वैसे तात्विक रूप से देखा जाय तो अंग्रेजी भाषा और मैकॉले की शिक्षा नीति ने भारतीय शिक्षा व्यवस्था की उस मूल-परम्परा को नष्ट किया है जिसे शिक्षा का 'गोल्डन ट्री' कहा जाता था। जो भारत की अपनी पहचान थी, जो हजारों साल से भारतीय आत्मा की रक्षा कर रही थी। शिक्षा के उस विशाल और विराट 'स्वर्ण-वृक्ष' को नष्ट करके ही अंग्रेजी ने अपना साम्राज्य फैलाया था। गांधीजी की सचेत दृष्टि इस कारण को पहचान चुकी थी। वे इससे निकलने और पुरातन भारतीय गरिमा को प्राप्त करने पर जोर देते हैं। भारत के गुलाम होने के लिए वे अपनी उस पारम्परिक शिक्षा-व्यवस्था से भटक जाने को उत्तरदायी मानते हैं। साथ ही पाश्चात्य शिक्षा-पद्धति तथा अंग्रेजी भाषा के प्रति भारत के लोगों के लगाव को भी वे प्रश्नांकित करते हुए कहते हैं कि यह क्या कम जुल्म की बात है कि अपने देश में अगर मुझे इन्साफ पाना हो तो मुझे अंग्रेजी भाषा का उपरोक्त कारण चाहिए। बैरिस्टर होने पर मैं स्वभाषा में बोल ही नहीं सकता। दूसरे आदमी को मेरे लिए तर्जुमा कर देना चाहिए। यह कुछ कम दंश है? यह गुलामी की हद नहीं तो और क्या है? इसमें मैं अंग्रेजों का दोष निकालूँ या अपना? हिंदुस्तान को गुलाम बनानेवाले तो हम अंग्रेजी जानने वाले लोग ही हैं। राष्ट्र की हाय अंग्रेजों पर नहीं पड़ेगी, बल्कि हम पर पड़ेगी।''[12] गांधी इसके बाद इस दुश्चक्र से बाहर निकलने का रास्ता भी सुझाते हैं ''जो लोग अंग्रेजी पढ़े हुए हैं उनकी संतानों को पहले

तो नीति सिखानी चाहिए, उनकी मातृभाषा सिखानी चाहिए और हिंदुस्तान की एक दूसरी भाषा सिखानी चाहिए। हमें अपनी सभी भाषाओं को उज्ज्वल शानदार बनाना चाहिए। हमें अपनी भाषा में ही शिक्षा लेनी चाहिए। सबसे पहले तो धर्म की शिक्षा या नीति की शिक्षा दी जानी चाहिए। हर एक पूरे लिखे हिंदुस्तानी को अपनी भाषा का, हिंदू को संस्कृत का, मुसलमान को अरबी का, पारसी को फारसी का और सबके लिए हिंदी का ज्ञान होना चाहिए। कुछ हिंदुओं को अरबी और कुछ मुसलमानों और पारसियों को संस्कृत सीखनी चाहिए। उत्तरी और पश्चिमी हिंदुस्तान के लोगों को तमिल सीखनी चाहिए। सारे हिंदुस्तान के लिए जो भाषा चाहिए, वह तो हिंदी ही होनी चाहिए।''[13]

गांधीजी शिक्षा के माध्यम से भारत की बहुत-सारी समस्याओं का समाधान बता रहे है। चाहे वह भाषा की समस्या हो, साम्प्रदायिकता, क्षेत्रवाद, गुलामी आदि हो, इन सबके समाधान के लिए वे शिक्षा को सबसे सशक्त माध्यम मानते हैं। वैसे भी ''शिक्षा को वांछित कोटि के जीवन हेतु एक बुनियादी इन्सानी जरूरत समझा जाता है।''[14] गांधीजी की शिक्षा सम्बन्धी धारणा प्रकृति, जीवन, समाज और व्यक्ति के चतुर्दिक और सर्वोत्तम विकास, से जुड़ी है। ऐसी शिक्षा से व्यक्ति के स्वावलम्बी जीवन का मार्ग प्रशस्त होता है।

शिक्षा की यह बृहद समझ ही गांधीजी की नयी तालीम' का आधार है। उन्होंने शिक्षा को श्रम-निष्ठा से जोड़ा। विद्यार्थी को पढ़ते हुए कई तरह के कार्य करने पड़ते हैं। जैसे कृषि-कार्य, शिल्प, सूत कातना आदि। इससे होता यह था कि कृषि-कार्य की जानकारी जैसे मौसम, मानसून की पहचान तथा फसलों का ज्ञान हो जाता था, साथ ही इस ज्ञान की प्रक्रिया में बच्चों के द्वारा उत्पादन भी किया जाता था। वैसे ही सूत-कातते समय गणित सिखायी जाती थी। जैसे एक 'पूनी' में कितने गज सूत रखा जा सकता है। एक कुर्ता बनाने में यदि पाँच पूनी सूत लगता है तो पाँच पूनी के लिए कितने गज सूत की आवश्यकता होगी। यह ज्ञान की व्यावहारिक सिद्धि थी। अपनी नयी लालिमा के बारे में 14 दिसम्बर, 1947 को दिल्ली में आयोजित तालीम संघ की आखिरी बैठक में गांधीजी कहा कि ''आमतौर पर बुनियादी शिक्षा का अर्थ 'हस्तोद्योग' के मार्फत शिक्षा माना जाता है, किन्तु यह कुछ ही अर्थ तक सही है, और नयी तालीम की जड़ें तो कहीं और गहरायी तक जाती हैं। शिक्षा वही है जो सच्चे मायनों में मुक्त करे, असत्य तथा हिंसा बन्धन पैदा करते हैं अतः शिक्षा में उनके लिए कोई स्थान नहीं हो सकता है।''[15] गांधीजी के आदर्श सत्य और अहिंसा हैं। इसलिए वे नयी तालीम की योजना सबके सामने रखते हैं क्योंकि यह शिक्षा व्यवहार सत्य और अहिंसा पर आधारित है। स्वरोजगार, आत्म-निर्भरता तो इसके परोक्ष मूल्य हैं।

गांधीजी का भरोसा इस बात पर था कि 'वह शिक्षा नकली है जो विचार करना

नहीं सिखाती'। इसलिए शिक्षा वही महत्वपूर्ण है, जो अपने समय और समय के दबावों को समझने में मदद करती है। नयी तालीम योजना में पढ़ाई करते हुए विद्यार्थियों द्वारा जो कुछ उत्पादन किया जाता था उन उत्पादों को बाजार में बेचकर जो राजस्व मिलता था उससे शिक्षक को वेतन देने का प्रस्ताव भी इसकी एक और विशेषता थी। इस तरह इस शिक्षा-व्यवस्था में शिक्षित विद्यार्थी ही नहीं यह शिक्षा-व्यवस्था भी स्वावलम्बी थी। भारत जैसे गरीब देश के लिए यह एक आदर्श व्यवस्था थी। इस प्रक्रिया में सरकार पर न्यूनतम बोझ पड़ता था। जो शिक्षा व्यवस्था के लिए सर्वाधिक हितकारी था। क्योंकि शिक्षा यदि राज्य केन्द्रित होती है तो उस पर राज्य के अपने पूर्वाग्रह भी लागू हो जाते हैं। नयी तालीम पूरी तरह सांस्कृतिक एवं स्वावलम्बी परिस्थितियों से उपजी थी, जो शिक्षा के महत्तम अर्थ को धारण करती थी। के.एन. शिक्षा के सन्दर्भ में कहते हैं कि ''शिक्षा व्यक्ति के सांस्कृतिक वातावरण के अन्तर्गत उसके विकास का उपकरण है।''[16] नयी तालीम व्यक्ति के इसी सांस्कृतिक वातावरण के बीच व्यक्ति के विकास का आश्वासन देती है।

आज शिक्षा पूरी तरह से बाजार-केन्द्रित हो गयी है। इसका उद्देश्य सिर्फ बाजार का 'एजेन्ट' पैदा करना है। शिक्षा की एक जैसी जड़ पद्धति कायम की गयी है जिसमें सिर्फ तथ्यों का संग्रह करना ही आन हो गया है। आधुनिक शिक्षा एक हिंसा है बच्चों, अभिभावकों और समाज वालों के लिए। आज बच्चों को यह तो पता है कि दुनिया की सबसे लम्बी नदी, या सबसे ऊँचा टॉवर कौन है या उसका क्या नाम है, किन्तु वे रोज दाल किस चीज की खाते हैं इसका ज्ञान उनको नहीं है। प्रकृति से उनका विलगाव हो चुका है। 'खिड़की भर की दुनियाँ और गमले भर का मौसम उनके जीवन का सच बन चुका है। समाजशास्त्र में इसे 'सांस्कृतिक बिडम्बना' कहते हैं। इसमें माना जाता है कि भौतिक संस्कृति बहुत आगे चली जाती है और अभौतिक संस्कृति का हाटा हाटा हो जाता है, (डब्ल्यू.जी. आगबर्न-सोशल चेन्ज-थियटी ऑफ कल्चरल लैग)। सांस्कृतिक बिडम्बना का परिणाम यह हुआ कि समाज के बुनियादी ढाँचें में एक भयानक खाई बनी है। इस सन्दर्भ में मालती मजुमदार का का मानना है कि ''भारतीय समाज में विभिन्न राज्यों के अगड़े और पिछड़े समुदाय के बीच जो शैक्षिक खाई मौजूद है, वह भयानक है तथा एक जैसी भौगोलिक सीमाओं के अन्दर दो 'वैयक्तिक वास्तविकताओं का वितन प्रस्तुत करती है, शैक्षिक दृष्टि से वे दो अलग-अलग ग्रहों के निवासी जान पड़ते हैं।''[17] आज की शिक्षा ने यह खाई पैदा की है। इस शिक्षा व्यवस्था को समझने के लिए गुरुदेव रवीन्द्रनाथ टैगोर की 'चिड़िया की कहानी' देखी जा सकती है। एक चिड़िया जो गाती थी, उड़ती थी कूदती थी, किन्तु शास्त्र नहीं पढ़ती थी, नियम-कायदा नहीं जानती थी। राजा उसके पढ़ने का इन्तजाम करता है। उसके लिए सोने का पिंजड़ा बनाया जाता है। देश भर से ज्ञानी आते हैं उसके मुंह में शास्त्रों के पन्नों भरे जाते हैं, कम पड़ने पर और पोथियों लिखी

जाती हैं। सबको उस चिड़िया की पढ़ायी की चिन्ता थी, किन्तु उस चिड़िया पर किसी का ध्यान नहीं था। आखिर में उस चिड़िया का ज्ञान कोर्स पूरा होने से पहले ही बिना दाना-पानी के वह मर जाती है। ठीक ऐसे ही आज की बाजार एंव लाभ-केन्द्रित शिक्षा व्यवस्था की पद्धति ने हिंसा और असत्य को ही बढ़ावा दिया है। इस शिक्षा व्यवस्था में बच्चे अपना मूल स्वभाव भूलते जा रहे हैं। ऐसे में गांधीजी की 'नयी तालीम' की जरूरत और बढ़ गयी है, क्योंकि अब 'बच्चे मुस्कुराना चाहते हैं।'

टिप्पणियाँ और सन्दर्भ

1. भारत में शिक्षा-कार्यक्रम-

   पुर्तगाली मिशनरियों ने भारत में मिशनरी विद्यालयों की नींव डाली। गोवा, दमन दीव में कई विद्यालय खोले।

   जर्मन मिशनरी ने तंजोर स्थित रेजीडेंट जान सलीवन की सहायता से सन् 1785 में तंजोर, रामनद, शिवगंगा, में तीन ऐसे विद्यालय खोले जिन्हें भारत में अंग्रेजी शिक्षा देने के लिए प्राचीन विद्यालय कहा जा सकता है।

   1800 में कलकत्ता में फोर्ट विलियम कालेज की स्थापना हुई।

   1813 का चार्टर-शिक्षा में सुधार से सम्बन्धित था।

   1818 में मद्रास में फोर्ट लार्ज कालेज की स्थापना हुई।

   1830 में जॉन विल्सन ने बम्बई विल्सन कालेज खोला।

   1837 में एंडरसन और ब्रेडवुड ने मद्रास में क्रिश्चियन कालेज की स्थापना की।

   1841 में रार्बट नोबिल ने मछलीपट्टम में नोबिल कालेज खोला।

   1844 में स्टीफन हिस्लोप ने नागपुर में क्रिश्चियन कालेज खोला।

   1853 में चर्च मिशन सोसायटी द्वारा आगरा मे सेंट जांस कालेज की स्थापना की गयी।

   इस तरह 1830 से 1857 तक के समय को भारत में मिशन विद्यालय-युग कहा जाता है।

   मैकाले का विवरण-पत्र-1835, अंग्रेजी शिक्षा का प्रसार इसका उद्देश्य था।

   बुड का घोषणा पत्र-1854, भारतीयों को सामान्य उपयोगी ज्ञान देना, नैतिक और भौतिक उत्पाद करना। इग्लैण्ड के सहयोग से भारत की प्रगति करना।

   भारतीय शिक्षा आयोग (1882), शिक्षा के क्षेत्र में यह पहला अयोग था। इसके अध्यक्ष सर विलियम हंटर थे, इसे हंटर आयोग भी कहा जाता है। इस आयोग के मुख्य कार्य थे- शिक्षा-व्यवस्था में सरकारी शिक्षा-संस्थाओं का स्थान, शिक्षा क्षेत्र में निजी प्रयासों के प्रति सरकारी नीति बनाना, मिशनरी स्कूलों के प्रति सरकारी नीति बनाना, प्राथमिक शिक्षा के प्रति विकास का रवैया।

   शिक्षा नीति-सम्बन्धी सरकारी प्रस्ताव (1904), लार्ड कर्जन के समय यह प्रस्ताव बना। इस प्रस्ताव का मुख्य उद्देश्य कि शिक्षा संस्थानों पर सरकार का अधिक से अधिक नियन्त्रण होना चाहिए। शिक्षा का स्तर ऊँचा होना चाहिए।

   भारतीय विश्वविद्यालय अधिनियम (1904), उसमें पंथनिसोहा शिक्षा का प्रावधान किया गया।

   शिक्षा-नीति सम्बन्धी सरकारी प्रस्ताव (1913), यह व्यवस्था की गयी कि प्रत्येक प्रांत

में विश्वविद्यालय बनाए जाएँ।

कलकत्ता विश्वविद्यालय आयोग (सैप्लर कमीशन 1917-1919) इस विश्वविद्यालय के कुलपति डॉ. सैडलट की अध्यक्षता में यह आयोग गठित किया गया था। इसके मुख्य कार्य थे- माध्यमिक शिक्षा में सुधार का प्रस्ताव, इण्टर कालेज खोलने का प्रस्ताव एवं माध्यमिक तथा इण्टरमीडिएट शिक्षा बोर्ड के गठन का सुझाव।

बुड रिपोर्ट- (1936), सामान्य शिक्षा एंव व्यावसायिक शिक्षा सम्बन्धी सुझाव।

सार्जेन्ट योजना (1944), सामान्य शिक्षा एंव व्यावसायिक शिक्षा सम्बन्धी सुझाव।

सार्जेन्ट योजना (1944), विश्वयुद्ध के बाद 'युद्धोत्तर शैक्षिक विकास योजना बनायी गयी। अनिवार्य निःशुल्क प्राथमिक शिक्षा के लिए चालीस वर्षीय योजना एंव प्रौढ़ शिक्षा के लिए 20 वर्षीय योजना बनायी गयी।

ताराचन्द्र समिति (1948) स्वाधीन भारत से शिक्षा की यह पहली समिति थी।

इस समिति ने ऊँचा स्तर पर शिक्षा के समायम के लिए भारतीय भाषाओं पर विचार प्रकट किया।

राधाकृष्णन कमीशन (1940), विश्वविद्यालय शिक्षा आयोग-सुधार एवं विस्तार के लिए ऐसी शिक्षा-व्यवस्था के निर्माण का सुझाव देना, जो देश की वर्तमान एवं भावी आवश्यकताओं के अनुरूप हो।

माध्यमिक शिक्षा अयोग (मुदालियर कमीशन 1952)-23 सितम्बर, 1952 को मद्रास विश्वविद्यालय के उपकुलपति डॉ. लक्ष्मणस्वामी मुदालियर की अध्यक्षता में इस आयोग का गठन किया गया। आयोग ने आज शिक्षा को पूरा शिक्षा एवं माध्यमिक विद्यालय को वह उद्देश्यीय विद्यावर्ग जाने पर बल दिया। शिक्षा आयोग के कमीशन 1964. डॉ. बोला से कोतबरी ने 14 जुलाई, 1964 को शिक्षा में राष्ट्रीय विकास' नामक अपना प्रतिवेदन प्रस्तुत किया, जिसमें शिक्षा को उत्पादक, व्यावसायिक, विज्ञान को प्रोत्साहन, राष्ट्रीय एकता, भेद-दृष्टि से रहित कार्यों के निर्माण का विचार रखा।

राष्ट्रीय शिक्षा नीति (1968, 1979, 1986)- शिक्षा प्रणाली का रूपान्तरण करना, शैक्षिक अवसरों में समानता लाने के लिए प्रयास करना, विज्ञान, शिल्प पर विशेषकर, नैतिक तथा सामाजिक मूल्यों का निर्माण करना। शिक्षा-प्रणाली- 10 प्लास 2 प्लास 3 प्लास में बदली गयी। 'समान विद्यालय पद्धति'' कायम की गयी। आपरेशन ब्लैक बोर्ड, शुरू किया गया, नवोदय विद्यालय योजना' प्रस्तुत की गई।

2. मोहन दास करमचन्द्र गांधी, हरिचन्द्र
3. राधा कुमुद मुखर्जी, *ऐसिएंट इंडियन एज्युकेशन*, मैकमिलन एण्ड कम्पनी, लंदन, 1947 (प्रोलॉग), xxi
4. डब्ल्यू, आई, बामस, *द हिस्ट्री एण्ड प्रास्पेक्टर ऑफ ब्रिटिश एज्युकेशन इन इण्डिया*।
5. *विष्णु पुराण*, 1.19.41
6. सुभाषित रत्न संग्रह, *उष्ठि नीम अतत पर।*
7. मोहनदास करमचन्द्र गांधी *हिंद-स्वराज*, पृ. 87
8. *रिपोर्ट ऑफ यूनीवर्सिटी ग्रान्टस कमीशन*, नयी दिल्ली, भारत सरकार, 1963, भाग-1 पृ. 35
9. वही, पृ. 37
10. मोहनदास करमचन्द्र गांधी, *हिंद स्वराज*, सर्वसेवा संघ, वाराणसी, 2009, पृ. 88-89

11. वही, पृ. 10
12. वही, पृ. 91
13. वही, पृ.91-92
14. एकरा जैकब, *स्वैच्छिक अवसरों की समानता, परिप्रेक्ष्य,* नयी दिल्ली, राष्ट्रीय शैक्षिक योजना और प्रशासन संस्थान, अगस्त 1992, वर्ष अंक-2, पृ. 34
15. मोहनदास करमचन्द्र गांधी, *हरिजन सेवक,* 18 दिसम्बर 1947
16. के. एन. अम्बस्ट, जनजाति शिक्षा क्षेत्र और सीमाएँ, *योजना,* वर्ष-37, जनवरी 1994, पृ. 63
17. मानवी मजुमदार, शिक्षा में सहिराव की प्रवृत्तियाँ, भारतीय राज्यों से प्राप्त साक्ष्य, *परिप्रेक्ष्य,* नयी दिल्ली, राष्ट्रीय शैक्षिक योजना और प्रशासन संस्थान, दिसम्बर, 1997, वर्ष-4, अंक-तीन पृ. 12

स्वराज की बुनियाद : बुनियादी शिक्षा

राज नारायण पाठक

राजनीतिक रूपान्तरण की प्रत्येक परियोजना के साथ शिक्षा की एक विशेष संरचना की संकल्पित होती है। राजनीतिक-सांस्कृतिक वर्चस्व की महत्वाकांक्षा अपने साथ शिक्षा की एक वैकल्पिक संरचना लेकर आती है। तभी और केवल तभी किसी जन-भाग पर वह अपनी स्थायी सत्ता स्थापित कर पाती है। इस प्रकार, शिक्षा किसी भी सत्ता-संस्कृति की वर्चस्व स्थापना की एक बुनियादी शर्त है। इस प्रवृत्ति और परम्परा के दर्शन हमें सभ्यता-विकास के प्रत्येक सोपान में दिखाई पड़ते हैं। प्राचीन सामंतवादी सत्ता के साथ एक वैसी-ही शैक्षिक संरचना जुड़ी हुई थी, जो समाज के चुनींदा वर्गों के लिए विहित थी, और उनमें अपने राजनीतिक वर्चस्व के मंत्रों का संचार करते हुए बहुसंख्यक समाज पर अपनी प्रभुता स्थापित करने के योग्य बनाती थी। व्यावहारिक तौर-पर इसकी पहचान धर्म-शास्त्रों, आचार-संहिताओं एवं नीति-ग्रंथों पर आधारित प्राचीन राज्य-संपोषित आश्रमों की शिक्षा के रूप में की जा सकती हैं।

राजनीतिक वर्चस्व को सुनिश्चित तथा सुगम बनानेवाली ऐसी शिक्षा-संरचना के मध्ययुगीन स्वरूप में हमें एक ओर जहाँ वैदिक विरासत के अवशेषों को संभालकर रखनेवाली चेष्टा और उपायों के दर्शन होते हैं, वहीं मुस्लिम आक्रांतों के राज-दरबारों की आवश्यकताओं तथा तत्कालीन राजकाज की दृष्टि से जरूरी भाषा-ज्ञान एवं दक्षता-प्राप्ति की प्रवृत्ति भी दिखलाई पड़ती है। कहना न होगा कि इस मध्ययुगीन शिक्षा-संरचना में भी समूचे समाज का नहीं, केवल उस जन-भाग का प्रवेश संभव था, जो परम्परागत, तथा संरचनागत रूप से राजकृपा के प्रति आकांक्षी और निष्ठावान था। बहुसंख्यक समाज को उन विशिष्टजनों से छीजित ज्ञान और अनुभव से ही संतोष करना पड़ता था। यही कारण था कि प्रभु-वर्ग के प्रभामण्डल के निकट संपर्क द्वारा प्राप्त ज्ञान और दक्षता के बल पर तत्कालीन सत्ता पूरे जनवर्ग को अपनी जद में ले लेने में समर्थ थी। अतएव, सर्वसाधारण की शिक्षा उसके सरोकारों में शामिल नहीं रहती थी। यह बात और है कि छीजन-प्रणाली के माध्यम से ही सही, संभ्रांत और विशिष्ट वर्ग के लिए उपलब्ध शिक्षा काफी हद तक आमलोगों तक पहुँच जाती

थी। इसके अलावा, पराजित जनसमाज अपनी परम्पराओं और मिथकों के माध्यम से भी, बहुत कुछ जान-सीख लेता था। बहरहाल, इस युग में कारगर और मुकम्मल शिक्षा का दरवाजा कुछ खास लोगों के लिए ही खुला था।

औपनिवेशिक भारत में ब्रिटीश शासकों ने भी शिक्षा के क्षेत्र में अपना सिक्का चलाया और जमाया। अपने राजनीतिक प्रभाव के विस्तार के साथ ही उन्होंने इस पूरे उपमहाद्वीप के लिए शिक्षा का एक अलग मॉडेल पेश किया, जिसे हम लॉर्ड मैकॉले की शिक्षा-प्रणाली कहते हैं। जाहिर है, यह प्रणाली भी अपने सीमित उद्देश्यों के साथ सीमित लोगों के लिए ही बनाई गई थी। इस प्रणाली के तहत देश के महानगरों और बड़े शहरों में अंग्रेजों द्वारा शिक्षण संस्थान खोले गए। फिर आगे चलकर अपेक्षाकृत छोटे नगरों तथा कस्बों में इनका विस्तार हुआ। तथापि इस शिक्षा प्रणाली का स्वरूप और सिलेबस ऐसा था, जो देशवासियों की समस्त शैक्षिक जरूरतों को पूरी करने के स्थान पर केवल उनके बौद्धिक विकास पर जोर देता था। फलस्वरूप इसके माध्यम से शिक्षित व्यक्ति शासकीय कार्यों में सहायक होकर अपना सीमित स्वार्थ तो पूरा कर सकते थे, परन्तु इससे न तो उनके व्यक्तिगत का समग्र विकास हो पाता था, न देश का सामाजिक-सांस्कृतिक उत्थान। तथापि देशवासियों को इसके माध्यम से देश-दुनिया के बारे में बहुत-सी नयी-नयी जानकारियाँ प्राप्त हुईं; जिनसे आगे चलकर उनमें देश और समाज के प्रति चेतना-निर्माण और जागरूकता-अभियान चलाने की प्रेरणा मिली। इस दौरान भी देश के आमजन किसी सर्वसुलभ शिक्षा-संरचना से वंचित रह गए और उनके लिए 'काला अक्षर भैंस बराबर' ही बना रहा।

महात्मा गांधी शिक्षा की उपर्युक्त भूमिका से भली-भांति अवगत थे। वे जानते थे कि यदि भारत में स्वराज लाना है, तो उसको स्थायित्व और सार्थकता प्रदान करने के लिए ठोस शैक्षिक बुनियाद की आवश्यकता होगी। बेशक सामाजिक परिस्थितियों और लोगों तक शिक्षा पहुँच पाने में होने वाले खर्च और आनेवाली कठिनाइयों का भी उन्हें भान था। इसी के मद्देनजर उन्होंने एक ऐसी शिक्षा-प्रणाली का प्रस्ताव किया, जो अपनी प्रकृति में देशज थी और जिसे स्थानीय तौर पर उपलब्ध संसाधनों के माध्यम से 'अल्प लागत अथवा बिना लागत' (लो कॉस्ट, लो कॉस्ट) के अर्जित किया जा सकता था। चूंकि इस देशज शिक्षा-प्रणाली को ही स्वराज की बुनियाद बनना था, इसलिए उन्होंने इसे बुनियादी शिक्षा कहा। अपनी इस बुनियादी शिक्षा को उन्होंने देश के परम्परागत शिल्प और रोजगार से जोड़ा और इसमें उन्होंने बुद्धि के ऊपर कर्म को, उद्यम या हूनर को प्राथमिकता दी। इस प्रकार, महात्मा गांधी द्वारा प्रवर्त्तित 'बुनियादी शिक्षा' अथवा 'बुनियादी तालीम' या नयी तालीम' को हमें उनकी सम्पूर्ण राजनीतिक सोच और उससे निकली स्वराज की अवधारणा के एक आधारभूत कारक के रूप में देखना होगा।

महात्मा गांधी 'स्वराज की परिकल्पना किसी साधारण राजनीतिक सोच के

बजाय भारतवर्ष की स्वकीय सांस्कृतिक राजनीतिक, आर्थिक सामाजिक एवं नैतिक-आध्यात्मिक सोच का समुच्चय थी। उनके लिए देश की राजनीतिक स्वाधीनता एक स्वाश्रित लक्ष्य था और उसे उक्त अन्य स्वतंत्रताओं अथवा स्वचेतनाओं से अलग करके नहीं देखा जा सकता था। उनके स्वराज-संबंधी एजेण्डे के साथ ये सभी पक्ष जुड़े थे। इस प्रकार, उनका स्वराज-अभियान भारत की उपनिवेशवाद से मुक्ति के बाद भी जारी रहनेवाला था। इसे ध्यान में रखकर ही गांधी जी ने लोगों की सोच और जीवन-शैली में 'स्वराज' की स्थापना के लिए आवश्यक तत्त्वों को समाहित करने के लिए और एक स्वाश्रयी भारतीय समाज के सपने को साकार करने की एक आधारभूत आवश्यकता के रूप 'बुनियादी शिक्षा' का प्रस्ताव किया।

गांधीजी के लिए 'स्वराज' का अर्थ था एक ऐसी स्वावलंबी अवस्था, जिसमें वे एक ऐसे समाज को निर्माण करना चाहते थे, जिसमें लोगों को अपनी मदद से अपना भविष्य सँवारने की आजादी हो, अपने संसाधनों से अपना विकास करने की छूट हो। वे देशवासियों के लिए शिक्षा तो चाहते थे, परन्तु ऐसी शिक्षा कतई नहीं जिसे प्राप्त करने के लिए उन्हें अपनी खुद की आजादी, अपने उपलब्ध संसाधनों के बल पर शिक्षा प्राप्त करने की आजादी को किसी अन्य के हाथों गिरवी रखनी पड़े। इसके लिए वे चाहते थे कि शिक्षा-प्राप्ति के क्रम में लोग अपनी बुद्धि के साथ-साथ अपने हाथों का भी इस्तेमाल करना सीखें। पुस्तकीय ज्ञान के साथ-साथ परम्परागत एवं उपलब्ध हस्त शिल्प और संसाधनों का भी इस्तेमाल करें। वे चाहते थे कि शिक्षा के बौद्धिक आयोजनों में शारीरिक श्रम और कौशल को भी शामिल किया तथा भौतिक उत्पादन और शिल्प के क्षेत्र में बौद्धिक ज्ञान का उपयोग किया जाय। इससे एक ओर शिक्षार्थी के लिए जीवनोपयोगी उत्पादक कला-ज्ञान अनजाना नहीं रह जाएगा तथा व्यावहारिक जीवन जीनेवालों के लिए बौद्धिक ज्ञान का भी दरवाजा खुल जाएगा।

गांधीजी की दृष्टि में बुनियादी तालीम इसलिए भी बुनियादी थी कि इसका शिल्पन उन्होंने शिक्षा-प्राप्ति आरंभिक सात वर्षों के लिए किया था। उनका विचार था कि इस आरंभिक अवस्था में बच्चों पर शिक्षा का जो संस्कार पड़ेगा, उससे उनमें बौद्धिक ज्ञान के साथ-साथ हस्तकौशल और शारीरिक श्रम की महत्ता का भी समावेश हो जाएगा। इसके अतिरिक्त यह उनके स्वोपार्जन और स्वावलंबन की लिए उपजीव्य बनेगी। गांधीजी चाहते थे कि हमारी उच्च शिक्षा में आधुनिक ज्ञान-विज्ञान की चेतना -संवेदना विकास के सारे तत्त्वों का समावेश हो, परन्तु स्वावलंबन एवं स्वोपार्जन की भावना-संभावना के साथ। हमारे उच्च शिक्षित युवा अपनी आजीविका के लिए अनिवार्य रूप से व्यवस्था के मुखापेक्षी बनें और अपनी स्वयं की दक्षताओं पर कम भरोसा करें, यह उन्हें मान्य नहीं था। इसीलिए वे बुनियादी शिक्षा के माध्यम से बच्चों में आरंभ से ही ऐसा संस्कार डाल देना चाहते थे, जिससे वे अपने स्थानीय और उपलब्ध संसाधनों-अवसरों का अधिकाधिक उपयोग कर भारत की देशज मानव-संपदा

के रूप में उभर सकें। उनकी दृष्टि में 'स्वराज' की स्थापना और उसके स्थायित्व का एकमात्र यही ठोस आधार हो सकता था।

हमारी प्रचलित शिक्षा-प्रणाली की सीमाओं और पूरे परिवेश में व्याप्त उसके दुष्प्रभावों को देखते हुए और बुनियादी शिक्षा की मूलभूत भावनाओं और विशेषताओं को जानते हुए भी आज लोग बुनियादी तालीम की व्यवहार्यता के प्रति सशंक दिखाई पड़ते हैं, अतएव इसके प्रति ठोस पहलकदमी का जहमत उठाना नहीं चाहते। अतएव आवश्यकता इस बात की है कि हम बुनियादी शिक्षा विषयक गांधीजी की अवधारणाओं को ठीक से समझें और देश की विद्यमान परिस्थितियों जरूरतों के अनुरूप उसे संशोधित करने तथा प्रचलित प्रणाली के साथ समाहित करते हुए उसे पूरी निष्ठा और सतर्कता के साथ क्रियान्वित करें।

उक्त संदर्भ में मेरा अपना स्पष्ट मंतव्य है कि बुनियादी शिक्षा के सिद्धांत को न तो जस-का-तस स्वीकार किया जाना वांछनीय होगा, न उसे सरसरी तौर पर खारिज कर दिया जाना। मूल बात यह है कि यदि भारत में स्वराज स्थापित करना है तो एक खुद की, देशज शिक्षा-प्रणाली को हमें अपनाना ही होगा। यह हमारा सौभाग्य है कि हमारे जिस मनीषि ने 'स्वराज' का शिल्पन किया, उन्होंने ही लगे हाथों इसके आधारभूत तत्त्व के रूप में एक सर्वथा स्वदेशी शिक्षा-प्रणाली भी प्रस्तावित कर दी, जिसके माध्यम से स्वतंत्र भारत की शैक्षिक आवश्यकताओं की पूर्ति की दिशा में आगे बढ़ा जा सकता है।

बुनियादी शिक्षा का आधुनिकता अथवा आधुनिक शिक्षा के साथ कोई विरोध नहीं है। वर्तमान-युग की आवश्यकताओं के अनुरूप यह हमें आधुनिक-से आधुनिक तत्त्वों को अपनाने से कतई नहीं रोकती। इसका बुनियादी आग्रह सिर्फ इतना है कि हम अपनी शैक्षिक संरचनाओं का निर्माण और विकास इस रूप में करें कि वह शिक्षार्थी को उसकी विद्यमान भौतिक सीमाओं और परिवेश के भीतर ऐसी शिक्षा उपलब्ध कराए, जिसमें उसकी स्वायत्तता सुरक्षित रहे और वह चेतना और व्यवहार दोनों स्तरों पर स्वाश्रयी बन सके। अपनी मूल्यवान् विरासत शारीरिक श्रम एवं कौशल के प्रति उसकी आस्था अक्षुण्ण रहे, साथ ही वह ज्ञान एवं चेतना के नए क्षितिज की ओर भी उन्मुख हो सके। यह आवश्यक नहीं कि वह शिल्प और उद्योग के नाम पर गांधीजी द्वारा गिनाए अथवा बताए गए शिल्पों यथा कताई, बुनाई, खेती बागवानी तक ही सीमित रहे। इस सूची में वह लोहारगिरी, बढ़ईगिरी, दर्जी का काम, राजमिस्त्री का काम, खाद्य-प्रसंस्करण और परिरक्षण, साईकिल-मरम्मत, घड़ी, रेडियो- टी.वी. मरम्मत, साड़ी, दर्री, कालीन-निर्माण, चापाकल-मरम्मत, बोरिंग, जूता एवं छाता-मरम्मत, मशरूम, उत्पादन? रेशम उत्पादन, मत्स्य पालन, कुक्कुट पालन, दुग्ध-उत्पादन, फल,फूल तथा औषधी वनस्पतियों की खेती, बिजली वायरिंग, नलसाजी, कपड़ों की बुनाई, कढ़ाई, रंगाई एवं छपाई टंकण तथा मुद्रणकला, ग्राफिक्स एवं डिजाइनिंग, कुकरी कला

बेकरी, मोमबत्ती अगरबीत्ती निर्माण, खिलौना तथा गुड़िया-निर्माण, जरदोजी मीनाकारी, फुलकारी एवं कभीपाकारी इलेक्टॉनिक्स, कम्प्यूटर एवं अन्य तकनीकी विषयों को भी जोड़ा जा सकता है। मूल बात यह है कि इन सभी परम्परागत एवं आधुनिक विषयों की उपादेयता के प्रति उसमें अपेक्षित आस्था और आत्म विश्वास हो, तभी इनसे संबंधित शिक्षा उसके व्यावहारिक जीवन में फलप्रद साबित हो सकती है।

इस प्रकार, बुनियादी शिक्षा स्वराज-प्राप्ति, स्वराज-स्थापना एवं उसके स्थायित्व की दिशा में उठाया जानेवाला एक ठोस कदम होगी। इस क्रम में हम गांधीजी के विचारों को मार्गदर्शक तत्त्व के रूप में लेते हुए तथा विभिन्न शैक्षिक चुनौतियों से निबटते हुए राष्ट्र की आवश्यकताओं के अनुरूप एक स्वदेशी शिक्षा-प्रणाली का विकास कर सकते हैं।

बुनियादी शिक्षा के आधारभूत सिद्धान्त में स्वावलम्बन की अवधारणा

डी.एन. प्रसाद

गांधीजी गाँवों के शनैः-शनैः हो रहे विनाश को रोकने के लिए भी बुनियादी शिक्षा को मूर्तरूप देना चाहते थे। उनका मानना था कि स्वावलम्बी शिक्षा भारतीय गाँवों के लिए एक आर्थिक आवश्यकता ही नहीं थी, वरन् वह शहरों और गाँवों को एक-दूसरे के निकट लाकर, भुखमरी और अमीरी के बीच की खाई पाटकर बिना किसी विग्रह तथा खून-खराबे के मूक सामाजिक क्रान्ति सम्पन्न करने का साधन भी थी।[1]

आर्थिक दृष्टि से बुनियादी शिक्षा गांधीजी के स्वदेशी विचारों पर आधारित है। वे देश में बनी वस्तुओं के इस्तेमाल पर जोर देते थे, जिससे देशी उद्योग-धन्धों की रक्षा हो सके। उनके स्वदेशी का उद्देश्य था, समाज को आत्म-निर्भर बनाना तथा देश की पूँजी का देश में रहने देना। देश के आर्थिक विकास में लघु एवं कुटीर उद्योगों की भूमिका महत्त्वपूर्ण है। बुनियादी शिक्षा के माध्यम से वे इसको पुनर्स्थापित करना चाहते थे और स्वदेशी उद्योग-धन्धों के प्रति प्रेम और अपनापन का भाव उत्पन्न करना चाहते थे जिससे भारतीय गाँवों की अर्थव्यवस्था सुदृढ़ हो और वे स्वावलम्बी हों। आर्थिक तंगी के कारण समाज के निम्न वर्गों में बाल-श्रमिकों की समस्या दूर होगी। वे काम धन्धे के सम्पर्क में आएँगे और आत्म-निर्भर होंगे। इसके द्वारा बढ़ती आर्थिक विषमता और श्रेणी पर आधारित अर्थव्यवस्था के दोषों को दूर किया जा सकता है। इस शिक्षा से सरकार पर अधिक बोझ भी नहीं पड़ेगा और हिंदुस्तान जैसे गरीब देश के लिए बालकों की शिक्षा का खर्च खुद निकल आएगा।

बुनियादी शिक्षा की रूपरेखा तैयार करने में महात्मा गांधी को भारत की गरीबी पर भी ध्यान रखना पड़ा था। विशेष रूप से इस कारण कि जब यहाँ शिक्षा-सम्बन्धी कार्यों के विस्तार का प्रश्न आता था तो हमारे अंग्रेज शासक आर्थिक संकट की दुहाई देकर उसे टाल देते थे। अतः गांधीजी ने सोचा कि क्यों नहीं ऐसी शिक्षा-पद्धति

निकाली जाय जिसमें स्कूलों में पढ़ने वाले लड़के अपना तथा गुरुओं का खर्च आप ही निकाल लें। गांधीजी की इस विचारधारा के आलोचकों का कहना है कि शिक्षा देना कोई तुरन्त का सौदा या व्यवसाय नहीं है कि धन लगाया और लाभ शीघ्र प्रगट हुआ। यह तो एक ऐसी पूँजी है जो बचपन में अर्जित की जाती है किन्तु जिसका लाभ जीवन भर मिलता रहता है। इस सम्बन्ध में गांधीजी का विचार था कि यदि पर्याप्त साधन जनता और सरकार की ओर से मिल जाए तो शिक्षक और शिक्षार्थी दोनों अपनी जीविका मात्र के लिए जरूरी खर्च अवश्य निकाल सकते हैं। इसलिए गांधीजी चाहते थे कि शिक्षा की ऐसी नयी प्रणाली विकसित की जाय जो भारत की निर्धनता को देखते हुए अधिक खर्चीली न हो। शिक्षा की ऐसी व्यवस्था की जाय जिसको गरीब तथा धनी सभी आसानी से अर्जित कर सकें।

प्रयोगों में पकती गांधी की शिक्षा

शिक्षा के क्षेत्र में गांधी ने भारत में प्रथम प्रयोग कोचरब आश्रम में किया। यह आश्रम कोचरब के दो बंगलों में था। कोचरब आश्रम 1915 के ग्रीष्मकाल से 1918 के ग्रीष्मकाल तक रहा। बाद में साबरमती आश्रम बना। आश्रमवासियों को जो शिक्षा दी जाती थी उसमें सत्य, अहिंसा, ब्रह्मचर्य के अतिरिक्त अपरिग्रह पर अधिक जोर दिया जाता था। उस पर प्रकाश डालते हुए गांधीजी ने कहा था, "हमारा चौथा व्रत है अपरिग्रह। सत्य और अहिंसा से कम महत्त्व का यह व्रत नहीं है। अपरिग्रह का अर्थ है अपने पास सामान कम-से-कम रखना। जिन वस्तुओं के बिना हमारा काम चल सकता है उन वस्तुओं को हमें बटोरना नहीं चाहिए।" "हमारी प्रगति अपने लिए ज्यादा सामान जोड़ने में नहीं है लेकिन थोड़े से साधनों के सहारे बढ़िया-से-बढ़िया काम करने की कला से हमारी सही प्रगति होने वाली है।" "सत्य, अहिंसा और ब्रह्मचर्य को हमें अपने मन में पक्का करना है और अपरिग्रह को अपने रोज के व्यवहार में लाना है। अपरिग्रह व्रत के लिए हम संक्षेप में कह सकते हैं कि हमारा जीवन सादा-से-सादा हो। बनावट आडम्बर आदि से रहित, सीधा-सादा रहन-सहन हम अपनावें।"[2]

इस आश्रम में युवकों को बौद्धिक शिक्षा के साथ-साथ धार्मिक और सामाजिक शिक्षा भी दी जाती थी। युवकों के चरित्र-विकास पर सबसे अधिक ध्यान दिया जाता था। आश्रम की सारी व्यवस्था आश्रमवासियों द्वारा की जाती थी जिससे छात्रों को व्यावहारिक ज्ञान प्राप्त होता था और स्वावलम्बन की क्षमता का विकास होता था। भारत में शिक्षा के क्षेत्र में यह प्रथम प्रयोग था जिसने गांधीजी के शिक्षा सम्बन्धी विचारों को निर्मित करने में महत्त्वपूर्ण योगदान दिया है।

दक्षिण अफ्रीका में उन्होंने फिनिक्स तथा टॉलस्टाय फॉर्मों पर सामूहिक जीवन का प्रयोग करते समय शिक्षा के क्षेत्र में भी प्रयोग किया। इन फार्मों पर रहने वाले

लोगों का जीवन सादगी और कठोर श्रम का जीवन था। बुनियादी शिक्षा सम्बन्धी प्राथमिक विचारों की उत्पत्ति इन्हीं फार्मों में दी जाने वाली शिक्षा से हुई। अपने दक्षिण अफ्रीका के अनुभवों तथा कोचरब और साबरमती आश्रमों में शिक्षा के क्षेत्र में उन्होंने बहुत से परीक्षण किये, जिसके आधार पर बुनियादी शिक्षा की परिकल्पना सामने आई। बुनियादी शिक्षा की पूर्व-पीठिका के रूप में गांधीजी के ये विचार उद्धृत किये जा सकते हैं, "इस संघर्ष (सत्याग्रह आन्दोलन) का शायद सबसे बड़ा ठोस नतीजा निकाला है फार्म (टॉलस्टाय फार्म) पर एक स्कूल का प्रारम्भ। अभी विद्यार्थियों की संख्या पच्चीस है और पचास से अधिक विद्यार्थी भरती करने का विचार भी नहीं है। दिन में पढ़कर घर चले जाने वाले विद्यार्थी नहीं लिये जाते। सबको यहीं फार्म पर रहना पड़ता है। पढ़ाई का शुल्क कुछ नहीं लिया जाता। मानसिक शिक्षण के साथ-साथ दस्तकारी का अभ्यास भी करवाया जाता है, परन्तु सबसे अधिक बल चरित्र-निर्माण पर दिया जाता है। विद्यार्थियों को किसी प्रकार का शारीरिक दण्ड न देकर उनके मन और बुद्धि को प्रभावित कर उनकी उत्तम सम्भावनाओं को प्रकट करने और उनका विकास करने की पूरी-पूरी कोशिश की जाती है। उन्हें अपने अध्यापकों के साथ मिलने-जुलने और निस्संकोच अपनी बात कहने की अधिकतम छूट दी जाती है। वास्तव में यह संस्था एक स्कूल नहीं, परिवार है और यहाँ व्यवहार तथा उपदेश के द्वारा ऐसा प्रयत्न किया जाता है कि सब बालक अपने आपको इस परिवार का अंग समझने लगे। प्रातःकाल तीन घण्टे तक बालक कोई सरल-सा शारीरिक श्रम करते हैं। इसके लिए खेती को चुना गया है, वे अपने कपड़े आप धोते हैं और उन्हें प्रत्येक काम में पूर्णतया स्वावलम्बी रहना सिखाया जाता है। स्कूल के साथ ही चप्पल बनाने और सिलाई सीखने का भी एक वर्ग चलता है। फार्म पर स्कूल या रसोई के काम के लिए वेतनभोगी नौकर नहीं रखे जाते। फार्म पर तम्बाकू, शराब न पीने और निरामिष भोजन के नियम का पालन सबको करना पड़ता है। मानसिक शिक्षण प्रतिदिन कम-से-कम साढ़े तीन घण्टे तक दिया जाता है. . . शिक्षा का माध्यम मुख्यतः भारतीय भाषाएँ अर्थात् गुजराती, हिंदी और तमिल हैं। मुझे खेद है कि तमिल का कोई अच्छा अध्यापक न मिलने के कारण उसकी पढ़ाई बहुत प्रारम्भिक अवस्था में चल रही है। शाम को एक घण्टा बालकों को अपने-अपने धर्म से परिचय कराने में लगाया जाता है। इसके लिए इस्लाम, हिंदू और जरथुस्त्री धर्मों की पुस्तकों का पाठ किया जाता है।"[3]

इस प्रकार शिक्षा के प्रारम्भ से ही गांधीजी ने शारीरिक श्रम पर सर्वाधिक बल दिया। छात्रों में सहिष्णुता, उदारता तथा सभी धर्मों के प्रति समानता का दृष्टिकोण विकसित करने पर बल दिया। नैतिकता के विकास को शिक्षा का प्रमुख लक्ष्य माना। स्वच्छता तथा आत्मनिर्भरता के गुणों के विकास का प्रयास किया। शिक्षा के क्षेत्रों में अपने नवीन प्रयोगों द्वारा छात्रों के व्यक्तित्व के सर्वतोमुखी विकास पर बल दिया।

उन्होंने बौद्धिक, शारीरिक तथा आध्यात्मिक तीनों शक्तियों के समन्वित विकास का मार्ग प्रशस्त किया।

फिनिक्स, टॉलस्टाय, कोचरब, साबरमती, सेवाग्राम तथा वर्धा के आश्रमों में निवास करते हुए गांधीजी ने शिक्षा के क्षेत्र में अपने विचार निर्मित करने के लिए बराबर प्रयोगवादी पद्धति का आश्रय लिया। इस दिशा में उनके विचार बराबर विकसित होते रहे। शिक्षा को राष्ट्रीय आवश्यकताओं के अनुरूप भी ढालने का प्रयास किया गया।

चम्पारण (बिहार) में नयी तालीम के आधार पर खोले गये विद्यालयों के सम्बन्ध में अपने विचार व्यक्त करते हुए गांधीजी ने कहा था "विचार यह है कि जितने भी बालक मिल सकें, उन्हें बहुमुखी शिक्षा दी जाए। उन्हें हिंदी या उर्दू पढ़ाई जाय और उसके माध्यम से गणित, इतिहास तथा भूगोल की बुनियादी बातों की शिक्षा देने के साथ-साथ साधारण वैज्ञानिक सिद्धान्तों की जानकारी करायी जाय और कुछ औद्योगिक प्रशिक्षण दिया जाय। अभी शिक्षा का कोई निश्चित पाठ्यक्रम नहीं बनाया गया है क्योंकि हम एक अछूते मार्ग पर चल रहे हैं। मैं प्रचलित प्रणाली को भय और अविश्वास की दृष्टि से देखता हूँ। इसने बच्चों के मानसिक और नैतिक शक्तियों का विकास करने के बजाय उन्हें बौना बना दिया है। अपने प्रयोग में जब मैं वर्तमान शिक्षा-पद्धति की अच्छाइयों पर विचार करने लगता हूँ तब मैं उसमें निहित दोषों पर ध्यान नहीं देता। मुख्य उद्देश्य यह रहता है कि बच्चों का सुसंस्कृत स्त्री-पुरुषों के साथ सम्पर्क स्थापित हो और उनका चरित्र निर्दोष हो। मेरी दृष्टि में यही शिक्षा है। इस उद्देश्य की पूर्ति के लिए एक साधन के रूप में अक्षर-ज्ञान का उपयोग किया जा सकता है। जीविका के अतिरिक्त साधनों के लिए जो बालक-बालिकाएँ आयें, उनके लिए औद्योगिक प्रशिक्षण का आयोजन किया जा सकता है। यह उद्देश्य नहीं है कि शिक्षा समाप्त करने के पश्चात् वे अपने पैतृक व्यवसाय का परित्याग कर दें, बल्कि यह है कि विद्यालय में जो उन्होंने ज्ञान प्राप्त किया है उसका उपयोग वे कृषि तथा कृषक जीवन का सुसंस्कार करने में कर सकें।...वयस्कों को स्वास्थ्य-रक्षा, सहकारिता, सामुदायिक कल्याण जैसे गाँव की सड़कों की मरम्मत करना, कुँए खोदना आदि के बारे में शिक्षा दी जाएगी।"[4]

गांधीजी की शिक्षा का उद्देश्य था कि भारत गाँवों का देश है इसलिए शिक्षा भी ग्रामीण आवश्यकताओं के अनुरूप होनी चाहिए। छात्रों को उनके पैतृक व्यवसाय में अधिक दक्षता प्राप्त करने की सुविधा प्रदान करनी चाहिए, ताकि शिक्षित युवक नौकरी की खोज में शहरों की दौड़ न लगाएँ। शारीरिक श्रम की महत्ता कायम करने के लिए प्रत्येक छात्र को कुछ-न-कुछ कृषि-कार्य में स्वयं भाग लेना चाहिए। शारीरिक श्रम के बिना स्वास्थ्य भी अच्छा नहीं रह सकता, यह भावना छात्रों में पैदा करनी चाहिए।

शिक्षा के बारे में उनकी योजना का मूल विचार यह था कि शिक्षा निःशुल्क होनी चाहिए। इसका खर्च अपने आप निकलना चाहिए।[5] उन्होंने लिखा था कि "स्कूल अपना खर्च खुद पूरा करें... अगर अपने चारों ओर के वातावरण के अनुसार बच्चों को व्यावसायिक शिक्षा दी जाए तो वे स्कूल में अपने ऊपर होने वाले खर्च को ही नहीं पूरा कर सकेंगे बल्कि आगे चलकर वे अपनी जिन्दगी में भी इसका उपयोग कर सकेंगे।"[6]

इस संकल्पना से गांधीवाद की सबसे प्रभावपूर्ण द्वन्द्वात्मक तर्क-पद्धति का परिचय मिलता है- निःशुल्क शिक्षा का आशय सरकार द्वारा निःशुल्क शिक्षा दिये जाने से नहीं था। इसका आशय उस अधिकतम सहायता की व्यवस्था करने से था जो किसी भी विद्यार्थी को काम करने के अपने अनुभव से मिल सकती थी। यह अनुभव ही उसकी शिक्षा का साधन और जीविका का स्रोत दोनों है। स्वतंत्र रहने के लिए दूसरों की दया या सहायता के बजाया हर आदमी व समाज को अपने पर निर्भर रहना चाहिए। यह सही है कि इस संकल्पना की अपनी सीमाएँ थीं और गांधीजी ने इन सीमाओं को कभी भी अस्वीकार नहीं किया था।

आरम्भ में गांधी ने सात से चौदह वर्ष के शिक्षण क्रम की बात पर ही अधिक ध्यान दिया था किन्तु 1942 के आन्दोलन के समय जब वह आगा खाँ महल में नज़रबन्द थे, उनको इस पर विचार करने के लिए काफी समय मिला। गम्भीर चिन्तन-मनन के बाद वह इस निष्कर्ष पर पहुँचे कि यदि नवीन-शिक्षण दृष्टि को पूर्णतः विकसित करना है तो छात्र की सप्तवर्षीय शिक्षा काफी नहीं है। मानव की शिक्षा तो वस्तुतः जीवनभर चलती रहती है, वह जन्म के साथ आरम्भ होती है और मृत्यु के साथ समाप्त होती है। जब वह जेल से बाहर आये तो अपनी सप्तवर्षीय बुनियादी शिक्षा को बढ़ाकर चार खण्डों में विभाजित किया-

(1) पूर्व बुनियादी शिक्षा : सात वर्ष से कम के बालकों के लिए।
(2) बुनियादी शिक्षा : 7 से 14 वर्ष की आयु-श्रेणी के लिए।
(3) उत्तर बुनियादी शिक्षा : 14 वर्ष से ऊपर बालों के लिए और
(4) प्रौढ़-शिक्षा : बड़ी उम्र के स्त्री-पुरुषों के लिए।

इस प्रकार अपनी मूल शिक्षण दृष्टि को उन्होंने प्रायः जीवन-व्यापी बना दिया। इन सब आयु-वर्षों का पाठ्यक्रम विस्तार से बनाने और उस पर निरंतर शोध एवं संस्कार करने के लिए उन्होंने 'हिंदुस्तानी तालीमी संघ' नाम की एक संस्था की वर्धा में स्थापना की। स्वावलम्बन इस सम्पूर्ण शिक्षा-क्रम का अनिवार्य तत्व है।

गांधी-शिक्षा के विचार

गांधीजी अक्षर ज्ञान को विशेष महत्त्व नहीं देते थे। उनके विचार से बिना अक्षर ज्ञान के भी अच्छी शिक्षा दी जा सकती है। वह छोटे बच्चों को शुरू में ही अक्षर ज्ञान

कराने के विरुद्ध थे। उनके मत से इस काल में अधिकांश शिक्षा उत्तम संस्कार डालने, अपने अंगों से उचित काम लेने, स्वच्छ रहने, आदर्शयुक्त कहानियों द्वारा उनमें दया, करुणा, प्रेम और संयम की वृत्तियाँ विकसित करने तक सीमित होनी चाहिए। उनके मत से उत्तम संस्कार डालना और आवश्यक सामान्य ज्ञान कराना ही शिक्षा की बुनियाद है और यह सब अक्षर ज्ञान के बिना भी कराया जा सकता है।

इस प्रकार गांधी जी पूर्व-बेसिक शिक्षा और बेसिक प्राइमरी शिक्षा को गाँवों की दस्तकारी के माध्यम से दिये जाने पर जोर देते थे। इसका आधार और भी बुनियादी अवधारणा अर्थात् श्रम और रोटी की अवधारणा थी। वह शिक्षा के सम्बन्ध में अपने दृष्टिकोण को स्वयं एक ऐसी मौन सामाजिक क्रान्ति का प्रतीक कहा करते थे जिसके अत्यधिक महत्त्वपूर्ण परिणाम होने वाले थे। इस अवधारणा के अनुसार हर एक को कुछ-न-कुछ शारीरिक श्रम करना आवश्यक था। गांधीजी पहले ही अपने समस्त सामाजिक और राजनैतिक कार्यक्रमों में श्रम और रोटी की अवधारणा को केन्द्रीय बिन्दु बना चुके थे। वे इसे शुरू से ही अपनाये जाने का आग्रह करते थे। इसी सिद्धान्त के कारण शिक्षा के सम्बन्ध में गांधीजी की योजना एक क्रान्तिकारी योजना बन गयी थी। असल में उन्होंने बच्चों की आरम्भिक शिक्षा के बारे में एक बिल्कुल ही भिन्न दृष्टिकोण अपनाने का सुझाव दिया था।

वह बच्चों को अक्षरारम्भ कराने के पहले उन्हें बातचीत द्वारा शिक्षा देने पर जोर देते थे। उन्होंने लिखा है, "मैं जो रूपरेखा बना रहा हूँ इससे साहित्य का प्रशिक्षण अलग नहीं है...इसमें व्यावसायिक प्रशिक्षण है जो स्कूल में अधिकांश समय में दिया जाएगा। साथ-साथ बच्चों को मौखिक रूप से आरम्भिक इतिहास, भूगोल, गणित... शिष्टाचार भी सिखाया जाएगा, उनको स्वास्थ्य विज्ञान की व्यावहारिक शिक्षा दी जाएगी। जब वह इतना सब सीख जाएँगे तब अपने घर में भी इस शिक्षा का उपयोग करेंगे और एक मौन क्रान्तिकारी बन जाएँगे।[7]

"देश का आधार जिस धन्धे पर हो उस धन्धे का सामान्य ज्ञान सब विद्यार्थियों को देना चाहिए। इस सिद्धान्त को कोई अस्वीकार नहीं करेगा। इस सिद्धान्त के अनुसार हमारे सब विद्यार्थियों को खेती का और बुनने का काम सिखाना चाहिए, क्योंकि भारत में 95 प्रतिशत लोग खेती के काम में लगे हुए हैं। पहले इनमें से 90 प्रतिशत बुनने का काम भी करते थे। वे चाहते थे कि लड़कों को बचपन में आरोग्यशास्त्र की शिक्षा देनी चाहिए। उनके अनुसार धर्म के ऊपर सबकुछ निर्भर है और संस्कृत जाने बिना धर्मशास्त्रों का ठीक ज्ञान मिलना असम्भव है। इसलिए संस्कृत का जानना भी प्रत्येक हिंदू लड़के का कर्तव्य है। "...मेरे विचार से स्वराज्य की कुंजी सरकार के हाथ में नहीं जितनी कि हमारी शिक्षा प्रणाली में है।"[8] गांधीजी शिक्षा-प्रणाली में ऐसा परिवर्तन चाहते थे जिससे विद्यालयों से निकले छात्रों में देशभक्ति और राष्ट्र-प्रेम की भावना कूट-कूट कर भर जाय।

गांधीजी ने प्राथमिक शिक्षा के प्रारम्भिक रूप पर प्रकाश डालते हुए लिखा है, "यह विश्वास अनुभव पर आधारित है कि बालक का मानसिक विकास अक्षर-ज्ञान मिलने से पहले हो सकता है। अक्षर ज्ञान को पहला स्थान देने से बालक का विकास रुकता है। अक्षर-ज्ञान का बोझ बालक पर डालकर हम उसकी प्रगति को रोकते हैं, उसे ज्ञानरहित रखते हैं, उसकी स्मरण शक्ति को रोकते हैं।"[9]

गांधीजी का विचार था कि कताई और बुनाई के साथ-साथ विज्ञान की भी शिक्षा दी जाय। विज्ञान की शिक्षा के वे विरोधी नहीं थे। वे एक ऐसी सन्तुलित शिक्षा-पद्धति के समर्थक थे जिसमें बालक के शरीर और मस्तिष्क का समन्वित विकास हो। इस पर प्रकाश डालते हुए उन्होंने लिखा है, "मेरे कहने का यह मतलब नहीं है कि शिक्षा संस्थाओं को निरी कताई और बुनाई की संस्था बन जाना चाहिए। मैं कताई और बुनाई को किसी भी राष्ट्रीय शिक्षा प्रणाली का आवश्यक अंग अवश्य मानता हूँ। इस काम के लिए बालकों का सारा समय लेने का मेरा लक्ष्य नहीं है।...मैं विभिन्न विज्ञानों की शिक्षा की कीमत समझता हूँ। हमारे बालक रसायन शास्त्र और भौतिक विज्ञान जितना भी सीखें उतना ही थोड़ा है।"[10]

गांधीजी शिक्षा के माध्यम से बालक का स्वाभाविक विकास चाहते थे। उसके मस्तिष्क पर अनावश्यक बोझ के विरोधी थे। शिक्षा पद्धति में कोरी बौद्धिकता के वे समर्थक नहीं थे। वे चाहते थे कि शिक्षा-पद्धति ऐसी हो जिसमें बालक का सर्वतोमुखी विकास हो। साथ-साथ देश-प्रेम और राष्ट्र-प्रेम की भावना भी जाग्रत हो।

बुनियादी शिक्षा की बुनियाद

गांधीजी पहले विचारक थे जिन्होंने पूर्व-बुनियादी शिक्षा के महत्त्व पर प्रकाश डाला। उनके विचार से गर्भस्थ शिशु पर माँ की प्रकृति तथा आहार-विहार का प्रभाव पड़ता है। इस अवस्था में आवश्यक है कि माता संयम और सदाचरण का जीवन व्यतीत करे। इस प्रकार गांधीजी के विचार से लिखना-पढ़ना सीखने से पहले बच्चे को सामान्य ज्ञान और शिष्टाचार की शिक्षा देनी चाहिए। यह महत्त्वपूर्ण कार्य सुशिक्षित माँ ही कर सकती है। माँ को भी सुशिक्षित बनाना बहुत आवश्यक है तभी बालक को प्राथमिक शिक्षा अच्छी प्रकार से दी जा सकती है।

गांधीजी चाहते थे कि प्राथमिक शिक्षा में दस्तकारी की शिक्षा अवश्य देनी चाहिए। उनका मत है कि इस प्रकार की शिक्षा-प्रणाली में मस्तिष्क और आत्मा का उच्चतम विकास सम्भव है। इस दृष्टि से गांधीजी ने शिक्षा की प्रारम्भिक अवस्था में भी रचना और सर्जना पर बल दिया। प्रारम्भिक शिक्षा के द्वारा भी कुछ-न-कुछ उत्पादन की क्षमता का विकास बच्चे में होना ही चाहिए।[11] इस तरह गांधीजी ने तत्कालीन शिक्षा पद्धति में क्रान्तिकारी परिवर्तन लाने का प्रयास किया। इस प्रचलित शिक्षा पद्धति के विकल्प में पूर्व-बुनियादी शिक्षा की जो योजना रखी उसमें उन्होंने बच्चे के मस्तिष्क पर

अनावश्यक बोझ डालने का विरोध किया तथा बच्चे की स्वाभाविक रुचियों को ध्यान में रखकर उसे जबानी सामान्य ज्ञान कराने पर बल दिया। उन्होंने स्थूल इन्द्रियों द्वारा ज्ञान प्राप्त करने पर पहले बल दिया। बचपन में बच्चे को कोरी किताबी और बौद्धिक शिक्षा के वे घोर विरोधी थे। वे बौद्धिक विकास के साथ बालक में आध्यात्मिक विकास पर बल देते थे- दोनों साथ-साथ होने चाहिए।"[12] इस प्रकार उन्होंने शिक्षा की कोरी भौतिकवादिता को भी नकारा और बच्चे के सर्वांगीण विकास के लिए शिक्षा के आध्यात्मिक पक्ष पर बल दिया।

गांधीवादी शिक्षा पद्धति में उद्योग द्वारा शिक्षा देने से बालक की कर्मेन्द्रियों और ज्ञानेन्द्रियों का ठीक विकास होता है। साथ-ही-साथ उसकी बुद्धि और हृदय का विकास भी अधिक अच्छी तरह किया जा सकता है। राष्ट्रीय प्राथमिक पाठशालाओं के द्वारा गाँवों की सेवा करने वाला एक नया वर्ग पैदा होगा जो ग्रामोद्योगों में विशेष रुचि लेगा और उनके विकास का रचनात्मक प्रयास करेगा। इस प्राथमिक शिक्षा में ग्रामीण दस्तकारी तथा उद्योगों को प्रधानता मिलेगी। इन दस्तकारियों और उद्योगों में प्रशिक्षित बच्चे ग्राम्य-जीवन के विकास में महत्त्वपूर्ण भूमिका अदा करेंगे। उपेक्षित ग्रामीण जीवन में नयी चेतना और जागृति पैदा होगी जो सारे देश के जनसाधारण को प्रभावित करेगी। ऐसी चेतना से ही भारत की वास्तविक प्रगति सम्भव है क्योंकि भारत ग्रामों का देश है। ग्रामोन्मुखी शिक्षा के कार्यक्रम पर विचार करते हुए गांधीजी ने लिखा था, "इन पाठशालाओं में इस तरह की शिक्षा दी जाए जिससे विद्यार्थियों में इतनी योग्यता आ जाए कि वे गाँवों की हर तरह से सेवा करने के लिए तैयार रहें।

गांधीजी की प्राथमिक शिक्षा, जहाँ एक उद्देश्य बालकों को ग्रामों की सेवा करने के योग्य बनाना था, वहीं दूसरा प्रमुख उद्देश्य ग्रामीण जीवन की आवश्यकताओं की पूर्ति भी था। हम यह कह सकते हैं कि भारतीय सन्दर्भ में जब तक शिक्षा को ग्रामीण जीवन से नहीं जोड़ा जाएगा तब तक शिक्षा का प्रभाव सार्वजनीन नहीं हो सकता है। यदि शिक्षा के प्रभाव को सम्पूर्ण भारत में व्यापक रूप से फैलाना है तो ग्रामीण जन-जीवन से शिक्षा को सम्बद्ध करना ही होगा। शिक्षा के क्षेत्र में गांधीजी आधुनिकता के प्रवाह में प्राचीन संस्कृति का त्याग करना नहीं चाहते थे। उन्होंने इस विचारधारा पर प्रकाश डालते हुए लिखा है कि दस्तकारी की तालीम से लिखाई-पढ़ाई की शिक्षा को दूर करने के कारण हम ग्रामीण हुनरों को नीची निगाह से देखने के आदी हो गये हैं। दस्ती हुनर कुछ नीचे दर्जे का काम समझा जाने लगा और वर्णाश्रम की भीषण विकृति के कारण हम लोग धुनिये, जुलाहे और मोचियों को नीची जाति का समझने लगे। हुनर को बौद्धिक शिक्षा से बहिष्कृत नीचे दर्जे की कोई चीज समझने के दूषित रिवाज के कारण हमारे यहाँ क्रॉम्पटन और हरग्रीव्ज जैसे आविष्कारक पैदा न हो सके। विद्या या इल्म को जैसा दर्जा मिला हुआ है अगर पेशे या हुनर को भी स्वतंत्र

रूप से वैसा ही दर्जा मिला होता, तो अपने कारीगरों में से बहुत से आविष्कारक मिल जाते।" इस प्रकार गांधीजी गाँवों में प्रचलित पेशे तथा उद्योग-धन्धों में बालकों को वैज्ञानिक ढंग से प्रशिक्षित करना चाहते थे जिससे ग्रामीण उद्योग-धन्धों का समयानुकूल और समुचित विकास हो सके।

बुनियादी शिक्षा प्रणाली तथा अंग्रेजी शिक्षा प्रणाली की तुलना करते हुए उन्होंने कहा था कि तत्कालीन शिक्षा प्रणाली से प्रमुख करदाता (ग्रामीण किसान) को जो लाभ मिलना चाहिए था उसमें से उसके बच्चों को सबसे कम लाभ मिल पाता था। इसलिए उन्होंने सुझाव दिया था कि प्राइमरी शिक्षा को सात वर्ष का बनाया जाए जिससे विद्यार्थी को मैट्रिक की श्रेणी का सामान्य ज्ञान प्राप्त हो सके। अंग्रेजी भाषा सीखने के बजाय वह एक उत्पादक उद्योग भी सीख लेगा। वे विद्यार्थियों के सर्वांगीण विकास के लिए जहाँ तक सम्भव होता पूरा प्रशिक्षण किसी उत्पादक उद्योग के माध्यम से देने के पक्षधर थे। इससे दो उद्देश्यों की पूर्ति सम्भव होती- प्रथम तो यह कि विद्यार्थी अपने अध्ययन का व्यय अपने श्रम से निकाल लेते और दूसरा यह कि पाठशाला में उस उद्योग का अभ्यास कर वे अपने व्यक्तित्व का पूरा विकास करने में सक्षम होते।[13] उनकी दृष्टि में इस प्रकार बुनियादी शिक्षा देश के लिए अधिक जरूरी थी।

गांधीजी का शिक्षा के क्षेत्र में सबसे महत्त्वपूर्ण योगदान यह रहा कि उन्होंने शिक्षा के द्वारा बेकारी की समस्या को दूर करने का प्रयास किया था। आज देश में अराजकता और अव्यवस्था का प्रमुख कारण बेकारी और गरीबी की समस्या है। आजादी के 64 वर्ष बाद भी हमारी लोकतांत्रिक सरकारें इस मौलिक समस्या के समाधान में पूर्णतः असफल रही हैं।

गांधीजी ने बड़ी दूरदर्शितापूर्वक ऐसी विकराल समस्याओं के समाधान के लिए अपनी योजना प्रस्तुत करते हुए कहा था कि आवश्यकता से अधिक मशीनीकरण का दुष्परिणाम होगा बेकारी। इसलिए ग्रामों में प्रचलित कुटीर उद्योगों और जातीय पेशों को प्रोत्साहन देना चाहिए जिससे हर व्यक्ति को काम मिल सके। शिक्षा की व्यवस्था भी ऐसी होनी चाहिए जिससे कुटीर उद्योगों और परम्परागत उद्योग-धन्धों को प्रोत्साहन मिले। इसलिए ग्रामीण जीवन में मशीनीकरण को प्रचलित करना देश में बेकारी को बढ़ावा देना होगा। इसके सम्बन्ध में उन्होंने लिखा है : "मेरे विचार से मशीन की हमें कतई आवश्यकता नहीं है। हमें खादी का प्रयोग करना चाहिए। इसलिए हमें मिलों की आवश्यकता नहीं है। हमें आवश्यकता मात्र में वस्त्र गाँवों में उत्पन्न करने की कोशिश करनी चाहिए और हमें मशीन का दास नहीं बनना चाहिए। हमें भय है कि मशीनों के काम में लाने से हम स्वयं मशीन बन जाएँगे और दस्तकारी और कला का ज्ञान खो बैठेंगे। यदि आज अब भी यह सोचते हैं कि मशीनों के बिना हमारा काम नहीं चल सकता तो नयी तालीम की योजना व्यर्थ है। यदि आप अपने

गाँवों में मशीन द्वारा जीवन का संचार करना चाहते हैं और उनके माध्यम से गाँवों के बच्चों को शिक्षा देने का विचार करते हैं तो मेरा ऐसा दृढ विश्वास है कि हमारे देश में वह सर्वथा असम्भव है।''

नयी तालीम में गांधीजी ने कृषि-शिक्षा पर भी बल दिया। भारत की अधिकांश जनता गाँवों में रहती है और कृषि द्वारा जीविकोपार्जन करती है। इसलिए अपने देश की शिक्षा पद्धति में कृषि-शिक्षा को प्रमुखता मिलनी चाहिए। इसके सम्बन्ध में अपना विचार व्यक्त करते हुए 'वर्धा शिक्षा सम्मेलन' में उन्होंने कहा था- ''गाँवों के विद्यालयों में कृषि शिक्षण का माध्यम होना चाहिए। लेकिन हमारे पास आवश्यक साधन नहीं हैं। आजकल स्कूलों और कॉलेजों में कृषि की जिस ढंग से शिक्षा दी जाती है वह गाँवों के लिए सर्वथा अनुपयुक्त है, क्योंकि गाँव की परिस्थितियों एवं आवश्यकताओं के साथ उसका किसी रूप में भी घनिष्ठ सम्बन्ध नहीं है। लेकिन आज यदि मेरी योजना स्वीकार कर लें और आपको अध्यापक मिल जायँ तो मुझे विश्वास है कि यह ग्रामीण जनता के लिए बहुत लाभदायक होगी। विद्यार्थी भी अध्यापकों के साथ खेतों पर जाएँगे और हल जोतते, बोते, सींचते तथा निराते समय अनेक विषयों का ज्ञान प्राप्त करेंगे। उन्हें पर्याप्त शारीरिक श्रम करना पड़ेगा।''[14]

गांधीजी को विश्वास था कि व्यावहारिक कृषि-शिक्षा देने से बेकारी की समस्या हल होगी और युवाशक्ति का उपयोग रचनात्मक और उत्पादक कार्यों में किया जा सकेगा। श्रम की प्रतिष्ठा में लोगों का विश्वास जागेगा और तत्कालीन शिक्षा प्रणाली द्वारा केवल नौकरी की तलाश में बेकार घूमने वाले नवयुवकों को अपने आप काम मिल जाएगा। गांधीजी ने इस पर अपना विचार व्यक्त करते हुए कहा था : ''मेरी प्रोफेसर शाह की इस बात पर सहमति है कि जो राज्य बेकारों के लिए कार्य की व्यवस्था नहीं कर सकता वह किसी काम का नहीं है। छोटे-छोटे उद्योगों की व्यवस्था करने मात्र से बेकारी की समस्या हल नहीं हो सकती। मैं तो बेकार व्यक्तियों में से प्रत्येक के लिए कार्य की व्यवस्था करूँगा और उन्हें धन नहीं तो भोजन अवश्य दूँगा। जब हमारे देश में तीस करोड़ जीवित मशीने हैं तब हमारे लिए काम का अभाव नहीं है।...काम करने से कोई दास नहीं बन जाता।''[15]

स्वावलम्बन, समानता और शिक्षा-नीति

गांधीजी अपनी शिक्षा-पद्धति में समानता के पोषक थे। शिक्षा गरीब-धनी सबको समान रूप से उपलब्ध होनी चाहिए। शिक्षित युवकों में छोटे-बड़े की भावना पैदा न हो। उन्होंने इसके सम्बन्ध में लिखा है, ''मैं शिक्षा के स्तर में समता लाना चाहता हूँ। शताब्दियों से श्रमिक वर्ग निम्न स्तर के रूप में उपेक्षित और बहिष्कृत रहा है। वे शूद्र समझे जाते रहे हैं और यह शब्द घटिया स्तर का द्योतक हो गया है। मैं बुनकर के पुत्र, किसान के पुत्र और अध्यापक के पुत्र के बीच स्थित भेदभाव को स्थान देना

नहीं चाहता।"[16]

वे धनी, गरीब सबके लड़कों को शिक्षा की समान सुविधा और अवसर मिले इसके लिए शिक्षा पर होने वाले व्यय को कम-से-कम करना चाहते थे ताकि धनाभाव के कारण गरीबों के लड़के शिक्षा की सुविधा से वंचित न हो जाएँ। इस व्यवस्था को सफलतापूर्वक संचालित करने के लिए उन्होंने कहा था कि शालाओं का खर्च उनके विद्यार्थियों के उद्योग से ही निकालना चाहिए। यदि ऐसा न हो सके तो अन्य दो सूचनाएँ हैं कि विद्यार्थियों का अपना खर्च अपनी मेहनत से निकलना चाहिए अथवा कम-से-कम शालाओं का उद्योग-विभाग स्वावलम्बी होना चाहिए।...इतना कहा जा सकता है कि वर्तमान जन-मानस और गरीबी की दृष्टि से विद्यार्थियों के श्रम का मेहनताना फीस के खाते में जमा होने की अपेक्षा उसे कमाई के रूप में मिलने की व्यवस्था करना अधिक संतोषजनक और परिणामकारक होगा। परन्तु साथ ही जिस विद्या की कीमत न चुकानी पड़ती हो वह बहुत सफल नहीं हो सकती। इसलिए मैं बीच का मार्ग सुझाता हूँ कि विद्यार्थियों की मजदूरी का एक हिस्सा फीस माना जाए और शेष उनकी कमाई। कुशलता सिर्फ शिक्षाशास्त्र की दृष्टि से ही नहीं, बल्कि अर्थशास्त्र और शरीरशास्त्र की दृष्टि से भी होनी चाहिए।"[17]

सामाजिक भेद को नकारते हुए उनकी नयी तालीम का आधार समता थी और सबके लिए श्रम करना अनिवार्य था। श्रमिक और पूँजीपति की भावना को उनकी शिक्षा-प्रणाली में पूर्णतया मिटा दिया गया था। उस व्यवस्था में सबको श्रमिक बना दिया गया था, जिससे सामाजिक असमानता का आधार ही नष्ट हो जाए। इससे सबसे बड़ा लाभ यह था कि छात्रों में वर्गीय चरित्र का विकास नहीं हो पाता। सभी अपने को एक वर्ग का समझने लगते। इस प्रकार उनकी शिक्षा-पद्धति की आधारशिला सामाजिक समानता थी जिसमें श्रम सबको करना पड़ता था। शिक्षा के क्षेत्र में वस्तुतः यह क्रान्तिकारी योजना थी जो आज के सामाजिक वर्ग-संघर्ष का मूल ही विच्छिन्न कर देती। इससे सामाजिक और आर्थिक दोनों में व्याप्त आक्रोश का शमन स्वयमेव हो जाता।

उन्होंने अपनी शिक्षा नीति पर प्रकाश डालते हुए कहा था कि "मैं चाहता हूँ कि सारी शिक्षा किसी दस्तकारी या उद्योग के द्वारा दी जाए। प्रारम्भिक शिक्षा में सफाई, स्वास्थ्य, भोजनशास्त्र, अपना काम आप करने और घर पर माता-पिता को सहायता देने इत्यादि के मूल सिद्धांत शामिल होंगे। वर्तमान पीढ़ी के बालकों को स्वच्छता और स्वावलम्बन का कोई ज्ञान नहीं होता और वे शरीर से कमजोर होते हैं। इसलिए मैं संगीतमय कवायद के द्वारा उनको अनिवार्य शारीरिक शिक्षा दिलवाऊँगा।[18] इस प्रकार उपर्युक्त कथन से स्पष्ट होता है कि गांधीजी शिक्षा जगत् में एक नया प्रयोग कर रहे थे जिससे शिक्षा समाज के लिए अधिकतम उपयोगी हो सके।

गांधीजी पाश्चात्य शिक्षा की कोरी भौतिकता तथा हिंसात्मक प्रवृत्ति के घोर विरोधी थे। प्रचलित शिक्षा पद्धति के दोषों से मुक्त करने के लिए सर्वथा नवीन शिक्षा

पद्धति का प्रणयन किया जो अहिंसा के माध्यम से रचनात्मक शिक्षा प्रदान कर सके। विद्या-मन्दिर ट्रेनिंग स्कूल, वर्धा में भाषण देते हुए नयी शिक्षा-पद्धति के उद्देश्य पर प्रकाश डालते हुए कहा था कि यह योजना पूरी तरह से भारतीय योजना है। इसके आदर्श का जन्म गाँव से हुआ है। असली हिंदुस्तानी तो ऐसे सात लाख गाँवों में बसता है। मैं चाहता हूँ कि आप लोग इन गाँवों से निरक्षरता को दूर भगा दें, ग्रामवासियों के लिए अन्न और वस्त्र के साधन जुटायें और सत्य तथा अहिंसा द्वारा स्वराज्य प्राप्त करने का संदेश गाँवों में पहुँचाएँ। यह दायित्व आपके ऊपर है। आपका यह धर्म है कि आप इस भावना को लेकर काम करें। मैंने तो काफी मनन के बाद यह योजना पेश की है। यदि यह योजना असफल हुई तो इसके लिए अध्यापक दोषी ठहराये जाएँगे। दस्तकारी के जरिये इतिहास, भूगोल और गणित की शिक्षा दी जाएगी और छात्रों के शरीर-श्रम से स्कूल का खर्च निकालने का प्रयत्न किया जाएगा।

हिटलर तलवार के बल पर अपना उद्देश्य पूरा कर रहा है। मैं आत्मा के द्वारा पूरा करना चाहता हूँ। विदेशी विचारों और आदर्शों का आवरण निकाल फेंकिये। अपने आप को ग्रामवासियों के साथ समरस बना दीजिए। पाश्चात्य जगत् विनाश की शिक्षा दे रहा है। हमें अहिंसा के जरिये रचनात्मक शिक्षा देनी है।[19]

पाश्चात्य शिक्षा के कारण भारतीय समाज दो भागों में विभक्त हो रहा था। अंग्रेजी शिक्षा से प्रभावित लोगों तथा सामान्य लोगों के बीच की दूरी निरंतर बढ़ रही थी। समाज के इस असन्तुलन और असंगति के लिए पाश्चात्य शिक्षा उत्तरदायी थी। गांधीजी ने इस प्रभाव का समूल विनाश कर प्राचीन सांस्कृतिक परम्परा के आधार पर नये विचारों तथा आदर्शों से अनुप्राणित एक ऐसी शिक्षा योजना प्रस्तुत की जो नवीन भारतीय समाज तथा अर्थ-व्यवस्था का संतुलन कर सामंजस्य स्थापित कर सके। भारत के अतीत, वर्तमान और भविष्य के बीच जीवंत शृंखला के रूप में कार्य कर सके। अपनी शिक्षा प्रणाली में गांधीजी ने गाँवों को प्रमुखता प्रदान की। उनके विकास की योजना को अपनी शिक्षा नीति का प्रमुख अंग माना। शिक्षा के माध्यम से अहिंसात्मक परिवर्तन पर बल देते हुए गांधीजी ने कहा था कि इसके लिए हमें अहिंसा पर ध्यान केन्द्रित करना होगा। हिटलर और मुसोलिनी की विचारधाराओं का मूल उद्देश्य हिंसा है पर हमारा उद्देश्य तो अहिंसा है। इससे हमें अपनी तमाम समस्याओं को अहिंसा द्वारा ही हल करना है। अपने गणित को, अपने विज्ञान को, अपने इतिहास को केवल अहिंसा की दृष्टि से देखेंगे और इन विषयों से सम्बन्धित समस्याएँ अहिंसा के रंग में रंगी होंगी।...इतिहास अभी तक रचनाओं का और उनके युद्धों का वर्णन मात्र रहा है और भविष्य में जो इतिहास बनेगा वह मानवता का होगा। वह इतिहास अहिंसा का हो सकता है और है। फिर हमें शहरों के उद्योग-धन्धों को छोड़कर ग्राम उद्योगों की ओर ध्यान देना होगा। मतलब यह कि अगर हम अपने गाँवों को जीवित रखना चाहते हैं तो हमें गांधी की दस्तकारी का

पुनरुद्धार करना होगा।

अपनी शिक्षा योजना से वे विशेष रूप से देहाती बच्चों को लाभ पहुँचाना चाहते थे जो पूर्णतया उपेक्षित थे। इसलिए गांधीजी ने उसे ग्रामीण राष्ट्रीय शिक्षा कहा। गांधीजी शिक्षा में मौलिक और क्रान्तिकारी परिवर्तन चाहते थे। वर्तमान प्रचलित शिक्षा जो पश्चिमी शिक्षा के अनुकरण पर आधारित थी उसे समाप्त करना चाहते थे। उन्होंने इस विचार को और अधिक स्पष्ट करते हुए कहा था कि इसे देहाती दस्तकारियों द्वारा दी जाने वाली ग्रामीण राष्ट्रीय शिक्षा कहना अधिक सही होगा। इस शिक्षा पद्धति में तथाकथित उच्च या अंग्रेजी शिक्षा का समावेश नहीं होगा। 'राष्ट्रीय' शब्द उस समय सत्य और अहिंसा का सूचक बन गया था। इसलिए उनकी दृष्टि में देहाती दस्तकारियों द्वारा दी जाने वाली शिक्षा का मतलब था कि इस योजना के बनाने वाले शिक्षकों से यह आशा रखना है कि देहाती बच्चों को उनके अपने ही गाँवों में किसी चुनी हुई देहाती दस्तकारी के जरिये ऐसी शिक्षा देंगे जिससे उनकी सभी शक्तियों का पूर्ण विकास होगा और यह सारी शिक्षा एक ऐसे वातावरण में दी जाएगी जो ऊपर से लादे गये बन्धनों और बाधाओं से मुक्त होगी। इस दृष्टि से सोचने पर यह योजना देहाती बच्चों की शिक्षा में एक क्रान्तिकारी कदम होगा। किसी भी दृष्टि से इसे पश्चिम का अनुकरण नहीं कहा जा सकता था।''[20]

इस प्रकार नयी तालीम के माध्यम से गांधीजी सामान्य जन-जीवन में परिवर्तन लाना चाहते थे। शिक्षा से अछूते देहाती बच्चों में सत्य, अहिंसा, ब्रह्मचर्य, अपरिग्रह, श्रम के प्रति रुचि, दस्तकारी में दक्षता आदि गुणों का समावेश करना चाहते थे। साथ ही उसमें नये तत्वों के समावेश के भी वे समर्थक थे जिससे शिक्षा बदलती हुई परिस्थितियों के अनुकूल और उपयुक्त हो सके। इसको स्पष्ट करते हुए उन्होंने कहा था कि पुरानी शिक्षा पद्धति में जो गुण है उनका नयी तालीम में समावेश अवश्य रहेगा लेकिन इसके अतिरिक्त उसमें नये तत्वों को भी पर्याप्त मात्रा में स्थान दिया जाएगा। ''यदि नयी तालीम वास्तव में नयी है तो इसका यह फल होना चाहिए कि यह हमारी निराशा को आशा में, हमारी दरिद्रता और भुखमरी को हमारे पोषण-योग्य साधन-सम्पन्नता में, हमारी बेकारी को श्रम और कार्य तिरस्कार को प्रेम और एकता की भावना में परिणत कर दे। यह सारे बालक-बालिकाओं को पढ़ना-लिखना सीखने के योग्य बना दे और इसके साथ ही एक ऐसी हस्तकला जान लें जिसके माध्यम से वे ज्ञान प्राप्त कर सकें।''[21] इस प्रकार गांधीजी के विचार से सारी शिक्षा को किसी बुनियादी उद्योग के साथ अवश्य सम्बन्ध जोड़ना चाहिए।

गांधीजी के विचारानुसार स्वावलम्बन नयी तालीम की प्रथम शर्त नहीं बल्कि सच्ची कसौटी थी। स्वावलम्बन के बिना उनके विचार में नयी तालीम वैसी ही होती जैसे बिना प्राण का शरीर। नयी तालीम में प्रशिक्षित विद्यार्थी समाज की अमूल्य निधि होंगे। उनका विश्वास था कि नयी तालीम में शिक्षित युवक चरित्रवान होंगे और

बेकारी उनके लिए कोई समस्या नहीं होगी। गाँवों की सादगी और पवित्रता से उनका लगाव होगा। आधुनिक समाज की बुराइयों से मुक्त होंगे। इन युवकों के द्वारा ही वास्तव में ग्रामीण जीवन का विकास होगा।[22] चूँकि भारत गाँवों का देश है इसलिए इसका भविष्य में कितने भी व्यापक पैमाने पर औद्योगीकरण किया जाय, गाँवों और कृषि की प्रधानता मिट नहीं सकती। इसी को ध्यान में रखकर ग्रामपरक बुनियादी तालीम को भावी भारत के विकास का आधार गांधीजी ने माना।

तत्कालीन प्रचलित विश्वविद्यालयीय शिक्षा में गांधीजी परिवर्तन चाहते थे। विश्वविद्यालयीय शिक्षा का भारत की आवश्यकताओं के साथ पूरा-पूरा मेल बैठना चाहिए। इसलिए विश्वविद्यालय की शिक्षा गांधी की नयी शिक्षा के सिलसिले में जारी रहने वाला उसका विस्तृत रूप ही होना चाहिए। वे इस बात को मानते थे कि तत्कालीन यूनिवर्सिटी शिक्षा में हमें आजादी का रास्ता दिखाने के बजाया गुलाम ही बनाया। इसके विपरीत वे चाहते थे कि विश्वविद्यालयों को चाहिए कि वे देश की स्वतंत्रता के लिए जीने और मरने वाले जन-सेवक तैयार करें। इसलिए उनकी राय थी कि तालीमी संघ के शिक्षकों की सहायता से विश्वविद्यालय की शिक्षा को नयी शिक्षा के साथ जोड़कर उसको लाइन में ले आना चाहिए।[23] इस प्रकार गांधीजी विश्वविद्यालयीय शिक्षा में परिवर्तन लाकर, बुनियादी शिक्षा के आधार पर उसका विकास करना चाहते थे। तत्कालीन विश्वविद्यालयों में शिक्षाप्राप्त युवकों की नौकरी के पीछे भागने की प्रवृत्ति से वे दुःखी थे। निष्कर्ष रूप से बुनियादी शिक्षा के सम्बन्ध में कहा जा सकता है कि यह शिक्षा देश की आवश्यकताओं को पूरा कर सकती थी और इसके संचालन में कुछ विशेष तथ्यों पर ध्यान दिया गया था। गांधीजी के अनुसार पूरी शिक्षा स्वावलम्बी होनी चाहिए। यानी अन्त में पूँजी को छोड़कर अपना सारा खर्च उसे स्वयं निकालना चाहिए। इसमें आखिरी दर्जे तक हाथ का पूरा-पूरा उपयोग किया जाय। यानी विद्यार्थी अपने हाथों से कोई-न-कोई उद्योग-धन्धा आखिरी दर्जे तक करें। सारी तालीम विद्यार्थियों की प्रान्तीय भाषा के माध्यम से दी जानी चाहिए। इसमें साम्प्रदायिक धार्मिक शिक्षा के लिए कोई जगह नहीं होगी लेकिन बुनियादी नैतिक तालीम के लिए काफी गुंजाइश होगी। यह तालीम, फिर इसे बच्चें ले या बड़े, स्त्रियाँ लें या पुरुष, विद्यार्थियों के घरों में पहुँचेंगी, और चूँकि इस तालीम को पाने वाले लाखों-करोड़ों विद्यार्थी अपने-आपको सारे भारत के नागरिक समझेंगे, इसलिए उन्हें अन्तर्प्रान्तीय भाषा सीखनी होगी। सारे देश की एक भाषा नागरी या उर्दू में लिखी जाने वाली हिंदुस्तानी ही हो सकती है। इसलिए विद्यार्थियों को दोनों लिपियाँ अच्छी तरह सीखनी होगी।''[24]

अन्त में गांधीजी के अनुसार इस बुनियादी विचार के बिना या इसको ठुकरा कर जो नये विश्वविद्यालय कायम किये जाते वे उनके विचार से देश को कोई लाभ नहीं पहुँचा सकते थे। इसके विपरीत उनसे देश को नुकसान ही होगा।''[25] बुनियादी

तालीम का आमतौर पर यह अर्थ किया जाता है कि दस्तकारी के माध्यम से शिक्षा देना बुनियादी तालीम है। मगर यह कुछ अंश तक ही ठीक है। नयी तालीम की जड़ इससे गहरी हो जाती थी। इसका आधार था सत्य और अहिंसा। व्यक्तिगत जीवन और सामाजिक जीवन दोनों में ये ही उसके आधार थे। उसका सम्बन्ध साम्प्रदायिक मतों से भी नहीं था। वह तो धर्म के उन विश्वव्यापी सिद्धान्तों की शिक्षा देती, जिनमें से सब सम्प्रदायों के धर्म निकले हैं।[26]

गांधीजी भारतीयों में निर्भय होने की भावना को जाग्रत करना चाहते थे। इसीलिए उन्होंने निःशुल्क, आत्मनिर्भर और समन्वित शिक्षा पद्धति को स्वीकार किया क्योंकि इसी तरह की शिक्षा से ही बच्चे की शारीरिक क्षमता के साथ-साथ मानसिक और आध्यात्मिक शक्ति का विकास होता है। गांधीजी निर्भय व्यक्तियों के जिस नये समाज का निर्माण करना चाहते थे, उसकी नींव स्वस्थ शिक्षा थी। "कोई भी समाज तब तक स्वतंत्र नहीं हो सकता जब तक कि उसके विद्वान् व्यक्ति स्वतंत्र और निर्भीक न हों। उन्होंने अध्यापकों को अनुचित दबावों से मुक्त होकर काम करने की सलाह दी थी।"[27] गांधीजी के विचारानुसार सच्चा शिक्षक वह है जो अपने विद्यार्थियों में घुल-मिल जाता है, उनमें तन्मय हो जाता है, वह जितना उन्हें सिखाता है, उससे अधिक उनसे सीखता है।[28]

गांधीजी चाहते थे कि शिक्षकों में नैतिक बल, साहस और निर्भिकता होनी चाहिए जिसे वे अपने शिष्यों के चरित्र-निर्माण में सम्यक् योग दे सकें।[29] इस प्रकार शिक्षक को अपने जीवनयापन की विधि और व्यावहारिक सात्विक आचरण द्वारा शिष्यों में सत्य और अहिंसा पर आधारित नैतिक मूल्यों की प्रतिष्ठापना करनी चाहिए। ऐसे शिक्षकों से शिक्षा प्राप्त विद्यार्थी बुनियादी शिक्षा में प्रशिक्षित होने पर सच्चे शुद्ध हृदय वाले और स्वस्थ होंगे। उनका रुझान गाँवों की ओर होगा। उनके मस्तिष्क और हाथ का विकास एक-सा होगा।[30] गांधीजी ने पटना के विद्यार्थियों को सम्बोधित करते हुए कहा था कि "असली शिक्षा तो कर्तव्यपालन है। वे छात्र-समुदाय में अधिकार के स्थान पर कर्तव्य-पालन की भावना को प्रमुखता देते थे। परतंत्र भारत में अंग्रेजी शिक्षा प्राप्त युवक डिग्रियों को जीविका का साधन मानते रहे हैं। यह विचार दासता का सूचक था। इसलिए वे चाहते थे कि छात्रों को देश की आजादी की लड़ाई में यदि सक्रिय योग देना है तो उन्हें राष्ट्र-प्रेम तथा देश-प्रेम की भावना से प्रेरित होकर देश को स्वतंत्र बुनियादी शिक्षा के आधार पर चरित्र-निर्माण करना चाहिए।"[31] वाराणसी के छात्रों को सम्बोधित करते हुए उन्होंने स्वावलम्बन, आत्मसम्मान और आत्मनिर्भरता की भावना से शिक्षा प्राप्त करने पर बल दिया था।[32]

शिक्षा के माध्यम से गांधीजी गुलाम भारत को आजाद करने के लिए छात्रों में देश-प्रेम की भावना भरना चाहते थे। वे शिक्षा का उद्देश्य स्वराज मानते थे।[33] इस प्रकार उनकी शिक्षा व्यवस्था के द्वारा छात्रों में देश-प्रेम की भावना भर कर मातृभूमि

की दासता की शृंखलाओं को तोड़ने के योग्य बनाना था। इसके लिए उन्होंने छात्रों में सादगी, खादी का प्रयोग और निर्माण की भावना जाग्रत करने पर बल दिया।[34] उन्होंने मैनचेस्टर के बने कपड़ों को छोड़कर खादी वस्त्र धारण करने का आह्वान किया जिससे रचनात्मक कार्य करने की क्षमता का विकास हो, साथ ही देश-प्रेम की भावना भी पैदा हो। विदेशी वस्त्रों को छोड़कर स्वदेशी वस्त्रों के धारण करने से अपने देश के प्रति अनुराग पैदा होगा, ऐसा उनका विचार था।

गांधीजी शिक्षा के साथ-साथ रचनात्मक कार्यों पर भी बराबर बल देते रहे। विद्यार्थियों को रचनात्मक कार्य करने की शिक्षा देते हुए उन्होंने कहा था कि अगर विद्यार्थी अपने को सच्ची स्वराज सेना में बदलना चाहते हैं तो उन्हें व्याख्यानबाजी से हटकर रचनात्मक कार्यों में जुट जाना चाहिए। विद्यार्थियों की रिपोर्ट में भाषणों, नाटकों के उल्लेख की जगह अब तो यह लिखा जाना चाहिए कि उन्होंने उन कामों के सिवा कितने शैचालय साफ किये, कितने गाँवों की, कुँओं की सफाई की, कितने बाँध बाँधे, कितने मरीजों-रोगियों की सेवा की, कितनी खादी बुनी, कितने तालाब या कुँए खोदे और कितनी रात्रिशालाओं आदि का संचालन किया।[35] इस प्रकार हम कह सकते हैं कि गांधीजी जहाँ शिक्षा के माध्यम से देश को आत्मनिर्भर बनाना चाहते थे, वहीं वे देश की स्वतंत्रता के लिए कर्मठ सेनानियों और समाज-सुधार के लिए आत्मबलिदानी सेवकों का निर्माण भी चाहते थे।

वस्तुतः गांधीजी शिक्षा की समस्या पर विशेषतः उसे भारतीय पृष्ठभूमि में रखते हुए विचार कर रहे थे। एक ओर देश का अधिकांश भाग साक्षरता से दूर था, परन्तु उसमें बहुतेरे उत्तम संस्कार प्राचीनकाल से चले आ रहे थे। देश की अधिकांश प्रजा किसान और कारीगर थी। वह निरक्षर थी, परन्तु निरक्षर होते हुए भी उसमें समझ थी, विवेक था, संस्कार था, धर्म-बुद्धि थी। गांधी के अनुसार भारत में शिक्षा की एक ऐसी प्रणाली चाहिए थी जो एक ओर जनता को उसकी परम्परा और क्षेत्र से उसे अपदस्थ न करे और दूसरी ओर उसमें बौद्धिक शिक्षा तथा विज्ञान की नवीन साहसिक यात्राओं के प्रति अभिरुचि भी उत्पन्न कर सके। गांधी के शिक्षा सम्बन्धी विचारों के अध्ययन के आधार पर हम कह सकते हैं कि एक गरीब देश में कोटि-कोटि जनता को साक्षर बनाने तथा उसमें प्राचीन संस्कृति की नींव पर नवीन जीवनोन्मेष लाने वाली शिक्षा योजना किस प्रकार बनायी जा सकती थी, यह सवाल गांधीजी के सामने था।

बहुत विचार और मनन के बाद उन्होंने 1937 ई. में शिक्षण की एक ऐसी तस्वीर देश के सामने रखी कि शिक्षा जगत् से सम्बद्ध लोग स्तब्ध रह गये। यह उनके आरामतलब जीवन पर ही कुठाराघात था। यह एक ऐसा क्रान्तिकारी विचार था जिसे सहज ही पचा लेना शिक्षित समाज के बूते की बात न थी। इस पर गांधीजी की समग्र विचारधारा की छाप थी। इसे उन्होंने नयी तालीम, नया शिक्षण का नाम दिया। अपने

विचार को स्वयं ही सबसे अधिक क्रान्तिकारी कदम बताया और अपना यह विचार शिक्षा-क्षेत्र में काम करने वाले अपने साथियों और मित्रों के सामने रखते हुए उन्होंने कुछ इस भाव के विचार प्रगट किये थे, ''मैं इस देश के सामने और उसके द्वारा संसार के सामने कुछ नये विचार रखने का दावा कर सकता हूँ। मैंने अब तक जिन विचारों की भेंट जगत् के चरणों में रखी है, उनमें यह विचार मुझे सबसे अधिक क्रान्तिकारी और सबसे अधिक महत्त्वपूर्ण लगता है। इससे अधिक महत्त्वपूर्ण और अधिक मूल्यवान भेंट मैं दुनिया के सामने रख सकूंगा, ऐसा मुझे नहीं लगता। इसमें मेरे रचनात्मक कार्यक्रम को व्यावहारिक रूप देने की कुंजी समाई हुई है। जिस नयी दुनिया के लिए मैं छटपटा रहा हूँ, वह इसमें से उत्पन्न की जा सकती है। यह मेरी आखिरी वसीयत है।[36]

गांधीजी ने अनुभव किया था कि तत्कालीन शिक्षा का जो रूप प्रचलित था वह अत्यधिक व्यय-साध्य था। गरीब या तो शिक्षा प्राप्त नहीं कर सकते थे या करते थे तो उनका बोझ समाज या सरकार पर पड़ता था। फिर उस शिक्षा प्रणाली के कारण ग्राम और नगर का भेद बढ़ रहा था। अर्वाचीन शिक्षा-पद्धति की आलोचना करते हुए प्रयोग की सार्वजनिक सभा में जो पं. मदनमोहन मालवीय के सभापतित्व में हुई थी, महात्मा गांधी ने कहा था, ''आजकल शिक्षा प्राप्त करने का उद्देश्य सरकारी नौकरी पाना है। अंग्रेजी भाषा के द्वारा दी गयी शिक्षा ने मुट्ठीभर शिक्षितों और सर्वसाधारण के बीच बड़ी भारी खाई उत्पन्न कर दी है।[37] मूलतः शिक्षा के सम्बन्ध में गांधीजी का दृष्टिकोण राष्ट्रीय दृष्टिकोण था। वह भारत में अंग्रेजों द्वारा प्रचलित शिक्षा-प्रणाली के स्थान पर एक-दूसरी प्रणाली शुरू करना चाहते थे। गांधीजी के मत में अंग्रेजों की शिक्षा पद्धति का उद्देश्य ऐसे शिक्षित लोग तैयार करना था जो केवल अंग्रेजों की सेवा कर सकें। उन्होंने जिस वर्ग की 'हिंद-स्वराज' में भर्त्सना की थी, वह वर्ग अब और भी बड़ा होता जा रहा था और भारतीय समाज के लिए खतरा बनता जा रहा था। इस शिक्षा ने जिस शिक्षा-पद्धति और वर्ग का निर्माण किया, उसे गांधीजी ने अस्वीकृत कर दिया। गांधीजी के अनुसार इस शिक्षा का सबसे विनाशकारी परिणाम हुआ एक नयी जाति का निर्माण-अंग्रेजी बोलने वालों की जाति। इसलिए राष्ट्र के लिए गांधीजी की योजना यह थी कि यूरोपीय प्रभाव के कारण नष्ट होने वाली राष्ट्रीय और सामाजिक भावधारा को सूखने से बचाया जाए।[38]

बुनियादी शिक्षा-पद्धति

उनके लिए बुनियादी शिक्षा-पद्धति एक सहज स्वाभाविक शिक्षा-पद्धति थी, क्योंकि वह इसे बच्चों के घर के वातावरण का एक विस्तार मानते थे। वह बच्चों की बुनियादी अच्छाई में विश्वास करते थे। वह यह भी मानते थे कि शिक्षा का स्वरूप बच्चों के और बच्चों की संस्कृति के सहज और उत्तरोत्तर विकास के अनुसार ही होना

चाहिए। गांधीवादी स्कूल में शिक्षा खेल के वातावरण में शुरू होती है। इसमें बच्चे की आजादी का ध्यान रखा जाता है और यह बाल-केन्द्रित होती है। विभिन्न कार्यकलाप, स्थान विशेष में प्रचलन के अनुसार दस्तकारी पर जोर देने से सहज वातावरण का निर्माण होता है। दूसरी ओर गांधीजी के शिक्षा-सिद्धान्त में एक निश्चित आदर्शवाद भी मिलता है, जिसके लिए उनकी कड़ी आलोचना भी हुई। आध्यात्मिक समाज में आध्यात्मिक मानव के विकास का उनका मूल लक्ष्य शिक्षा-सिद्धान्त में इतिहास की दृष्टि से एक आदर्शवादी लक्ष्य रहा है। विशेष व्यवसाय के लिए तैयार करने के बजाय जीवन की सम्पूर्णता की तैयारी के रूप में शिक्षा को ग्रहण करना एक दूसरा आदर्शवादी लक्ष्य है। फिर भी उनके लिए शिक्षा का सबसे मुख्य प्रेरक लक्ष्य था-आत्मानुभव अर्थात् सत्य और अहिंसा की पूर्ण उपलब्धि।

गांधीजी ने इस बात पर बल दिया था कि शिक्षा-पद्धति ऐसी होनी चाहिए जिसमें बुद्धि और आत्मा का सर्वाधिक विकास सम्भव हो सके। इसका आशय था एक समेकित दृष्टिकोण, जिसमें बच्चे बौद्धिक, भौतिक और नैतिक पक्ष को मनुष्य के रूप में विकसित होने तक, उचित रूप में विकसित होना और सन्तुलित रहना चाहिए। वह ऐसी शिक्षा का समर्थन नहीं करते थे जिसमें सिर्फ बौद्धिक पक्ष पर ही जोर दिया जाता है और जैसा कि हमारी आधुनिक शिक्षा पद्धति में होता है। कभी-कभी यह कहा जाता है कि जीवन के बारे में गांधीजी का दृष्टिकोण बुद्धि-विरोधी है, क्योंकि उन्होंने शिक्षा के नैतिक और व्यावहारिक या धन्धे के पक्ष पर ही अधिक जोर दिया था। लेकिन गांधीजी ने बौद्धिक उन्नति के गुणों को कहीं पर भी कम महत्त्वपूर्ण नहीं माना है। इसके विपरीत जैसा कि जॉन डिवी नामक एक महान् शिक्षाशास्त्री ने कहा है, "गांधीवादी पद्धति सभी पद्धतियों से एकदम आगे है। उसमें भरपूर शक्ति और सम्भावनाएँ हैं।"[39] उनके लिए बौद्धिक वाग्छल बेकार चीज थी, क्योंकि इससे एक पढ़ा-लिखा आदमी बगैर पढ़े-लिखे आदमी की अपेक्षा कोई अधिक अच्छा आदमी नहीं बनता। इसलिए गांधीवादी शिक्षा पद्धति को जो लोग गैर-बौद्धिक कहते हैं, वे पश्चिमी सभ्यता से प्रभावित गांधीवादी शिक्षा के तथ्य को ठीक से नहीं समझ सके हैं।

गांधी ने सबसे पहले इस बात पर बल दिया कि शिक्षा पद्धति ऐसी होनी चाहिए जो शुरू से ही भारत की गरीबी को दूर करे और इस समस्या का अन्तिम रूप से समाधान करे। उनकी बुनियादी तालीम पद्धति ठीक इसी समस्या का समाधान करती थी। दूसरे भारत जैसे देश में जहाँ अधिकांश गरीब जनता गाँवों में रहती है, शिक्षा-पद्धति को ऐसा होना चाहिए जो इन लोगों की आवश्यकताओं को गाँवों में उत्पादन का आधार बनाकर पूरी करे। यह गाँवों के उद्योगों, शिल्प या उत्पादन के अन्य साधनों का पुनरुद्धार कर या वहाँ उद्योग आदि खोलकर पूरा किया जा सकता था। तीसरे शिक्षा पद्धति के विभिन्न स्तरों की, बुनियादी शिक्षा से लेकर ऊँची शिक्षा

के स्तरों को ऐसा होना चाहिए जिससे असमानताएँ कम हों। गाँवों और शहरों का आपसी संघर्ष दूर हो। चौथे शिक्षा पद्धति ऐसी होनी चाहिए जिससे विद्वान् और उत्पादन में सहायक तकनीकी व्यक्ति ही पैदा न हों बल्कि ऐसे लोग तैयार हों जो सत्य और अहिंसा के बुनियादी सिद्धान्तों के अनुसार आचरण करते हों। पाँचवें स्वयं काम करने की आदत भी पैदा होनी चाहिए और इसे जीवन के साथ समन्वित किया जाना चाहिए। छठे ऊँची शिक्षा से प्रौढ़ों में राष्ट्रीय चेतना और राष्ट्रीय आवश्यकताओं को पूरा करने की उत्तरदायित्व की भावना का विकास होना चाहिए। शिक्षा आत्मनिर्भरता की सूक्ष्म कसौटी है। सातवें गांधीवादी शिक्षक को प्रकाश-स्तम्भ, सूचनापट्ट, सबके साथ घुलमिलकर रहने वाला, सबका कल्याण करने वाला और ऐसा व्यक्ति कहा गया है, जो लोगों को वाग्जाल के द्वारा होने वाले अत्याचार से बचाये। शिक्षा संस्थाओं को समुदाय जैसा समझा जाना चाहिए जो समाज के अन्य समुदायों के साथ समान उद्देश्य के लिए काम करती हैं और एक-दूसरे से सम्बद्ध हैं। शिक्षा के द्वारा समाज के प्रसंग में ही मनुष्य पूर्ण बन सकता है, उससे अलग रहकर नहीं। यही गांधीवादी आध्यात्मिकता का भी उद्देश्य है।

गांधीजी भारतीय भी थे और एक विश्वजनीन व्यक्ति भी। भारत की आजादी उनका उद्देश्य था लेकिन इससे अधिक वह बुनियादी मूल्यों पर जोर देते थे। जैसाकि हम अपने सामाजिक जीवन के कुछ क्षेत्रों में देख रहे हैं, इन मूल्यों के बिना आजादी एक कोरा नारा रह गयी है। शिक्षा के बारे में के.जी. सैयदेन ने संक्षेप में गांधी के योगदान को इस प्रकार प्रस्तुत किया है, "शिक्षा के क्षेत्र में उनका योगदान दुहरा है। एक ओर भारत में शिक्षा की स्थिति को देखते हुए यह भारतीय प्रतिमा द्वारा प्रस्तुत एक विशिष्ट पद्धति है, जिसका विकास यहाँ की मिट्टी में हुआ और जो विदेश से लायी गयी चीज नहीं है। दूसरी ओर यह विश्व-स्तर पर भी उपयोगी है जिसके कारण यह युग के प्रगतिशील शिक्षा-दर्शन के कोटि में आ जाती है- यह एक ऐसा तथ्य है जिससे महात्मा गांधी स्वयं आश्चर्यचकित थे क्योंकि उनका विदेशों के आधुनिक शिक्षा आन्दोलनों से कोई भी बौद्धिक सम्बन्ध नहीं था।"[40]

शिक्षा के बारे में उनकी योजना का मूल विचार यह था कि इसे शुल्क मुक्त होना चाहिए और इसका खर्च अपने आप निकलना चाहिए। उन्होंने 1921 ई. में लिखा था, "शिक्षा सबके लिए होती है, इसलिए यह मुफ्त होनी चाहिए ...। मैं कल्पना कर सकता हूँ कि स्कूल अपना खर्च खुद पूरा करे ... अगर अपने चारों ओर के वातावरण के अनुसार बच्चों को व्यावसायिक शिक्षा दी जाए तो वे स्कूल में अपने ऊपर होने वाले खर्च को ही नहीं पूरा कर सकेंगे बल्कि आगे चलकर वे अपनी जिन्दगी में भी इसका उपयोग कर सकेंगे।"[41] इसलिए भारत जैसे गरीब देश में शिक्षा को यदि सार्वदेशिक या व्यापक बनाना है और उसे अपने कुटुम्ब, गाँव, समाज और देश के लिए उपयोगी रूप देना है तो निम्नलिखित बातें आवश्यक हैं-

i) शिक्षा खर्चीली न हो बल्कि यदि सम्भव हो तो उसे स्वावलम्बी बनाया जाए।
ii) उसमें शरीर-श्रम की प्रतिष्ठा का स्थान प्राप्त हो।
iii) वह पैतृक उद्योग-व्यवसाय की विध्वंसक न होकर उसका परिमार्जन एवं विकास करने वाली हो।
iv) उसमें सदाचरण, सागदी, नम्रता, धर्म के प्रति जागृत श्रद्धा आदि गुणों का विकास हो, वह हमें अच्छा किसान, अच्छे कारीगर तो बनाये ही हमें अच्छा पड़ोसी, अच्छा नागरिक, अच्छा देशवासी और अच्छा मानव भी बनावे।
v) हर हालत में सब प्रकार की शिक्षा का माध्यम मातृभाषा होगी। किसी भी रूप में कोई विदेशी भाषा का माध्यम नहीं हो सकती।
vi) वह जीविका का नहीं, समाज एवं मनुष्य की सेवा का साधन एवं प्रेरणा बने।

बुनियादी शिक्षा बनाम स्वावलम्बी शिक्षा

निष्कर्ष रूप में यह कहा जा सकता है कि गांधी ने 1937 में बुनियादी शिक्षा, बेसिक शिक्षा या नयी तालीम की योजना देश के सामने रखी। इस शिक्षा का केन्द्र-बिन्दु था आसपास प्राप्त स्वाभाविक एवं सामाजिक स्थिति के अनुकूल किसी उत्पादक उद्योग के द्वारा शिक्षा देना। यह दृष्टि उद्योग की शिक्षा की दृष्टि नहीं थी। उद्योग के प्रशिक्षण में उद्योग ही प्रमुख होता है पर गांधी द्वारा प्रस्तावित शिक्षा में उद्योग नहीं, शिक्षा मुख्य बिन्दु था। उद्योग समग्र शिक्षा का माध्यम था। बुनियादी शिक्षा का उद्देश्य कर्मचारी बनाने का नहीं बल्कि ऐसा नागरिक बनाने का था जो देश के अन्दर प्राप्त साधनों से अपना तथा अपने देश की राजनीतिक, आर्थिक, बौद्धिक, सांस्कृतिक तथा नैतिक स्तर ऊँचा कर सके। मूलतः उद्योग, समाज और प्रकृति का अध्ययन और अभ्यास बुनियादी शिक्षा के विषय होते थे। वे बुनियादी शिक्षा को सार्वजनीन होने के लिए स्वावलम्बी होना आवश्यक मानते थे। शिक्षा के द्वारा समाज में अहिंसक क्रान्ति करना चाहते थे। वे अहिंसा के मूलभूत सिद्धान्त को शिक्षण का मूलभूत सिद्धान्त मानते थे। शोषणमुक्त अहिंसक जीवन-पद्धति का विकास ही बुनियादी तालीम का लक्ष्य था। इसमें बौद्धिक और शारीरिक श्रम को समान मूल्य की मान्यता प्रदान की गयी थी। गांधीजी ने कहा था कि नयी तालीम का क्षेत्र पालने से शमशान तक है। इसके माध्यम से तत्कालीन समाज में प्रचलित जीवन-मूल्यों को बदलने का प्रयास किया गया। गांधी आधुनिक कोरी बुद्धिवादी शिक्षा के विरोधी थे। उसे वे बुद्धि का विकास नहीं, बुद्धि का विलास मानते थे। क्योंकि गांधीजी का कहना था कि स्वावलम्बी होना तो इस हकीकत का स्वाभाविक परिणाम होगा कि विद्यार्थी ने अपने एक शक्ति से काम लेना सीख लिया है। यदि कोई लड़का, जो रोज तीन घण्टे दस्तकारी का काम

करता है, अपना खर्च अवश्य निकाल लेता है, तो वह लड़का कितना कमा लेगा जो काम के साथ अपनी बुद्धि और आत्मा का विकास भी कर लेता है।[42] क्योंकि मनुष्य-जीवन की कुछ सीमित-सी आवश्यकताओं की पूर्ति करने की क्षमता यदि शिक्षा में है तो वह पूर्ण शिक्षा बन सकती है लेकिन यह एक उद्देश्य हुआ, इसी को हम पूर्ण नहीं मान सकते। गांधीजी शिक्षा का लक्ष्य 'आत्म-निर्भरता' बताते हैं। गांधीजी की आत्मनिर्भरता के भी दो आधार हैं-प्रथम तो वह शिक्षा काल में ही परावलम्बन से दूर होगी तथा दूसरे शिक्षा के पूर्ण करने के बाद बालक आगे चलकर एक योग्य, समर्थ और उत्तरदायी नागरिक बन सकता है। यदि स्वावलम्बन की दीक्षा देने की सामर्थ्य शिक्षा में पैदा नहीं होगी तो सारे प्रयोजन ही व्यर्थ हो जाएँगे। शिक्षा को निरी साहित्यिक बना देना तथा लड़के और लड़कियों को बाद के जीवन में हाथ के काम के लिए आयोग्य बना देना गुनाह है।[43]

बात साफ हो जाती है कि केवल सिद्धान्त-संगत साहित्य की शिक्षा देने भर से बुनियादी शिक्षा की अवधारणा स्पष्ट नहीं होती बल्कि सिद्धान्त-संगत साहित्य कार्यपरक मूल्योन्मुखी हो, तब जाकर बुनियादी शिक्षा में स्वावलम्बन की अवधारणा स्पष्ट होती है और गांधीजी की बुनियादी शिक्षा हस्तकौशल, उद्योग और व्यवसाय पर आधारित स्वावलम्बी शिक्षा का मूल्य विकसित करती है, जिससे शिक्षा ग्रहण करते समय या शिक्षाप्राप्ति के बाद भी कोई युवक मूल्यविहीन कर्तव्यहीन न हो। आज के सन्दर्भ में 'व्यावसायिक शिक्षानीति' गांधी की स्वावलम्बी शिक्षा का परिणाम है। यह भविष्य के लिए शुभ संकेत है।

संदर्भ सूची

1. हरिजन बन्धु, 26.9.1937
2. काका कालेलकर, गांधी : व्यक्तित्व, विचार और प्रभाव (प्रभुदास छगनलाल गांधी का लेख), पृष्ठ 211-12
3. सम्पूर्ण गांधी वाङ्मय, खण्ड 11 (नवम्बर 1964 संस्करण), पृष्ठ 247-48
4. तेन्दुलकर, महात्मा, खण्ड 1 (15 अगस्त 1951 संस्करण), पृष्ठ 260
5. यंग इण्डिया, 1 सितम्बर 1921
6. वही, 1 जुलाई, 1929
7. वही, 11 जुलाई, 1929
8. सम्पूर्ण गांधी वाङ्मय, खण्ड 13 (मार्च, 1965 संस्करण), पृष्ठ 360-61
9. हिंदी नवजीवन, 26.9.1924
10. यंग इण्डिया (अंग्रेजी), 12.3.1925
11. हरिजन, 31.3.1937
12. वही, 8.5.1937
13. वर्धा शिक्षा परिषद में दिये गये भाषण का अंश, 20.10.1937
14. वही, 20.10.1937

15. महात्मा, खण्ड 4 (जुलाई 1952 का संस्करण), पृष्ठ 240
16. वही, पृष्ठ 244-45
17. हरिजन बन्धु (गुजराती), 24.10.1937
18. हरिजन सेवक, 30.10.1937
19. वही, 30.4.1938
20. बुनियादी राष्ट्रीय शिक्षा की भूमिका से, 28.5.1983
21. हिंदुस्तानी तालीमी संघ, वर्धा द्वारा प्रकाशित, 'नयी तालीम' (मासिक) पत्र के लिए दिया गया सन्देश, 14.10.1938
22. हरिजन सेवक, 22.9.1946
23. वही, 25.8.1946
24. वही, 2.11.1947
25. वही, 2.11.1947
26. वही, 21.12.1947
27. नवजीवन, 3.10.1920
28. हरिजन सेवक, 15.2.1942
29. वही, 18.8.1946
30. वही, 22.9.1946
31. सर्चलाइट, पटना, 8.2.1920
32. नवजीवन, 5.12.1920
33. हिंदी नवजीवन, 21.9.1924
34. यंग इण्डिया, 15.1.1925
35. हिंदी नवजीवन, 20.6.1929
36. प्रथम शिक्षा परिषद, वर्धा, 22.9.1937
37. सम्पूर्ण गांधी वाङ्मय, खण्ड 13, पृष्ठ 320-21
38. पैसेज टू स्टूडेण्ट्स, गांधी, पृष्ठ 5
39. श्रीमन्नारायण, टुवर्ड्स बेटर एज्युकेशन, अहमदाबाद, 1969, पृष्ठ 139
40. के. जी. सैयदेन, बेसिक एज्युकेशन, पृष्ठ 164
41. यंग इण्डिया, 1 सितम्बर, 1921
42. हरिजन, 11.6.1938
43. यंग इण्डिया, 1 सितम्बर, 1921

नयी तालीम के सरोकार

शंभू जोशी

महात्मा गांधी को रूढ़ अर्थों में शिक्षाशास्त्री कहना कठिन है परन्तु शिक्षा जगत् को उनकी देन 'नयी तालीम' बहुत महत्वपूर्ण है। भारतीय आकांक्षाओं के मुताबिक एक नवीन शिक्षा पद्धति को प्रस्तुत करना उनके साहस का परिचय है। गांधीजी के लिए भारत का अर्थ अन्य समकालीन विचारकों/राजनीतिज्ञों/प्रशासकों की तरह केवल शहरी भारत नहीं था अपितु भारत का अर्थ ग्रामीण भारत था। 'नयी तालीम' के रूप में एक ऐसी शिक्षा पद्धति प्रस्तुत हुई जिसमें इस ग्रामीण भारत की आकांक्षाएँ एवं भागीदारी सुनिश्चित हुई, ग्रामीण भारत की यह भागीदारी ब्रिटिश शिक्षा पद्धति के कारण अभी तक नदारद थी।

1937 में नयी तालीम का उद्‌भव एक अकस्मात् घटना नहीं है अपितु यह गांधीजी के सतत चिंतन का परिणाम है। 1937 के नयी तालीम संबंधी अधिवेशन से बहुत पहले ही उन्होंने शिक्षा के बुनियादी प्रयोजन पर विचार करना प्रारंभ कर दिया था। उनकी आत्मकथा '*सत्य के मेरे प्रयोग अथवा आत्मकथा*'[1] में शिक्षा संबंधी उनकी बैचेनी एवं प्रयोगों को इसी संदर्भ में देखा जाना चाहिए। विशेषतः टॉलस्टॉय फॉर्म पर उनके शिक्षा संबंधी प्रयोग नयी तालीम से जुड़े महत्वपूर्ण संदर्भ हैं।

गांधीजी के शिक्षा संबंधी विचारों का सावधानीपूर्वक अध्ययन करने पर हम यह कह सकते हैं कि औपनिवेशिक शिक्षा की उन्होंने तीन प्रकार से आलोचना की :

1. औपनिवेशिक ढाँचा - उन्होंने शिक्षा के औपनिवेशिक ढाँचे की कड़ी आलोचना की। ब्रिटिश शिक्षा व्यवस्था मूलतः बाबूगिरी के लिए जवानों की फौज तैयार करती थी। प्राथमिक एवं माध्यमिक शिक्षा का पूरा ढाँचा इसी विश्वविद्यालय शिक्षा के आधार पर तैयार किया गया था। इसी कारण बहुसंख्यक भारतीय जनता इस शिक्षा से वंचित रही। अंग्रेजों ने अपने शासन से पूर्व के शिक्षा के विकेन्द्रित एवं सशक्त ढाँचे को तोड़ा।

2. औपनिवेशिक शिक्षा की अन्तर्वस्तु - गांधीजी ने लगातार इस शिक्षा के बुनियादी प्रयोजन की आलोचना की। यह स्पष्ट किया कि इस शिक्षा प्रणाली में

भारतीयता को स्थान नहीं दिया गया था। सम्पूर्ण शिक्षा भारतीय संदर्भों एवं परिघटनाओं से दूर है। देश की समकालीन समस्याओं, अधिसंख्यक जनता के दैनिक जीवन की समस्याओं से इस शिक्षा का कोई लेना-देना नहीं है। इस शिक्षा की अन्तर्वस्तु वस्तुतः एक विशेष प्रकार की नौकरी के लिए विद्यार्थी को तैयार करती है। इस शिक्षा पद्धति से निकला विद्यार्थी अपने समाज से कटा और उसे हेय मानने वाला होता है। यह शिक्षा केवल पुस्तकीय ज्ञान तक अपने को सीमित करती है। पुस्तक केन्द्रिता के कारण यह केवल एकपक्षीय बौद्धिक कसरत रह जाती है। जबकि शिक्षा का वास्तविक अर्थ निरतंर शंका, शुद्ध जिज्ञासा, प्रज्ञा, भाव एवं चरित्र निर्माण से है।

3. मानसिक गुलामी एवं हिंसा - गांधीजी ने ब्रिटिश शिक्षा पद्धति को इसके सम्पूर्ण रूप में मानसिक गुलामी के औजार बतौर देखा। अपनी शिक्षा पद्धति के जरिए ब्रिटिश - *इवान इलिच के शब्दों में कहे तो शिक्षा के गुप्त एजेंडे में* -अपनी श्रेष्ठता तथा भारतीयों की हीनता को मानसिक तौर पर भारतीयों में भरना चाहते थे। गांधीजी ने इस मानसिक गुलामी के घातक परिणामों को देखा था। साथ ही इस शिक्षा पद्धति में अनिवार्यतः श्रेष्ठता और हीनता का भाव निहित होने के कारण यह हिंसा भाव को जन्म देती है। मनुष्य मात्र में विभाजन कर मनुष्य को मनुष्य के खिलाफ खड़ा करती है। अपनी दार्शनिक आधारभूमि साम्राज्यवादी होने के कारण प्रकृति के प्रति भी हिंसक है।

इन बिंदुओं से यह स्पष्ट है कि गांधीजी के लिए यह शिक्षा पद्धति अस्वीकार्य थी। अतएव वह लगातार इसके विकल्प की खोज में थे। शिक्षा संबंधी उनके इस विकल्प पर विचार करने से पहले इसी विचार से जुड़ी अन्य बातों पर दृष्टिपात करना आवश्यक है। भारतीय संदर्भ में गांधीजी की सशक्त उपस्थिति सर्वविदित है। अपने सत्य व अहिंसा के सिद्धांतों को आधार बना अपने व्यावहारिक उदाहरण प्रस्तुत कर इन सिद्धांतों को सार्वजनिक एवं व्यक्तिगत जीवन में उपयोगी सिद्ध किया। उनके लिए अहिंसा केवल भावनात्मक धारणा ही नहीं अपितु एक वैज्ञानिक एवं तार्किक सिद्धांत भी है। उनके अनुसार यदि सृष्टि का नियम प्रेम का नियम है-*जैसा कि वह है*- तो वैज्ञानिक दृष्टि से उचित यही है कि इस प्रेम के नियम के अनुसार ही जीवन संचालित किया जाए। इसी अहिंसा को सिद्धांत बना कर गांधीजी ने दक्षिणी अफ्रीका में सत्याग्रह का सफल प्रयोग किया। वैज्ञानिक आधार एवं विभिन्न तर्कों से पुष्ट इसी अहिंसा को उन्होंने सार्वजनिक एवं व्यक्तिगत जीवन में लागू करने का प्रयास किया। यह *अहिंसा दृष्टि ही राजनैतिक क्षेत्र में सत्याग्रह, आर्थिक क्षेत्र में स्वदेशी, सांस्कृतिक क्षेत्र में सर्वधर्म समभाव, सामाजिक जीवन में एकत्व तथा शिक्षा क्षेत्र में नयी तालीम के रूप* में सामने आती है।

इस अहिंसा दृष्टि का सार मम तथा ममेतर/ स्व और पर के बीच प्रेमपूर्ण एवं सृजनात्मक संबंधों में निहीत है। इस ममेतर/पर में केवल मनुष्य ही नहीं अपितु

सम्पूर्ण सृष्टि शामिल है। इस प्रकार अहिंसा दृष्टि का व्यावहारिक आधार व्यक्ति द्वारा न केवल अन्य व्यक्ति अपितु सम्पूर्ण सृष्टि के साथ प्रेमपूर्ण संबंध स्थापित करना है। इसी दृष्टि के आधार पर गांधीजी के सत्याग्रह के दर्शन को समझा जा सकता है। वस्तुतः गांधीजी के जीवन का सम्पूर्ण सार अहिंसा पर आधारित एक मानवीय सभ्यता का निर्माण करना है। 1931 में लंदन में भारतीय विद्यार्थियों की सभा में गांधीजी द्वारा कहा गया निम्नलिखित कथन उनके समस्त विचारों को समझने का प्रस्थान बिंदु है -

"मुझे अपने देशवासियों की पीड़ाओं के निवारण से भी ज्यादा चिन्ता मानव-प्रकृति के बर्बरीकरण को रोकने की है।"[2]

नयी तालीम का यही वैचारिक आधार है या कहना चाहिए कि यही अहिंसा दृष्टि शिक्षा क्षेत्र में नयी तालीम के रूप में सामने आई है।

गांधीजी ने शिक्षा को सामाजिक पुनर्रचना के लक्ष्य को प्राप्त करने का साधन माना। भारतीय आकांक्षाओं के मुताबिक शिक्षा की नवीन पद्धति पर जोर दिया। उनका पूरा जोर शिक्षा को समाज की हकीकत के साथ जोड़ने का रहा। उन्होंने शिक्षा को गरीब व्यक्ति के नजरिए से देखा और इस बात पर गहराई से विचार किया कि भारत में ऐसी शिक्षा पद्धति लागू की जानी चाहिए जो समाजोन्मुखी, उपयोगी तथा सभी की पहुँच में हो। नयी तालीम इसी का प्रत्युत्तर थी। गांधीजी ने शिक्षा का व्यापक अर्थ लिया था। ब्रिटिश शिक्षा की भाँति वह शिक्षा को न तो साक्षरता मात्र मानते थे और न ही उसका अंतिम लक्ष्य नौकरी। जीवन को सम्पूर्णता में देखने के कारण ही उनके यहाँ शिक्षा भी इसी अहिंसामूलक, शोषणरहित एवं स्वतंत्र समाज की प्राप्ति का साधन हो जाती है।

गांधीजी ने शिक्षा को स्वराज के साथ जोड़ कर देखा और 1905 में ही यह स्पष्ट कर दिया था कि शिक्षा के प्रति उनकी दृष्टि क्या है :

"देश में सच्ची जरूरत शिक्षा की है। शिक्षा का अर्थ ककहरा सीख कर बैठ जाना नहीं है बल्कि यह जानना है कि हमारे अधिकार क्या हैं, यह समझना कि अधिकारों के साथ हमारे उत्तरदायित्व और कर्त्तव्य क्या हैं।"[3]

एक अन्य उदाहरण इस बात को और स्पष्ट कर देता है कि नयी तालीम का और स्वराज का कितना गहरा संबंध है :

"सच्चा स्वराज मुट्ठी भर लोगों द्वारा सत्ता प्राप्ति से नहीं आएगा, बल्कि सत्ता के दुरूपयोग किए जाने की सूरत में, उसका प्रतिरोध करने की जनता की सामर्थ्य विकसित होने से आएगा। दूसरे शब्दों में, स्वराज जनता को सत्ता का नियमन तथा नियंत्रण करने की अपनी क्षमता का विकास करने की शिक्षा देने से आएगा।"[4]

इन दो उद्धरणों से यह बिल्कुल स्पष्ट है कि नयी तालीम की पृष्ठभूमि का आयाम कितना व्यापक है। शिक्षा का नजरिया एक स्वतंत्र, विवेकी एवं जिम्मेदार

नागरिक का निर्माण करना है। भारतीय संदर्भ में यह आधार अपने आप में बहुत महत्वपूर्ण है। इसीलिए गांधीजी ने जब नयी तालीम की कल्पना की तब स्वराज के प्रति उसके संबंध उनके मन में बिल्कुल स्पष्ट थे कि शिक्षा ऐसी होनी चाहिए जो सत्याग्रही हो। नयी तालीम का संबंध जहाँ एक ओर स्वराज की प्राप्ति एवं उसे बनाए रखना है वहीं दूसरी ओर इसका लक्ष्य ग्रामीण भारत - *जो गांधीजी के अनुसार वास्तविक भारत है* - को शिक्षित करना भी है।

नयी तालीम का गहन अध्ययन करें तो हम उसकी निम्नलिखित कुछ आधारभूत विशेषताओं को समझ सकते हैं :

1. 07-14 वर्ष समूह के बच्चे/बच्चियों हेतु मुफ्त एवं अनिवार्य शिक्षा।
2. मातृभाषा के जरिए शिक्षण।
3. उपयोगी हस्तशिल्प/उद्योग के जरिए शिक्षा साथ ही साथ जहाँ तक संभव हो सके हस्तशिल्प/उद्योग
   स्थानीय वातावरण के अनुकूल हो।
4. अनिवार्य शारीरिक श्रम।
5. शिक्षा का स्वावलम्बी होना।
6. व्यक्तित्व का सर्वांगीण विकास।

इन्हीं विशेषताओं के आधार पर नयी तालीम का प्रारंभिक ढाँचा खड़ा किया गया, बाद में इसमें पूर्व-नयी तालीम और उत्तर-नयी तालीम पक्ष को भी शामिल किया गया।

गांधीजी द्वारा प्रस्तुत नयी तालीम एक मानवीय संस्कृति की आधारभूत जरूरत को पूरा करने का प्रयास करती है। वह मनुष्य की रचनात्मकता और समाज के मूलभूत उद्योग-धंधों के बीच करीबी रिश्ते को समझते थे। उनके अनुसार शिक्षा किसी विशेष वर्ग (Class) के लिए नहीं बल्कि जनसमुदाय (Masses) के लिए सर्वसुलभ होनी चाहिए। इसीलिए वह नयी तालीम के अंतर्गत शिक्षा को मुफ्त एवं अनिवार्य बनाने के पक्षधर हैं।

मातृभाषा में शिक्षण पर गांधीजी का प्रारम्भ से जोर रहा। हर शिक्षाशास्त्री इस तर्क को स्वीकार करता है कि बच्चे/बच्चियों का प्रारम्भिक शिक्षण मातृभाषा में होने से व्यक्तित्व विकास ज्यादा बेहतर तरीके से होता है। मातृभाषा शिक्षण दो तरीके से महत्वपूर्ण है :

1. मातृभाषा में शिक्षण विद्यार्थी को उसकी संस्कृति, समाज से सीधा जोड़ता है। यह जुड़ाव एक सामाजिक एकत्व को उत्पन्न करता है। विद्यार्थी अपनी समृद्ध विरासत से जुड़ता है। वह अनुभव करता है कि मातृभाषा में भी ज्ञानार्जन संभव है। यह उसमें आत्मसम्मान का भाव पैदा करता है।

2. मातृभाषा में शिक्षण कर विद्यार्थी मानसिक गुलामी के उस चंगुल से दूर होता

है जिसमें विदेशी भाषा उसे अपने शिक्षण के जरिए निम्न या दोयम दर्जे का बनाने पर जोर देती है।

नयी तालीम द्वारा शारीरिक श्रम की अनिवार्यता एवं उद्योग-धंधे द्वारा शिक्षा प्रदान करना गहरे स्तर पर भारतीय वातावरण की आवश्यकता थी। उद्योग/हस्तशिल्प द्वारा शिक्षा ग्रामीण भारत की एक हकीकत थी। नयी तालीम में उद्योग/हस्तशिल्प द्वारा शिक्षा केवल उन्हीं की शिक्षा नहीं है बल्कि वह उस उद्योग से जुड़े तमाम ज्ञान को भी सीखता है। उदाहरण के लिए - विद्यार्थी कताई-बुनाई के साथ-साथ कपास की खेती, खेती के लिए आवश्यक सामग्री- मिट्टी, नमी, प्रकाश, पानी, वातावरण इत्यादि, उत्पादन, वितरण, इतिहास, अर्थव्यवस्था, सामाजिक भूमिका,गणित इत्यादि का भी ज्ञान अर्जित करता है। नयी तालीम के विद्यार्थी समाज में विद्यमान आस-पास के लोगों के पेशे के जरिए सीखते हैं। इस दौरान समाज की आवश्यकता, सामाजिक हितों, समाज के अन्तर्सम्बन्धों को जानता और सीखता है। प्रत्यक्ष अनुभव से अर्जित विद्यार्थी की यह सामाजिक भूमिका उसे समाज में एक सामाजिक रूप से बेहतर जिम्मेदार नागरिक बनाती है और सहयोगमूलक दृष्टिकोण प्रदान करती है। गांधीजी ने उद्योग-धंधों के जरिए शिक्षा का प्रस्ताव कर पुस्तक-केन्द्रित प्रणाली को नकारा, वहीं समाज के यर्थाथ अनुभव को ज्यादा प्रामाणिक मानकर ज्ञान का स्रोत बताया। वस्तुतः नयी तालीम में सिद्धांत और व्यवहार, अमूर्तता और वास्तविकता पर एक साथ जोर दिया गया है।

गांधीजी द्वारा जब उद्योग-धंधे द्वारा शिक्षण को पाठ्यक्रम में अनिवार्य रूप से जोड़ा जाता है तब उन्हें मानवीय प्रगति - *विशेष तौर पर तकनीकी प्रगति* - से पीछे की ओर मुड़ने वाला कहा जाता है। यह आलोचना इसलिए उचित नहीं की जा सकती क्योंकि गांधीजी तकनीक के विरोधी नहीं थे। उन्होंने जीवन भर तकनीक संबंधी प्रयोग किए। यह अवश्य है कि उनके तकनीक संबंधी प्रयोग 'जनसमुदाय' के हितों से जुड़े होते थे। ग्रामोद्योग, हस्तशिल्प, खादी, चरखा, खेती, स्वास्थ्य इत्यादि में उन्होंने अनवरत प्रयोगों को प्रोत्साहित किया। इसके पीछे लक्ष्य बहुसंख्यक ग्रामीण जनता के हित संवर्धन हेतु तकनीक को ढालना एवं विकसित करना था जो कि स्थानीय जरूरतों को पूरा कर सके। नयी तालीम में उद्योग/हस्तशिल्प के जरिए शिक्षण विद्यार्थियों को एक ओर वास्तविक सामाजिक जरूरतों को समझने योग्य बनाता है वहीं 'विकास', 'तकनीकी प्रयोग' इत्यादि विचारों की समाज सापेक्ष व्याख्या करने में सहायता करता है।

नयी तालीम के अंतर्गत शारीरिक श्रम की अनिवार्यता इसके सामाजिक पुनर्रचना पहलू की सर्वाधिक सशक्त अभिव्यक्ति है। शारीरिक श्रम की अनिवार्यता बौद्धिक एवं शारीरिक श्रम के बीच के भेद को समाप्त करने का सशक्त साधन है। अभिजात्य तथा जनसाधारण के बीच के भेद को समाप्त करने का यह क्रांतिकारी साधन है।

एक समतामूलक समाज की स्थापना को इस अवधारणा से बहुत बल मिलता है कि उसके सभी नागरिक समान रूप से शारीरिक श्रमपूर्ण जीवन यापन करें। बौद्धिक एवं शारीरिक श्रम के बीच का यह भेद समाप्त करना मानव समता के लिए बहुत बड़ी पहल थी। शारीरिक श्रम के प्रति सम्मान हर विद्यार्थी को भारत के मेहनतकश किसानों एवं मजदूरों के संघर्षों के प्रति संवेदनशील करता है।

यहाँ यह द्रष्टव्य है कि गांधीजी शारीरिक श्रम को अनिवार्य बनाकर अपने आप को वामपंथी कहलाए जाने के करीब ले आते हैं। वह इस अर्थ में वामपंथी कहे जा सकते हैं कि विभिन्न 'वर्ग' के सभी लोगों के लिए श्रम अनिवार्य है। मालिक-मजदूर के बीच भेद श्रम की हीनता से जुड़ा है, यह हीनता ही शोषण को जन्म देती है। तत्कालीन भारतीय समाज में यह दृष्टिकोण तो और भी ज्यादा क्रांतिकारी था। वर्ण-व्यवस्था जैसी घृणित संस्था के मूल में श्रम के प्रति हेय दृष्टि भी कार्य करती है। शारीरिक श्रम करने वाला जनसमूह स्वयमेव ही निम्नजाति का और हेय हो जाता है। उनका श्रम चाहे सामाजिक दृष्टि से कितना भी महत्वपूर्ण क्यों न हो परन्तु शारीरिक श्रम के प्रति हेय दृष्टि उन्हें सामाजिक अनुक्रम में निम्न ही मानती है। गांधीजी ने इस घृणित व्यवस्था के मूल में निहीत इस तथ्य को काफी बारीकी से जाना :

"शारीरिक श्रम को शिक्षा से दूर रखने के कारण हम ग्रामीण उद्योग-धंधों को हलका समझने के अभ्यस्त हो गए हैं। शारीरिक श्रम को कुछ नीचे दर्जे का काम समझा जाने लगा और वर्णाश्रम की भीषण विकृति के कारण हम लोग कतैयों, जुलाहों, बढ़ई और मोचियों को नीची जाति का और सर्वहारा मानने लगे।"[5]

अतएव गांधीजी ने शारीरिक श्रम को अनिवार्य बनाया। जिससे सभी के मन में श्रम के प्रति सम्मान एवं संवेदनशीलता उत्पन्न हो तथा श्रम की गरिमा के अनुसार सम्मान हो। हम देख सकते हैं कि नयी तालीम अपनी विशिष्टता के कारण सामाजिक पुनर्रचना का सशक्त औजार बनती है।

एक और बात महत्वपूर्ण है कि गांधीजी द्वारा नयी तालीम में शारीरिक श्रम को अनिवार्य किया गया, वहीं 20वीं शताब्दी के चीन के एक अन्य महत्वपूर्ण ऐतिहासिक व्यक्तित्व माओ ने भी जब अपने देश के मुताबिक शिक्षा पद्धति को प्रस्तुत किया तब शारीरिक श्रम को अनिवार्य बनाया। उनके यहाँ शारीरिक श्रम एक ओर स्थानीय जरूरतों के लिहाज से जरूरी था तो दूसरी ओर यह विद्यार्थियों में 'सर्वहारा' के प्रति संवेदनशीलता जागृत करने के लिए भी आवश्यक माना गया। गांधीजी और माओ के वैचारिक आधार चाहे जो भी हो परन्तु श्रम की गरिमा को इन दोनों ने अपने शिक्षा संबंधी विचारों में शामिल किया है।

जहाँ तक शिक्षा के स्वावलम्बी होने का प्रश्न है, इस पर गांधीजी का विचार स्पष्ट था कि एक स्वावलम्बी शिक्षा ही स्वावलम्बी शिक्षार्थी का जन्म दे सकती है।

यह तर्क उसी तरह है जैसे कि अहिंसक समाज की रचना अहिंसक साधनों द्वारा ही की जा सकती है यानि साधन ही साध्य को पारिभाषित करते हैं। शिक्षा व्यवस्था के स्वावलम्बन का अर्थ बहुत गहरा है। स्वावलम्बन का अर्थ किसी भी सत्ता से स्वतंत्रता की रक्षा हो जाता है। यह स्वतंत्रता ही किसी भी शिक्षा व्यवस्था के लिए मूलभूत जरूरत होती है। ब्रिटिश शासन के दौरान शिक्षण संस्थानों के सत्ता अधीन तथा केन्द्राभिमुखी होने के प्रत्यक्ष उदाहरण गांधीजी के समक्ष थे। शिक्षा व्यवस्था के परावलम्बी होने के कारण वह सत्ता की पिछलग्गू एवं अनुचर बनी रही। गांधीजी के अनुसार शिक्षा का व्यापक लक्ष्य एक स्वतंत्रचेता, विवेकी व्यक्तित्व का निर्माण करना है अतएव स्वयं शिक्षा व्यवस्था का स्वावलम्बी होना जरूरी है।

अहिंसक समाज की स्थापना करने के अपने लक्ष्य को पूरा करने के लिए गांधीजी ने जीवन की सम्पूर्णता को दृष्टिगत रखते हुए सत्य एवं अहिंसा संबंधी प्रयोग कर नवीन सिद्धांतों का प्रतिपादन किया। शिक्षा समाज में मानवीय मूल्यों के प्रति सकारात्मक परिवर्तन ला कर ही सामाजिक पुनर्रचना को संभव बनाती है। इसीलिए नयी तालीम में व्यक्तित्व के सर्वांगीण विकास - शिक्षार्थी के बौद्धिक, भावनात्मक एवं नैतिक विकास -पर बल दिया गया। जैसा कि सर्वविदित है कि गांधीजी ने 3 R (Reading , Writing and Arithmetic) के स्थान पर 3 H (Heart, Head and Hand) को प्रस्तावित किया। साथ ही शिक्षा को दैनिक जीवन से जोड़ने का प्रयत्न किया। गांधीजी के अनुसार :

"मनुष्य न केवल बुद्धि है, न निपट पाशविक शरीर और न केवल हृदय अथवा आत्मा। समग्र मानव इन तीनों के उचित और सामन्जस्यपूर्ण योग से ही बनता है और शिक्षा की सच्ची योजना में इसी का समावेश होना चाहिए।"[6]

नयी तालीम इस मायने में क्रांतिकारी है कि यह समाज और विद्यालय के बीच की खाई को खत्म करती है तथा सामाजिक पुनर्रचना में भागीदारी करती है। यहाँ सारा समाज ही विद्यालय हो जाता है। नयी तालीम में विद्यालय समाज के भीतर कोई अलग-थलग स्पन्दहीन अंग नहीं है बल्कि वह समाज को स्पन्दशील बनाने वाला अंग हो जाता है और समाज की पुनर्रचना अहिंसा के जरिए करने का साधन बनता है।

इस प्रकार यह कहा जा सकता है कि नयी तालीम महात्मा गांधी की एक महत्वपूर्ण देन है। नयी तालीम की सफलता के लिए जरूरी है कि उसे उसके मूलभूत आधारों के साथ सम्पूर्णता में लागू किया जाए। एक अहिंसक समाज यदि लक्ष्य है तो उसे प्राप्त करने का रास्ता नयी तालीम से होकर गुजरता है। हमें यह तय करना है कि हम एक अहिंसक समाज को प्राप्त करना अपना लक्ष्य बनाते हैं या नहीं ? अगर हाँ तो हमें नयी तालीम के अनुकूल अर्थव्यवस्था, राज्य सत्ता और सामाजिक वातावरण के लिए खुद को तैयार करना होगा।

संदर्भ

1. गांधी, मो.क., 'सत्य के साथ प्रयोग अथवा आत्मकथा', (अनुवाद - काशिनाथ त्रिवेदी), नवजीवन प्रकाशन मंदिर, अहमदाबाद, पुनर्मुद्रण दिसम्बर 2003, पृ. 305-312
2. उद्धृत, आचार्य, नंदकिशोर, 'सभ्यता का विकल्प', वाग्देवी प्रकाशन, बीकानेर, प्रथम संस्करण, 1995, पृ. 15
3. इंडियन ओपिनियन, 16.12.1905
4. यंग इंडिया, 29.01.1925
5. हरिजन, 18.09.1397
6. वही, 08.05.1937

बुनियादी शिक्षा का समाजशास्त्रीय दर्शन

सत्यम कुमार सिंह

सभ्यता विमर्श ने जो भी विमर्श खड़े किये हैं (यथा- पूर्वी, पश्चिमी) उन सभी में शिक्षाशास्त्र पर काफी चिंतन हो चुका है। समस्या यह है कि बहस ज्यादातर वर्गीकृत और विभाजित चेतना से ही संचालित है। इसका वह अर्थ बिल्कुल नहीं है जो 'यूनिवर्सल एज्युकेशन' से लिया जाता है। दरअसल प्रविध्यात्मक रूप से अगर अन्तरों का रेखांकन किया जाए तो शिक्षा स्पष्टतः ज्ञान से जुड़ी चीज है। 'ज्ञान' पर बहस हो सकती है किन्तु शिक्षा व शिक्षा प्रणाली के बारे सर्वमान्यता और केन्द्रियता सीधे मानवीय सरोकारों और मनुष्य की सामाजिक होने की प्रवृत्ति से जुड़ा है। बुनियादी शिक्षा पर बात करते हुए शिक्षा से ज्यादा इसके ज्ञान के अंतर का फर्क है। बुनियादी शिक्षा में ज्ञान की धारणा मुख्यधारा के ज्ञान की धारणा के विपरीतर्थकता बनती है। ज्ञान-वितरण (शिक्षा) की व्यापकता से किसी भी समाज के व्यापक मानवीय बोध का पता लगाया जा सकता है। इस दृष्टि से इतिहास के विभिन्न चरणों की 'मूल-मीमांसाओं' का भी पता लगाया जाता रहा है। पर इसमें एक बड़ा खतरा अस्पष्ट-रूप से यह रहता है कि वह (प्रविध्यात्मक और दृष्टि के तौर पर भी) ज्ञान-उत्पादन की एक केन्द्रीय व्यवस्था का निर्माण कर लेता है और उसके वितरण की एक प्रणाली बन जाती है जो 'सत्ता' की व्यापकता से सूचित एवं निर्देशित रहती है। हालांकि 'ज्ञान', 'सत्ता' पर अलग से बहस रही है किन्तु बहस में नहीं पड़ते हुए इसके संबंधित अन्य प्रसंगों से बात शुरू करते हैं। इस पर्चे के जरिये ज्ञान और शिक्षा के संबंध की छानबीन तथा सच्चे अर्थों में सहअस्तित्व के ज्ञान की समकालीन दृष्टि से तलाश करने का एक प्रयास करना है।

ज्ञान के जिस युग में हम रह रहे हैं उसका सामाजिक ऐतिहासिक आधार दरअसल योरोपीय प्रबोधन काल से ही बनता है। प्रबोधन काल ने जो सारी दुनिया के वैचारिक चिंतन में हस्तक्षेप किया उसका सबसे बड़ा विरोधाभास यह रहा कि उसने जिन ज्ञान के अनुशासनों को जन्म दिया उसमें अपने सामग्री (Content) रूप में ठीक उस अनुशासन की तत्वहीनता से ग्रसित था। दूसरे शब्दों में उस अनुशासन की चेतना

के मानवीय ज्ञान संवेदना को तोड़ने वाला था। प्रबोधन काल के उपरांत वैज्ञानिक चेतना सम्पन्न लेखन व दर्शन में उदात्तता की जगह तार्किकता ने ले ली किन्तु इसी में एक गहरे दार्शनिक सवाल छुपे थे जिसे तत्काल छोड़ दिया गया था और बाद के समय में (Karl Popper, Roy Bhaskar आदि) ये उठता रहा। यह सवाल था 'स्वयंसिद्ध' का। जिस पर, ज्ञान धीरे-धीरे एकमत होता चला गया और यह वैज्ञानिक चेतना के विकास के इतने करीब-करीब साथ चला कि इसे अलग करके देख पाना ही बहुत आत्मघाती परिणाम को जन्म दे सकता था। उदाहरण स्वरूप हम पहले 'इतिहास' के अनुशासन को ही लें। आधुनिकता के साथ विकसित हुए औजार- जिसमें 'प्रिंट कैपिटलिज्म', नयी गणन प्रविधि, संस्थानीकरण तथा शहरीकरण व मध्यमवर्गीय जीवन बदलाव के प्रेरक बन रहे थे।[1] वहीं वृहत्तर स्तर पर इतिहास के हो रहे उदय ने एक बड़ा बदलाव लाया था जो वर्तमान में अतीत की ऐसी अनु-छवि गढ़ता था जिसमें मनुष्य सहजता का बोध कर सके। इतिहास अपने आप में एक सामूहिक स्मृति का प्रतिनिधित्व करता है किन्तु एक साम्राज्यवादी व्यवस्था के रूप में इतिहास का उदय अन्य कई छोटी-छोटी अस्मिताओं के स्मृतियों को न केवल स्थगित कर रहा था बल्कि उसे खारिज भी करता था।[2] दरअसल इसका दावा तो वर्तमान से अतीत में फैले काल विस्तार की चेतना से था किन्तु इतिहास के पाठक के लिए लंबे काल-खंड भी केवल मध्ययुग जैसे किसी खास प्रवृत्ति में सिमट जा रहे थे। एक और भी चीज थी जो प्रवृत्तियों और परिस्थितिगत गतिकी को प्रस्तुत कर सकता था वह भी इतिहास बोध से समाप्तप्राय था। हजारों-लाखों भाषाओं से खदबदाते तत्कालीन समय के 'हिस्ट्री' एक ऐसे ज्ञान का स्रोत बन रहा था जिसका 'विश्व-इतिहास' बोध केवल प्रमुख भाषा (योरोपीय) से दुनिया की जनसंख्या के बोध का दावा पेश कर रहा था। एरिक हाब्सबॉम ने 'एज ऑफ एक्सट्रीम' की भूमिका में ही लिखा है- "पुरावृत-रचना की पूरी जानकारी, किसी एक ही भाषा में एकत्र कर पाना असंभव है।"[3] ये सारे परिवर्तन स्वतः स्फूर्त नहीं थे और न ही सरल। एक साम्राज्यवादी ताकत श्रेष्ठता भाव में सचेत या अचेत रूप से दमनात्मक भूमिका में था। प्रबोधन काल के अन्तरद्वन्द्वों से पैदा हुए साम्राज्य को नीति के तौर पर देखा जाता रहा है। इतिहास के अनुशासन के कार्य क्षेत्र और चिंतन क्षेत्र के इस परिवर्तन को ज्ञान और शिक्षा के आलोक में विश्लेषण करने पर एक बारीक फर्क का पता चलता है जिसमें "इसके आधार बौद्धिक न होकर नैतिक है और साम्राज्यवाद एक नीति न होकर एक मनोभाव है।"[4] इस आशय को अशीष नंदी खास अपने अंदाज से स्पष्ट करते हैं। एम.एन.रॉय के संदर्भ को उठाते हुए वो सवाल करते हैं। वो कहते हैं- एम.एन. रॉय खुले तौर पर-परंपरा विरोधी और खुले तौर पर 'रेशनलिस्ट' थे जो अपने संस्कृति से संक्रमण करना चाहते थे। वो पूछते हैं- "क्या किसी का अपनी संस्कृति के प्रति-प्रतिबद्धता स्पष्ट और आक्रामक हो सकती है? क्या ये अस्पष्ट और

अचेतन नहीं हो सकता? जब रॉय साम्राज्य की पुलिस से छुपे और भाग रहे थे तब उन्होंने अपना नाम नरेन्द्रनाथ से मानवेन्द्रनाथ बदल लिया था क्या ये केवल सांयोगिक था कि अपने नये नाम में भी उन्होंने पुराने अर्थों को बचाये रखा था? या क्या ये उनके गहरे सजगता का सूत्र नहीं देता कि परंपरा और निरंतरता को बचाये रखने की जरूरत है?"[5]

यह एक साम्राज्यावादी शासन के अन्तर्गत एक नागरिक की अपनी युवावस्था की छटपटाहट थी जो बाद के समय में प्रतिफलन के रूप में वैचारिक रूप से साम्राज्य विरोधी विचारधारा में स्वयं को फिट करने की कोशिश करता है।

इस प्रकार के परिवर्तनों से दार्शनिक चिंतन में अब पुराने 'क्लासिकल एम्पेरिसिज्म' और 'क्लासिकल रेशनलिज्म' या 'कार्टेशियन के बौद्धिकतावाद' के कड़े प्रतिवादी बहस अप्रासंगिक होते जा रहे थे। अर्थात् 'क्लासिकल एम्पेरिज्म' अवलोकन को ज्ञान का परम स्रोत मानता था। इस श्रेणी में बैकॉन (Bacon) लॉक (Locke), बर्कले (Berkley), ह्युम (Hume) और मिल (Mill) को रख सकते हैं। दूसरी श्रेणी में देकार्त (Descarte) स्पिनोजा (Spinoza) और लेबनीज (Leibniz) आते हैं जो ज्ञान को सुस्पष्ट विचारों से प्राप्त होने पर जोर देते थे। अवलोकन या स्पष्ट विचार पर बहस अब कहीं और स्थानांतरित हो गई थी। अब अवलोकन या स्पष्ट विचार ज्ञान का माध्यम नहीं हो सकता था। आधुनिकता के साथ-साथ 'लाइफ वर्ल्ड' 'व्यवस्थित दुनिया' (System World) में बदल रहा था।[6] इस दुनिया का ज्ञान आधारभूत और सीमित (Limited) अवधारणाओं से शुरू होता था और विज्ञान की भूमिका तैयार करता है। ज्ञान-विज्ञान के इस खेल से बड़ा जटिल परिवर्तन स्पष्ट रूप से 'संस्थानीकरण' के रूप में सामने आता है और मूलभूत 'अवधारणाओं की इकाई के स्वरूप में संगठित होता है। इन अवधारणाओं से पारिभाषिक शब्दावली और ढेर सारे मानकों के साथ दुनिया के समाजों अथवा समुदायों का 'नेशनलायजेशन' होने लगा। इस दौर को एनसायक्लोपीडिया और बड़े-बड़े शब्दकोशों के प्रोजेक्ट का दौर कहा जा सकता है।' रसायन शास्त्र में आवर्त-सारणी, भूगोल, मानव भूगोल जैसे व्यापक कार्यों ने 'सब कुछ' को प्रकट करने के लिए बहुत सारे ग्रंथ इकट्ठा कर लिये थे। ऐसे ठेर सारे अनुशासनों के साथ ज्ञान की मूल मंशा यह हो जाती है कि वह दुनिया को समझ लेने के वहम के बाद उसके पुनरुत्पादन और नियंत्रण के कारोबार को जन्म देती है। ज्युर्गन हेवरमास जिन्हें 'आधुनिकतावाद' का अन्तिम मसीहा भी कहा जाता है, हालांकि अपने पूरे आलोचनात्मक चिंतन में, यह स्पष्ट करते हैं कि पोस्ट हीगेलियन दर्शन धारा 'तार्किकता के सिद्धान्त' में केन्द्रित होती है। दार्शनिक चिंतन, जिसने अपने संबंध 'समग्रता' (Totality) को समर्पित कर दिया, ने भी अपनी स्व-पर्याप्तता को खो दिया।"[7] इस प्रकार विज्ञान के तमाम अनुशासनों का सम्पूर्ण मानवीय क्रियाकलाप, जो राजनैतिक, आर्थिक, सांस्कृतिक और सामाजिक रूप से अपने-अपने

अनुशासनों से ज्ञान के स्तर पर चिंतन का प्रतिनिधित्व करता है, अपने मूल मानवीय सरोकार से स्पष्टतः अलग हो चला गया है। उपयोगितावादी चिंतन धारा इसका प्रमाण है। पूंजीवादी आधुनिक समाज और ज्ञान-विज्ञान के इस तालमेल से पारंपरिक समाज की समझ के सांकेतिक वस्तुओं के क्रिया या प्रभाव पक्ष को तार्किकता के संजाल में बुना जाने लगा। इसलिए सांस्थानिक या व्यवस्थित ज्ञान क्षेत्र से किसी 'थीसिस' का 'सिन्थेसिस' न्यूनतम हो गया। इस बारे में कार्ल पॉपर की महत्वपूर्ण व्याख्यान संग्रह 'कानजेक्चर एण्ड रेफ्युटेशन : द ग्रोथ ऑफ सांटिफिक नॉलेज' पुस्तक की मुख्य थीसिस यह कहती है कि ''ज्ञान, मुख्यतः विज्ञान का विकास अटकलबाजियों, अ-तर्कसंगत पूर्वानुमानों और हमारी समस्याओं के आजमायशी समाधानों से हुआ है।''[8] इस आधार पर एक सहमति यह बनाई जा सकती है कि 'कनजेक्चर' और 'रेफ्युटेशन' ज्ञान के उस व्यवस्थित प्रणाली (System) से न्यूनतम आए जिससे ज्ञान की पूरी संरचना बनती है अथवा जिसे हम ज्ञान वितरण या शिक्षा कह रहे थे। प्रचलित उक्ति में कहा जाए तो ''ज्ञान का निर्माण काफिरों से होता है'' अर्थात् ज्ञान संरचना, वितरण प्रणाली के बाहर से ज्यादा होता है।

ज्ञान वितरण (शिक्षा प्रणाली) की ऐसी व्यवस्था ऐसी नहीं है कि किसी अलग दोषपूर्ण व्यवस्था के परिणामस्वरूप होता है बल्कि बृहत्तर दृष्टिकोण में व्यवस्था का स्वरूप ही ज्ञान संरचना से निर्धारित होता है।

व्यवस्था की चर्चा में सत्ता के महत्व को मानते हुए अगर एक बात अतिरिक्त उभरती है तो वह कि ज्ञान के तमाम अनुशासन से 'सत्ता' के करीबी संबंध बनते हैं।''[9] इसके बावजूद अगर ज्ञान और सत्ता को पर्याय मान लिया जाए फिर भी एक अल्पतम क्षेत्र बचता है वो दर्शन का होता है। विज्ञान और दर्शन के रिश्ते की सारी बहसों से जो सवाल उठते हैं वो ये है कि- 'क्या कोई समकालीन दार्शनिक चिंतन समकालीन विज्ञान से कटा हुआ हो सकता है?' इस सवाल को विज्ञान और सत्ता के अद्वैत को स्वीकारते हुए इस प्रकार निरूपित किया जा सकता है कि समकालीन दर्शन और सत्ता के बीच का रिश्ता कैसा होता है? जिस समाज व्यवस्था में हम जी रहे हैं उनकी जड़ें साम्राज्यवादी मनोदशा और एक बड़े उपनिवेशवाद का ही परिणाम है इस व्यवस्था का ज्ञान से जैसा संबंध रहा है उसके उपरोक्त चर्चा के आलोक में एक फांक बचा रह जाता है। यह फांक तत्कालीन सामाजिक, ऐतिहासिक ज्ञान उत्पाद का ही परिणाम है। पूंजीवादी समाज की निर्मिति में जो विरोधाभास रहा है उसके ज्ञान में भी स्पष्ट रूप से नजर आता है। दर्शन और सत्ता के संबंध दृष्टि से ऐतिहासिक निर्यातवाद में जो 'एपिस्टिमोलॉजिकल' समस्या बनती है कि 'सभी ज्ञान, जिसमें ज्ञान का समाजशास्त्र भी शामिल है, अपने समाज और इतिहास का प्रतिफलन है।''[10] फिर हम इस निष्कर्ष से इंकार भी नहीं कर सकते हैं कि सभी ज्ञान केवल 'जानने वाले' (Knower) के सामाजिक-ऐतिहासिक परिस्थितियों के सापेक्ष होता है।

सहअस्तित्व आधारित समाज के लिए अगर साम्राज्यवादी दमन और अलग-अलग इतिहास व ज्ञान दृष्टियों के निरस्तीकरण को सकारात्मक रूप से लिया जाए और साझे ज्ञान की कल्पना की जाय जिसमें समाज के सभी सदस्य समान जीवन संबंधों और अन्तराविषयक (Intra discipline) संसार में क्रिया-कलाप करे तो समस्याओं का समाधान नहीं बनता क्योंकि वर्तमान ज्ञान व्यवस्था जिस साझा ज्ञान को हमारे सामने प्रकट करता है वहाँ ज्ञान अपनी संरचना से टूट कर बिखर चुका है इस नाम पर अनंत और असीम सूचनाओं का भंडार 'डिजिटल' संकेतों के जरिये 'डी-कोडिंग' के लिए प्रस्तुत रहता है।''[11] किन्तु यह ज्ञान आवश्यक रूप से 'जानने वाले' (Knower) के समाज व इतिहास के संदर्भित नहीं होने की पूरे तौर पर संभावना छोड़ता है। इस तरह की संभावना की पड़ताल भी अगर 'तार्किकता के सिद्धान्त' से की जाए तो दार्शनिक सवाल 'विश्व दृष्टि' का आता है। विश्व दृष्टि एक ऐसी धारणा जो प्रत्येक समुदाय या समाज जिस पर अपने दार्शनिक चिंतन का आधार बनाते हैं या दूसरे शब्दों में कहें तो अपने अनंत अतीत की एक सीमा रेखा खींचते हैं और इसी आधार पर अपने ज्ञान की संरचना खड़ी करते हैं। तार्किकता के सिद्धान्त जिसका प्रबोधन काल से सीधा संबंध बनता है, ने अपने संसार के प्रत्येक वस्तुओं और क्रियाओं में उसके 'कारणों' (Reasons) की अन्तर्निहितता उस विश्व दृष्टि से प्रत्येक वस्तु और क्रियाओं का अनुपातिकरण करते हुए वस्तुओं और कार्यों की व्यवस्था को भी जन्म देता है। *''ऐसी व्यवस्था में कोई कार्य या वस्तु तभी 'रेशनल' होता है जब वह मनुष्यों द्वारा नियंत्रित हो और आलोचनात्मक समीक्षा के लिय तैयार हो और पुनः आलोचनात्मक समीक्षा 'कारणों (reasons) से समर्थित हो।''*[12] इस कारणों से गुँथे और बुने दुनिया में प्रत्येक वस्तु और जीव-जन्तु एक दूसरे से सापेक्ष तो होते हैं किन्तु नजदीकी की वैधता ज्यादा होती है और दूर की वैधता कम। तार्किकता के इस सिद्धांत में समस्यामूलक तत्व यह ठहरता है कि जिन मूल्यों और कारणों को बुना गया है वह उसे एक पक्षीय बनाता है। इस प्रकार का ज्ञान बड़ी जनसंख्या या समुदाय के लिये पर्याप्तता का दावा तो नहीं ही कर सकता साथ ही एक सत्तात्मक मनोभाव को जन्म देता है जिसमें ज्ञान पर नियंत्रण उसके वितरण के जरिये होता है। सार संक्षेप में ज्ञान के तमाम अनुशासन एक बृहत्तर आर्थिक व्यवस्था का अप्रत्यक्ष रूप से अंग हो जाते हैं फलस्वरूप चिंतन का परम उद्देश्य उत्पादन और संसाधनों के नियंत्रण व दोहन की प्रक्रिया में शामिल हो जाता है और चेतना का विकास स्थगित हो जाता है। इसलिए वर्तमान ज्ञान के पुरातात्विक अन्वेषण में एक शब्द 'एपिस्टीम' ज्ञान के प्रकार को दर्शाने लगता है। आधुनिकता के साथ-साथ प्रचलित ज्ञान के प्रकार से 'विमर्शों (Discourse) द्वारा दुनिया को 'कन्सट्रक्ट' किया जाता है और ये वही दुनिया नहीं होती है जो सचमुच या वास्तविक दुनिया, जिनसे हमारा वास्ता होता है या होती है। विमर्श अपने-आप में सीमित और आधारभूत

संकल्पनाओं, अवधारणाओं की नींव रखता है।"[13] यह किसी खास-मीमांसा की अवधारणा होती जिससे मिलकर आधुनिक ज्ञान बनता है किन्तु इन्हीं वजहों से एकांगीपन का शिकार भी हो जाता है।

तार्किकता के इस ज्ञान संसार में 'फेनोमालॉजिस्ट' यकीन नहीं करते। इसके विपरीत उनका जोर समुदाय के सदस्यों को भौतिक जगत से जोड़ कर देखने का प्रस्ताव होता है। आधुनिक ज्ञान के ऐतिहासिक संदर्भों का विश्लेषण इस ओर इशारा करते हैं कि 'जानना' अथवा 'जानने वाले' (Knower) की प्रवृत्ति किसी जानने की जिज्ञासा से नहीं अपितु 'स्व' और 'अन्य' (Self & other) के भय से पैदा होती है। नीत्शे ने इस 'नॉलेज' को 'इन्सटिंक्ट ऑफ फियर' (Instinct of fear) कहा।[14] आधुनिक ज्ञान के सबसे विकसित देशों में इसलिए अज्ञात को जानने की होड़ लगी है। 'Allien' का भूत ज्ञान पर सवार है। दूसरे शब्दों में अजनबियत का भय, जो बाहर और अन्दर दोनों जगह विद्यमान रहता है, ही उसे जानने को प्रेरित करता है और जान (ज्ञान) लेने का अर्थ वर्चस्व और नियंत्रण हो जाता है। शायद इसलिए हरेक ज्ञानानुशासन का प्राथमिक उपयोग सेनाएँ करती हैं। इसमें इतिहास, भूगोल, संस्कृति, भाषा-अनुवाद, भौतिकी, रसायन विज्ञान, कम्प्यूटर साइंस, इंफारमेशन टेक्नोलॉजी इत्यादि सभी विषय की अद्यतन जानकारियाँ व इसे विकास। इससे परोक्ष व अपरोक्ष रूप से संदर्भित रहती है। भूगोल, सामुद्रिक यात्रा की जानकारी से योरोपीय व्यापार युग को लाभ मिला। उपनिवेशवाद के दौरान में 'ओरियंटलिज्म' की धारणा सर्वविदित रूप से सांस्कृतिक और साभ्यतिक श्रेष्ठता के साथ-साथ शासन करने के एक बहुत बड़े सांस्थानिक व्यवस्था व स्वरूप भी गढ़ती है।[15] इसके बाद पूरे विश्व में विउपनिवेशिकरण की प्रक्रिया से उभरे राष्ट्र-राज्य में एक ऐसे आर्थिक जगत की नींव पड़ती है जिसकी परिणती पुनः एक बार 'ज्ञान' के आर्थिक वर्चस्व की मंशा के रूप में जाहिर होती है। द्वितीय विश्व युद्ध में 'मनहट्टन प्रोजेक्ट' से लेकर 'मीडियाई वर्चस्व' भी इसी ओर इशारा करते हैं कि- ज्ञान का समुचित उपयोग वर्चस्व और उपभोग के लिए होता है।[16] इस तरह के समाज में ज्ञान की सभी धाराएँ किसी एक प्रमुख मंशा के लिए एक-दूसरे में Convergence का System तैयार करती है, जिसमें मानवीय क्रिया-कलाप (राजनैतिक, आर्थिक और सांस्कृतिक सभी) के तमाम संस्थान एक दूसरे से संप्रेषण के ऐसे माध्यम से जुड़े होते हैं जिसकी वैधता का आधार केवल और केवल वर्चस्व रह जाता है। 'इंडस्ट्रीयल मिलिट्री कामप्लेक्स' इसी का बेहतरीन उदाहरण है जिसमें इकोनामिक्स और पॉलिटिक्स एक ऐसा गठबंधन तैयार करते हैं जिसमें ज्ञान की तमाम महत्वपूर्ण शाखाओं का परम उद्देश्य अंन्ततः इकोनॉमिक्स या पालिटिक्स के लिए फलदायी है। यहाँ तक के मानवाधिकार के विषय भी पालिटिकल इकानॉमी के आलोचनात्मक आधार बुद्धिजीविता प्रदान करने में सक्षम होते हैं।"[16] इस प्रकार एक नये पन्थ का जन्म होता है जिसके सार्वभौमिक पाठ और संदर्भ

अनुदार, संकीर्ण व वैल्यु ओड़े रहते हैं। इस विषय में आशीष नंदी ऐसे ज्ञान के नागरिकों और उपभोक्ता के लिए लिखते हैं- "नयी पीढ़ी, जिनका लालन-पालन वैज्ञानिक पाठ के विशुद्ध सिद्धान्त से हुआ है, वो भी हैम्योपैथी के प्रैक्टीस करते वक्त या ज्योतिष शास्त्र या क्षौर कर्म करते वक्त या फिर किसी तीर्थ पर निकलते वक्त भी स्वयं को किसी वैज्ञानिक आधार के पुष्ट कर रहे होते हैं।"[17] या फिर चिकित्सा विज्ञान का दक्ष सर्जन आपरेशन थियेटर में जाने से पहले अपने आराध्य का पूजन करने के बाद ही अपनी दक्षता को आजमाता है। विज्ञान और धर्म का ऐसा गठबंधन अपने चरम पर था इसलिए बीसवीं सदी के इतिहास को देखते हुए हाब्सबॉम कहते हैं- "यह वह समय था जब एक पादरी, इमाम या धर्मात्मा अपना काम इस तरह कर सकता था जैसे गैलीलियो, न्युटन, फैराडे या लेवोनियर कभी हुए ही न हो- अर्थात पवित्र पुस्तकों के लिए कोई समस्याएँ नहीं खड़ी करती थी, उस युग में विज्ञान और दैवी वचनों के द्वन्द्व की अनदेखी असंभव हो गई जब वेटिकन को अपने संदेश उपग्रहों के द्वारा भेजने पड़ते हो या रेडियो-कार्बन समय-निर्धारण पद्धति से तूरिन के लबादे की असलियत का पता लगता हो, जब अयातुल्ला खोमैनी ने अपने प्रवचन ईरान में टेप कैसेटों के द्वारा प्रसारित किए और जब कुरान धमदिशों के प्रति समर्पित राष्ट्रों ने परणामु बम बनाने शुरू किए।"[18] इस श्रृंखला को इस अनन्य और अनेक उदाहरणों से भारत या संसार के कई हिस्सों में देख-समझ सकते हैं। यह सिद्धान्त और व्यवहार का बहुत बड़ा अन्तर प्रकट करता था। लोग व्यवहार में बहुत बड़ी जोखिम लेने के लिए प्रस्तुत रहते हैं। जैसे- हाय स्पीड बाइक की दुर्घटना, भूमिगत रेल या मार्ग की दुर्घटना, हवाई दुर्घटना, भोजन में नकली दूध की मिठाई या फास्ट फूड के दुष्प्रभाव इत्यादि। लेकिन वही लोग एस्पीरीन लेने से यह कह कर इंकार कर सकते हैं कि 'कुछ मामलों में शरीर पर इसके दुष्प्रभाव देखे गए हैं' या फिर कुछ ऐसे हेल्थ कांशस लोग थे जो हल्की खाँसी पर 'अल्कोहल कन्टेन 4 प्रतिशत एक्सीडींग 8 प्रतिशत जैसी दवाए बड़े आराम से ले सकते थे किन्तु शराब या बियर जैसी चीज को खाने में शामिल करना चारित्रिक पतन के रूप देखते थे। आधुनिकता चेतना के अति विकास और उसके द्वन्द्व ने उत्तर-आधुनिक मूल्य से बने ऐन्द्रजालिक युग का निमार्ण कर दिया।"[19] मनोविश्लेषक और कई दार्शनिक इस समय के ज्ञान को 'सायकोसिस' की संज्ञा देते हैं या फिर 'खंडित ज्ञान मीमांसाओं' के मिश्रण से बना ज्ञान मीमांसा की संज्ञा देते हैं। ऐसे में ज्ञान का अवलोकन ही 'सीजोफ्रेनिक' अवस्था को प्राप्त रहता है।

ज्ञान और सभ्यता के साथ-साथ हम एक ऐसे युग में खड़े हैं जिसमें कला के सौन्दर्य शास्त्र के साथ-साथ प्रति सौन्दर्य शास्त्र है। सूरियलिज्म, जिसमें अवचेतन या स्वप्न में उभरी कल्पनाओं को दर्शाने के दृश्य का प्रयास होता है और वास्तविक स्तर पर सचेत दमन को दिखाया जाता है। अब कोई मुद्दा किसी आन्दोलन के रूप में नहीं है, दो

महान विचारधाराओं में से एक का खण्डन हो चुका है, 'इतिहास के अन्त' के साथ निरंतर विस्मृति की संक्रामकता की महामारी भी फैल चुकी, 'क्लैश ऑफ सिविलाइजेशन? जैसे प्रश्न भविष्य का चेहरा दिखाने का प्रयास या फिर पृथ्वी के ही नष्ट होने के खतरे की घोषणा सामान्य दिनचर्या के साथ-साथ व्यवस्थित दुनिया के कारोबार में एकदम 'सिस्टमैटिकली' चल रहे हैं।

मौजूदा हालात में सवाल ज्ञान मीमांसा का नहीं रह गया है। सवाल यह भी नहीं कि वर्तमान के बीच पाट पर खड़े अतीत से ज्यादा सीख ली जाए या भविष्य की चिंता की जाय। दरअसल 'महत्वपूर्ण' क्या है और क्यों है का संकट गहरा है। चिंतन के केन्द्र में मनुष्य की पुनर्उपस्थिति जरूरी है। 'ईश्वर की मृत्यु की घोषणा' से जो गद्दी मनुष्य को प्राप्त हुई थी उस पर अब विज्ञान नहीं षड्यंत्रकारी रूप से या मायाजाल की तरह उस पर अब तकनीक विराजमान है और प्रत्यक्ष रूप से दृश्यमान भी नहीं है। चिन्तनीय विषय यह है कि मनुष्यों द्वारा ही रची गई वैज्ञानिक आविष्कारों की मोहिनी शो रूप में इसका पता बिल्कुल भी नहीं लगाया जा सकता के तकनीक विशुद्ध तौर पर वैज्ञानिक है या किसी पैशाचिक तंत्र साधन जैसी चीजों को आधार बनाया गया है। आधुनिकता ने जिसे मानवीय मूल्यों के खिलाफ बता कर खारिज किया था विज्ञान की बायो-जेनिटिक्स जैसी कई शाखाएँ एक तरफ तो जीवन का पुनर्उत्पादन करने में सक्षम हो चुकी हैं दूसरी तरफ मौलिक इन्द्रियों को जीवन की स्वयत्तता और 'डिग्निटी' को चुनौती भी देती है। प्रचलित लोकतंत्र की इस अवस्था में दर्शन, ज्ञान उत्पादन और ज्ञान वितरण को एक ऐसा आधार बनाना ही होगा जो सत्ता के अनुरूप न होकर जीवन, मनुष्य चेतना और समाज को संवर्धित करे। ऐसे ज्ञान को सत्ता से स्वतंत्र होकर एक ऐसे स्वायत्त रूप में अपनी रूप-रेखा देनी होगी, जिसमें ज्ञान अपने में श्रेष्ठ और निम्न का वर्गीकरण न करे अथवा अति या परम ज्ञान प्राप्त करने वाले के पास स्वतः ही श्रेष्ठत्व या देवत्व की प्राप्ति न हो जाय। इस प्रकार की व्यवस्था में समुदाय या गाँव की इकाई ही ज्ञान से संबंधित हो सकती है। बगैर सोपानीक्रम बनाते हुए प्रत्येक समुदाय/गाँव की पहचान उसके ज्ञान, शिक्षा से हो सकती है जिसमें वो अपने समय और भूगोल से विभाजित होंगे और वर्तमान और भविष्य के लालच तक को तुष्ट करने के लिए उन्हें अपनी उसी ज्ञान आधारित अस्मिता से प्रतियोगिता करनी पड़ सकती है।

संदर्भ सूची

1. Anderson Benedict, *Imagined Community : reflection on the origin & spread of nationalism,* London, Verso, 1990.
2. Negri, Antonio, *Empire*
3. हाब्सबॉम एरिक, प्रकाश दीक्षित (अनु.), *अतिरेकों का युग,* संवाद प्रकाशन, मेरठ, 2009
4. Nandy, Ashis, *Exiled at Home,* OUP, New Delhi, 2002

5. Nandy, Ashis, *Bonfire of Creeds : The essential, Ashis Nandy,* OUP, New Delhi-2004, p-227
6. Habermmas, Jurgan, *Communicative Theory*, Polity press
7. Ibid.
8. Popper, Karl, *Conjecture & Refutation : Growth of Scientific Knowledge*, Routledge, London -2002
9. फूकोवियन अर्थ से संदर्भित
10. Thompson, John B., *Ideology & Modern Culture*, Polity Press, Cambridge, 1996, P-49
11. उत्तर-आधुनिक ज्ञान-संरचना से संदर्भित।
12. Max Blank in Habermas, *Communicative Action Theory*, Polity press
13. Edgar Andrew & Peter Sedgwick (eds), *The Key Concept of Cultural Theory*, Routledge, London, 1999, P-127
14. Hollingdale, R.J., *A Nietzche Reader*, Penguin, New Delhi, 1977, P-68
15. Chomsky Noam, *Manufacturing Consent*, नोट- पहले विश्व युद्ध के बाद और रसायन विज्ञान में नयी शोध-पद्धियों, साधनों और रीतियों के लिए आंशिक रूप से या पूरी तरह दिए गए।
15. Said Edward, *Orientalism*, Oxford University Press.
17. Political Economy of Human Right, Noam Chomsky in *Noam Chomsky : Critical Assessment*, Carlos P. Otero (ed.), vol., III, London, Routledge, 1994
18. Nandy, Ashis, *Science, Authoritariarism & Culture on the scope & Limits of Isolation outside the clinic in Bonfire of Creeds*, Oxford, New Delhi, 2004, P-286
19. हाब्सबॉम, एरिक, *अतिरेकों का युग,* प्रकाश दीक्षित (अनु.), संवाद प्रकाशन, मुंबई, 2008, पृ. 362
20. ज्याँ बोद्रिला के 'सिमुलाक्रा' और 'सिमुलेशन से संदर्भित।

गांधीजी का स्त्री शिक्षा दृष्टिकोण : एक स्त्रीवादी नोट

सुप्रिया पाठक

गांधी जी ने राष्ट्रीय आंदोलन को सर्वव्यापी बनाने के लिए शिक्षा को एक अचूक अस्त्र की तरह प्रयोग किया। उनके शिक्षा दर्शन में जातीय असमानता, स्त्री-पुरुष असमानता को रेखांकित किया गया है। नयी तालीम की समग्रता को समझने के लिए यह आवश्यक प्रतीत होता है कि हरिजन शिक्षा तथा स्त्री शिक्षा पर गांधी जी के विचारों का अवलोकन किया जाए। इसके लिए 19वीं 20वीं सदी में यूरोप में उभरे उदारवादी विचारों को समझना समीचीन होगा जिसने बाद में भारतीय समाज सुधार आंदोलनों की जमीन तैयार की।

यूरोप में 18वीं एवं 19वीं सदी में उदारवाद प्रभावी था जिसे मेरी वुल्सटनक्राफ्ट, जॉन स्टुअर्ट मिल, हेरियट टेलर मिल तथा बेट्टी फ्रायडन आदि मानते थे। ये जिस दृष्टि से स्त्री प्रश्नों को व्याख्यायित कर रहे थे उसे कल्याणकारी समानतावादी उदारवाद कहा जा सकता है। मेरी वुल्सटनक्राफ्ट उस समय में लिख रहीं थी (1759-1799) जब यूरोपियन महिलाओं की आर्थिक और सामाजिक स्थिति में अवमूल्यन हो रहा था। यूरोप में अठारहवीं सदी में उत्पादक कार्य घर की चारदिवारी के अंदर किया जाता था जिसमें घर के प्रत्येक सदस्य की भूमिका होती थी, औद्योगिक क्रांति के पश्चात पूंजीवाद के दबाव ने श्रम को घर से उठाकर सार्वजनिक प्रतिष्ठानों में ला दिया। श्रम के इस लैंगिक विभाजन ने स्त्री-पुरुष संबंधों को भी विभाजित किया जिसके कारण सार्वजनिक और निजी दुनिया की फांक बढती चली गई। मध्यमवर्गीय स्त्री के जीवन का दायरा उसके घर में सिमट गया। वुल्स्टनक्राफ्ट ने इसी स्त्री की परिस्थिति को समझने का प्रयास किया। उन्होंने स्त्री की मनुष्यता तथा उसकी तार्किक की क्षमता पर बल दिया। उन्होंने रूसो (Jean Jacques Rousseau's) की भी आलोचना की। ज्ञान के दर्शन की उनकी शास्त्रीय कृति में रूसो ने शैक्षणिक लक्ष्य के सबसे महत्वपूर्ण तत्व में तार्किकता को स्थान दिया परंतु सिर्फ लड़कों के लिए लड़कियों के लिए नहीं। उनका मानना था कि एक तार्किक पुरुष ही भावुक स्त्री को संभाल सकता है। उन्होंने पुरुषों में न्याय, बहादूरी, आत्मनियंत्रण इत्यादि

गुणों की पैरवी की जबकि स्त्रियों के लिये वे धैर्य, कोमलता, लचीलेपन तथा सौम्यता की बात करते हैं। रूसो का आदर्श विद्यार्थी 'एमिल' मानविकी, समाज विज्ञान, संगीत, प्रकृति विज्ञान आदि पढ़ता है जबकि सोफिया संगीत, कला, उपन्यास, कविता आदि पढ़ती है जो उसे आदर्श स्त्री में परिणत कर सके। वुल्सटनक्राफ्ट रूसो के इस स्त्रियोचित एवं पुरुषोचित प्रवृत्तियों के सृजन से असहमत थीं।

ऐसा नहीं था कि वुल्सटनक्राफ्ट क्रांतिकारी विचारक थीं बल्कि वे उसी उदारवादी ढाँचे में सोफिया के अन्दर भी एमिल के समान शिक्षा को मानती थीं। उनका मानना था कि कोई भी स्त्री आदर्श माँ तभी बन सकती थी, जब उसमें तार्किकता के गुणों का समावेश हो। वे तार्किकता के तर्क को आगे बढाती हुई कहती हैं कि समाज में स्त्री तथा पुरुष को समान शिक्षा दी जानी चाहिए क्योंकि सभी मनुष्यों को अपनी तार्किक क्षमता एवं नैतिक क्षमता को विकसित करने का समान रूप से हक है। वुल्सटनक्राफ्ट के लेखन की सबसे बड़ी विशेषता यह थी कि वो चाहती थीं कि स्त्री को एक स्वतंत्र निर्णायक मनुष्य के रूप गरिमा प्राप्त हो सके। अपने विश्लेषण की सीमाओं में उन्होंने एक ऐसी स्त्री की कल्पना की जो अपने पति या प्रेमी की गुलाम न हो बल्कि स्वयं को उन सभी शोषणकारी भूमिकाओं जैसे भावुकता, चंचलता, कोमलता तथा यौन वस्तु के रूप में देखे जाने की भावना से आजाद कर सके।

वुल्सटनक्राफ्ट के लेखन के लगभग सौ वर्षों के बाद जॉन स्टुअर्ट मिल तथा हेरियर टेलर मिल ने भी तार्किकता को ही आधार बना कर स्त्री प्रश्नों की बहस को आगे बढाया। वे उनसे भी एक कदम आगे बढकर यह कहते नजर आये कि अगर हम लैंगिक समानता चाहते हैं तो समाज को महिलाओं को सिर्फ बराबर की शिक्षा ही नहीं, बल्कि उसे समान नागरिक स्वतंत्रता तथा आर्थिक अवसर भी उपलब्ध कराने होंगे। जॉन स्टुअर्ट मिल ने अपनी पुस्तक "*स्त्री और पराधीनता*" में यह बात लिखी है कि यदि स्त्री को पूरी तरह से तार्किक और बुद्धिमान व्यक्ति माना जाने लगेगा तो समाज का विकास तय है। स्त्री एक सचेत नागरिक के रूप में, एक बुद्धिमान पत्नी के रूप में तथा उच्च शिक्षा के पदों पर एक बौद्धिक संसाधन के रूप में अपनी पहचान बना पाएगी। भारत में लगभग यही वह समय है जब उपनिवेशवाद के फलस्वरूप समाज सुधार आंदोलनों का दौर शुरू होता है और स्त्री-प्रश्नों के इर्द-गिर्द बातचीत शुरू होती है। पश्चिम में हम प्रथम लहर के नारीवाद को स्त्री-पुरुष संबंधों में समानता के रूप में देखते हैं जबकि भारत में सुधार आंदोलन पुरुषों द्वारा महिलाओं की स्थिति में सुधार के लिए शुरू किया गया, जिसका सीधा संबंध यहाँ के पुरुषों का औपनिवेशिक सत्ता के साथ अनुभव से था। जिसमें समाज के उच्च वर्ग की स्त्रियाँ ब्रिटिश आलोचना के केन्द्र में थीं। इसकी प्रतिक्रिया स्वरूप भारत में समाज सुधार आंदोलनों की शुरुआत हुई। इसका उद्देश्य कभी भी जेण्डर समानता स्थापित करना या स्त्रियों को सार्वजनिक जीवन में वृहत स्थान देना नहीं था। भारत में स्त्री

प्रश्नों की बहस राष्ट्रवाद के बहस के साथ जुडी हुई थी। स्त्रियों की स्थिति में सुधार को यहाँ के सुधारवादी आंतरिक मामलों के रूप में देख रहे थे जिसमें उन्हें अंग्रेजी सरकार की दखल मंजूर नहीं थी और ना ही वे इस मामले में स्त्री-संबंधी प्राच्यवादी व्याख्या को स्वीकार करने के लिए तैयार थे। बल्कि अपनी श्रेष्ठता को साबित करने के लिए उन्हें स्त्रियों की स्थिति में सुधार की जरूरत महसूस हुई। समाज सुधार आंदोलन ने जिन महत्वपूर्ण मुद्दों को उठाया उनमें सती, विधवा विवाह, बाल विवाह तथा शिक्षा केन्द्र में थे। स्त्री शिक्षा के प्रश्न पर लगभग सभी विचारों के लोग सहमत थे, परंतु वे सभी स्त्रियों को अंग्रेजी शिक्षा दिलाने के पक्ष में नहीं थे। संभवतः इसके पीछे यह डर भी काम कर रहा था कि अधिक पढ़ी लिखी स्त्री घर के दायरों को पार कर सार्वजनिक जीवन में भी हस्तक्षेप ना शुरू कर दे। स्वाधीनता-आंदोलन में पहली बार महिलाओं की भागीदारी गांधी जी की बदौलत संभव हुई। 1920 तक गांधीजी एक जीते जागते महापुरुष के रूप में पहचाने जाने लगे थे। गांधी जी ने स्त्रियों की आत्मबलिदानी एवं आत्मत्यागी छवि को आदर्श के रूप में देखा। उनका मानना था कि भारतीय नारी में ये गुण स्वाभाविक हैं क्योंकि उसकी अहम भूमिका माँ की है। *"गर्भधारण एवं मातृत्व ऐसी क्रियाएँ हैं जो स्त्रियों में शांति एवं अहिंसा को और बढ़ाती हैं। स्त्री एवं पुरुष में जैविकीय भिन्नता के कारण उनके गुण भी भिन्न है और सामाजिक जीवन में उनकी भूमिका भी अलग अलग है। पुरुष जहाँ कमाकर लानेवाला है, वहीं स्त्री घर एवं बच्चों की देखभाल का कार्य करती है। भूमिकाओं में अंतर का मतलब यह बिलकुल नहीं कि स्त्री का दर्जा समाज में दोयम है बल्कि कई काम सिर्फ महिलाएँ ही कर सकती हैं। पुरुषों को बहुत कुछ महिलाओं से सीखने की जरूरत है। इतना ही नहीं पाश्चात्य स्त्रियों को भी भारतीय स्त्री से श्रेष्ठता, कुलीनता, अहिंसा आदि गुण सीखने की जरूरत है।'* भारतीयता की स्त्रियों से संबंधित यह परिभाषा गांधीजी के लिए उपनिवेशवाद के विरूद्ध एक राजनीतिक उपकरण की तरह थी। अबतक पुनरुत्थानवादी तथा उग्र राष्ट्रवादी स्त्री की पीड़ित, या पालनहार और सहारा देने वाली छवि प्रस्तुत कर रहे थे परंतु गांधी जी ने स्त्री को नैतिक एवं आध्यात्मिक गुणों की खान बताते हुए उसे पुरुष की मार्गदर्शक एवं गुरु भी बताया। मधु किश्वर के अनुसार *"गांधीजी ने सार्वजनिक जीवन में स्त्रियों को एक नया सम्मान, नया विश्वास और नयी छवि दिलाई। उनके विचार स्वतंत्रतावादी और क्रांतिकारी थे।'* साथ ही, उन्होंने पारंपरिक चिन्हों का सकारात्मक प्रयोग किया। गांधीजी ने स्त्रियों को एक वस्तु के रूप में नहीं देखा जिनका सुधार किया जाना था बल्कि उन्होंने स्त्रियों को एक जागरूक नागरिक तथा अपने भाग्य की निर्माता के रूप में देखा जिनके बिना आजादी की लड़ाई अधूरी थी। वीना मजूमदार कहती हैं कि *"गांधीजी ने महिला मुद्दों को समर्थन दिलाया। उन्होंने एक प्रकार से स्वाधीनता आंदोलन का स्त्रीकरण कर दिया।"* चरखा, धरना, सत्य, अहिंसा, शांति इत्यादि सभी

गुण नारीत्व का प्रतीक माने गये। स्वाभाविक रूप से जब ये सभी गुण स्त्रैण थे तो गांधीजी ने स्वाधीनता आंदोलन में स्त्रियों की सहभागिता को भी अपरिहार्य माना। समाज में व्याप्त स्त्री-पुरुष असमानता को उन्होंने 'मनुष्यता का अवमूल्यन' माना। उनका स्पष्ट मत था कि स्त्री एवं पुरुष एक दूसरे के पूरक हैं। समाज की गति को आगे बढ़ाने में उनकी बराबर की भूमिका है अतः स्त्री को भी पुरुष के समान एक गरिमामय एवं सम्मानजनक स्थान दिया जाना चाहिए। गांधीजी स्त्री सशक्तीकरण के लिए स्त्री शिक्षा को अत्यंत महत्वपूर्ण मानते थे।

गांधीजी के समक्ष हरिजनों की तरह ही स्त्रियों की शिक्षा का प्रश्न भी काफी जटिल प्रश्न था। जन-सामान्य स्त्रियों की शिक्षा के सन्दर्भ में गांधीजी का यह मानना था कि *"स्त्रियों को सामान्य शिक्षा के रूप में अपनी मातृभाषा, मातृभाषा हिंदी न हो तो हिंदी', भगवद्गीता का अर्थ समझने लायक संस्कृत, सामान्य अंकगणित, सामान्य लेखन-कला, सामान्य संगीत और बच्चों की देखभाल करना, इतना ज्ञान तो होना ही चाहिए।"*

इसके सिवाय रूई धुनने से लेकर बुनने तक की कला के सम्पूर्ण ज्ञान को भी वे आवश्यक मानते थे। उनका यह मानना था कि यह शिक्षा प्राप्त करते समय उसे ऐसा वातावरण मिलना चाहिए कि जिससे उसके चरित्र का निर्माण हो और वह समाज के दोषों को पूरी तरह देख सके और उन्हें दूर कर सके।

1918 में 'मुम्बई स्त्री-समाज' के दूसरे वार्षिक सम्मेलन के अवसर पर अपने अध्यक्षीय भाषण में गांधीजी ने स्त्री-शिक्षा पर अपने विचार व्यक्त करते हुए कहा कि *"यों तो अक्षरज्ञान के बिना बहुत से काम हो सकते हैं, फिर भी मेरी यह दृढ़ मान्यता है कि अक्षरज्ञान के बिना काम नहीं चल सकता। किताबी शिक्षा से बुद्धि बढ़ती है, तेज होती है और उससे हमारी परमार्थ करने की शक्ति बहुत बढ़ती है। इस ज्ञान की कीमत मैंने कभी ऊँची लगायी। मैंने उसे सिर्फ उचित जगह देने का प्रयत्न किया है। मैंने समय-समय पर बताया है कि स्त्री में विद्या का अभाव इस बात का कारण नहीं होना चाहिए कि पुरुष स्त्री से मनुष्य समाज के स्वाभाविक अधिकार छीन ले या उसे वे अधिकार न दें। किन्तु इन स्वाभाविक अधिकारों को काम में लाने के लिए, उनकी शोभा बढ़ाने के लिए और उनका प्रचार करने के लिए विद्या की जरूरत अवश्य है। साथ ही, विद्या के बिना लाखों को शुद्ध आत्मज्ञान भी नहीं मिल सकता। बहुत-सी पुस्तकों में आनन्द लेने का जो अकूत भण्डार भरा है, वह भी विद्या के बिना हमें नहीं मिल सकता। विद्या के बिना मनुष्य जानवर के बराबर है, यह अतिशयोक्ति नहीं, बल्कि शुद्ध चित्र है। इसलिए पुरुष की तरह ही स्त्री को भी विद्या जरूर चाहिए।"*

गांधीजी आगे कहते हैं, *"मैं यह नहीं मानता कि जिस तरह की शिक्षा पुरुष को दी जाती है, उसी तरह की शिक्षा स्त्री को भी मिलनी चाहिए।* स्त्री और पुरुष एक

दर्जे के हैं परन्तु एक नहीं, उनकी अनोखी जोड़ी है। वे एक-दूसरे की कमी पूरी करनेवाले हैं और दोनों एक-दूसरे का सहारा हैं। यहाँ तक कि एक के बिना दूसरा रह नहीं सकता। किन्तु यह सिद्धान्त ऊपर की स्थिति में से ही निकल आता है कि पुरुष या स्त्री कोई एक अपनी जगह से गिर जाए तो दोनों का नाश हो जाता है। इसलिए स्त्री-शिक्षा की योजना बनानेवाले को यह बात हमेशा याद रखनी चाहिए।'' दम्पति के बाहरी कामों में पुरुष सर्वोपरि है। बाहरी कामों का विशेषज्ञान उसके लिए जरूरी है। भीतरी कामों में स्त्री की प्रधानता है, इसलिए गृह-व्यवस्था, बच्चों की देखभाल, उनकी शिक्षा वगैरह के बारे में स्त्री को विशेष ज्ञान होना चाहिए। स्त्रियों को अंग्रेजी शिक्षा की जरूरत पर बोलते हुए गांधीजी ने कहा मुझे ऐसा लगा है कि हमारी मामूली पढ़ाई में स्त्री या पुरुष किसी के लिए भी अंग्रेजी जरूरी नहीं। कमाई की खातिर या राजनैतिक कामों के लिए ही पुरुषों को अंग्रेजी भाषा जानने की जरूरत हो सकती है। मैं नहीं मानता कि स्त्रियों को नौकरी ढूँढ़ने या व्यापार करने की झंझट में पड़ना चाहिए। इसलिए अंग्रेजी भाषा थोड़ी ही स्त्रियाँ सीखेंगी और जिन्हें सीखना होगा वे पुरुषों के लिए खोली हुई पाठशालाओं में ही सीख सकेंगी।

अहमदाबाद की गुजरात साहित्य सभा ने गुजरात के खास-खास नेताओं और संस्थाओं को स्त्री-शिक्षा के बारे में कुछ प्रश्न भेजकर उनके उत्तर माँगे थे। गांधीजी ने उनके जो उत्तर दिये, उनमें से कुछ का अवलोकन स्त्री-शिक्षा के सन्दर्भ में गांधीजी के दृष्टिकोण को समझने में लाभदायी होगा।

अंग्रेजी भाषा द्वारा शिक्षा दी जाए या मातृभाषा में ऊँची शिक्षा दी जाए, इस बारे में अपनी राय देते हुए गांधीजी कहते हैं, *''मुझे तो ऐसा लगता है कि अंग्रेजी शिक्षा देना उनकी हत्या करने के बराबर है। यह कभी सम्भव नहीं होगा कि लाखों स्त्रियाँ अच्छी-से-अच्छी बातें अंग्रेजी में सोचे या व्यक्त करें। यदि हो सके तो भी वह अच्छी बात नहीं है।*

जिन स्त्रियों के लिए शिक्षा की योजना तैयार करनी है, उन्हें यदि मातृ-भाषा में ऊँची शिक्षा मिलेगी, तो वे गृह-संसार को स्वर्ग-सा बना देंगी। इतना ही नहीं, वे अपनी बिना पढ़ी-लिखी बहनों पर अपने चरित्र का असर डालकर उनकी हर तरह सेवा कर सकेंगी।''

लड़के-लड़कियों को एक साथ पढ़ाने के बारे में गांधीजी कहते हैं, *''लड़के-लड़कियों को साथ-साथ पढ़ाने का प्रयोग मैंने करके देख लिया है। वह बड़ा जोखिम भरा है। साधारण नियम यही हो सकेगा कि शिक्षा अलग-अलग दी जाए।'*

अध्यापिकाएँ जितनी चाहिए उतनी नहीं मिलतीं, इसका क्या किया जाए? इसके जवाब में गांधीजी कहते हैं, *''तब तक हमारा यह आदर्श है कि हर पढ़ी-लिखी स्त्री को शादी करनी चाहिए तब तक ऐसा लगता है कि अध्यापिकाओं की कमी रहेगी ही।*

विधवा स्त्रियों से बढ़िया अध्यापिकाएँ निकलनी चाहिए। किन्तु भारत जब तक विधवापन को उसका योग्य दर्जा नहीं देता और जब तक पश्चिमी हवा में बहनेवाले हिंदू ही स्त्री-शिक्षा की योजना तैयार करते रहेंगे, तब तक विधवाओं में से भी उत्तम अध्यापिकाएँ मिलनी मुश्किल होंगी।'

उपरोक्त सभी विचारों पर चर्चा के उपरांत यह समझना आसान है कि किस प्रकार उदारवादी दृष्टिकोण से पश्चिम एवं भारत में स्त्री शिक्षा की रूपरेखा तैयार की गई। हालांकि इस तथ्य से कदापि-इंकार नहीं किया जा सकता कि 18वीं 19वीं सदी में इस प्रकार के विचार अपने काल-विशेष में अत्यंत प्रासंगित थे जिन्होंने स्त्री स्वतंत्रता की वैचारिक आधारभूमि तैयार की। तथापि इन विचारों का मूल्यांकन किया जाना आवश्यक प्रतीत होता है। उदारवादी राजनीति सबसे अधिक जोर हमारे मनुष्य होने पर देती है। दूसरे शब्दों में व्यक्तिगत अधिकारों को इस पूरी व्यवस्था में इस आधार पर सही ठहराया जाता है कि इन अधिकारों के कारण समाज में रहने वाले हर व्यक्ति की अपनी-अलग पहचान होती है। परंतु उनका व्यक्तिगत स्वतंत्रता को सार्वजनिक हित से अधिक-महत्व देना भी उदारवादी राजनीति की सीमा हो जाती है। उदारवादी नारीवादियों जैसे वुल्सटनक्राफ्ट, स्टुअर्ट मिल, हेरियत टेलर मिल, ईश्वरचंद विद्यासागर, राजाराम मोहन राय एवं गांधीजी ने जेण्डर सापेक्ष (स्त्री को केन्द्र में रखते हुए) समाज निर्माण की बजाए जेण्डर निरपेक्ष। (दोनों लिंगों के लिए एकसमान भाव) समाज के निर्माण पर अधिक बल दिया। उन्होंने जेण्डर असमानता की सांस्थानिक जड़ों जैसे पितृसत्ता, धर्म, जाति, नस्ल इत्यादि पर कोई प्रश्न खड़ा नहीं किया और ना ही उनकी प्रवृत्ति में किसी किस्म के परिवर्तन का उनका विचार था। वे स्थापित व्यवस्था में ही स्त्री-पुरुष संबंधों में समानता तलाश रहे थे।

बुनियादी शिक्षा दर्शन

अरूणेश नीरन शुक्ल

शिक्षा का उद्देश्य व्यक्ति को बेहतर मनुष्य बनाना माना जाता रहा है। विद्या का रिश्ता विनय से जोड़ा ही जाता रहा है। किन्तु वर्तमान शिक्षा प्रणाली या व्यवस्था का उद्देश्य मनुष्य को बेहतर मनुष्य या कि और ज्यादा मानवीय बनाने की जगह, बाजार का एवं वर्तमान पूँजीवादी व्यवस्था का ऐजेण्ट बनाना ज्यादा है। वर्तमान पूँजीवादी व्यवस्था का फैलाव भारी मशीनों व प्रौद्योगिकी के सहारे ज्यादा हुआ है, जिसमें मनुष्य का श्रम व कौशल लगातार हाशिये पर चला गया है। इस पूँजीवादी व्यवस्था में श्रम की जगह पूँजी व भारी मशीनों की केन्द्रियता बढ़ी है। उत्पादन में बेतहाशा वृद्धि हुई है जिसके चलते पूरी दुनिया बाजार में तब्दील करने की जरूरत हुई।

और पूरी दुनिया को बाजार बनाने में आधुनिक शिक्षा व्यवस्था ने महत्वपूर्ण भूमिका अदा की है। अपनी ज्ञान संरचना के सहारे इसने हमारे मस्तिष्क का अनुकूलन इस प्रकार से किया कि हम बाजार (उसके उत्पादों) के बगैर अपने जीवन की कल्पना न कर सकें। यदि हमने कम्पनियों के उत्पाद खरीदने की क्षमता नहीं है, तो हमारा इस व्यवस्था या कि संसार में बने रहने का औचित्य भी नहीं है। अगर हमें इस समाज में रहना है तो हमें बाजार की चीजें खरीदनी ही होंगी। उसके हेतु क्रय शक्ति अर्जित करना होगा। यहाँ तक कि जीवन जीने हेतु जरूरी चीजें मसलन दाल, रोटी, सब्जी भी अब रिलायन्स जैसी कम्पनियाँ बेच रही है। वर्तमान या कि पूँजीवादी शिक्षा व्यवस्था ने अगर हम गौर करें तो पाएँगे कि ऐसे विषयों को भी लगभग हाशिये पर डाल रखा है जो कि मनुष्य को ज्यादा संवेदनशील बनाते हैं व प्रतिरोधी चेतना का विकास करते हैं। शायद इसी कारण मानविकी पढ़ने वाले छात्रों को मैनेजमेट व साइंस पढ़ने वाले छात्रों की तरह न तो ठीक से सरकार द्वारा सुविधाएँ मुहैय्या कराई जाती हैं और न ही उन्हें रोजगार के व्यापक अवसर उपलब्ध कराये जाते हैं। वर्तमान व्यवस्था में ये छात्र अपने को आउटडेटेड व दोयम दर्जे का समझते हैं। इसी कारण मानविकी विषयों की तरफ छात्रों का रुझान तेजी से घटा है। वस्तुतः यही वे विषय हैं जिनको पढ़े हुए छात्र इस समूची व्यवस्था के खिलाफ कहीं न कहीं

खड़े होते हैं। वे मैनेजमेण्ट के छात्रों की तरह ऊपर से नीचे तक अपनी मानसिक, भौतिक उपस्थिति में बाजार के ऐजेण्ट नहीं होते। मसलन मैनेजमेण्ट का छात्र बाटा का जूता, रेमण्ड का सूट, रोलेक्स की घड़ी पहनेगा यहाँ तक कि वह पानी भी बिसलेरी का ही पिएगा अर्थात् ऊपर से नीचे तक वह बाजार का प्रोजक्ट होता है और उसकी नजर हमेशा सामने वाले की जेब पर रहती है कि कैसे उसके पैसे को बाहर निकलवाया जाए व उसे बाजार में एडजस्ट किया जाए। मानविकी के छात्र अपने पूरे अस्तित्व व क्रिया-कलाप में कहीं न कहीं बाजार के विरोध में खड़े होते हैं इसीलिए वर्तमान सत्ता तंत्र को यह मंजूर नहीं कि इस तरह के विषयों के अध्ययन-अध्यापन को प्रोत्साहित किया जाए। दरअसल सत्तातंत्र का यह चरित्र रहा है कि जिस किसी ने भी समाज को तार्किक बनाने की कोशिश की है या सच कहा है, सत्ता ने उसे मार दिया है। चाहे वह व्यक्ति हो या कि संस्थान अथवा कि कोई ऐसी व्यवस्था जो कि अल्टरनेट डेवलेप करने की तरफ प्रयासरत हो। सुकरात को विष प्याला दे दिया गया। चार्वाक का साहित्य नष्ट कर दिया गया। गैलीलियो को फांसी दी गयी। यहाँ तक कि हम सोवियत संघ के पतन को भी इस पूरे फेनोमिना से जोड़ कर समझ सकते हैं।

शिक्षा के क्षेत्र में गांधी की संकल्पना जिसे हम 'बुनियादी तालीम' के नाम से जानते हैं वह भी वस्तुतः ऐसी ही शिक्षा व्यवस्था है, जो कि समाज में सही मायने में समानता स्थापित करने का वृहद उद्देश्य रखती है। बुनियादी तालीम वर्तमान शिक्षा व्यवस्था से इस मायने में भिन्न है कि वर्तमान शिक्षा व्यवस्था जहाँ प्रतिस्पर्धा की भावना पर आधारित है वहीं बुनियादी तालीम परस्पर सहभाव व सहकार की भावना पर आधारित है। अपनी समूची अवधारणा में बुनियादी तालीम समाज में विकेन्द्रीकरण को तमाम स्तरों पर बढ़ावा देती है जबकि वर्तमान शिक्षा व्यवस्था केन्द्रीकरण को बढ़ावा देती है व भारी मशीनों के उपयोग को सही साबित करती है। अर्थात्-बुनियादी तालीम अपनी समूची अवधारणा में वर्तमान पूँजीवादी व्यवस्था की विरोधी है। 1937 में वर्धा शिक्षा योजना बनने के बाद से यह जब तय हो रहा था कि गांधी इस शिक्षा व्यवस्था को लेकर काफी गंभीर हैं व स्वतंत्रता प्राप्ति के उपरान्त इस मॉडल पर काम हो सकता है, ठीक उसी समय इतिहास या कि समाज का पहिया अपनी गति से घूम रहा था, वह अपनी ही दिशा में आगे बढ़ रहा था जिस पर बहुत हद तक गांधी का नियन्त्रण नहीं था। अर्थात् जहाँ भारत स्वाधीनता की तरफ कदम बढ़ा रहा था वहीं राष्ट्र राज्य व आगे आने वाली व्यवस्था को लेकर गांधी व नेहरू की दृष्टियों के बीच का भेद कुछ दूसरी ही तरह का संकेत कर रहा था। जिस तरह से 'स्वराज' के समूचे सवाल को नेहरू लगभग टाल गये थे, उसी समय से यह भी कहीं न कहीं तय हो रहा था कि 'स्वराज' की वृहद् अवधारणा के अन्तर्गत आने वाली 'बुनियादी तालीम' जो कि 'स्वराज' प्राप्ति हेतु अनिवार्य है, उसका भी भविष्य बहुत उज्जवल नहीं है।

और स्वतंत्रता प्राप्ति के उपरान्त हुआ भी यही। कांग्रेस ने गांधी का नाम तो अपने साथ रखा किन्तु उनके तमाम स्वप्नों व नीतियों को छोड़ दिया। उनकी समाज सम्बन्धी किसी भी अवधारणा को अपने राजनीतिक कार्यक्रम में कांग्रेस ने शामिल ही नहीं किया। भारतीय राष्ट्र ने स्वाधीनता के बाद विकास को जो रास्ता अख्तियार किया वह गांधी के सपनो से होकर नहीं गुजरता था। बुनियादी तालीम तो विकास की उस अवधारणा के विरोध में ही खड़ी होती थी।

बुनियादी शिक्षा की अवधारणा में तीन बातें मुख्य हैं, एक तो हाथ का काम स्कूल में हो, दूसरी, स्कूल की शिक्षा स्थानीय परिवेश से जुड़ी हों। और तीसरी, स्कूल में जो-जो विषय पढ़ाए जाएँ, जो-जो कौशल पढ़ाये जाएँ, ज्ञान के जो क्षेत्र बच्चों के सम्पर्क में लाये जाएँ, वे अलग-अलग न होकर संगठित हों, आपस में बधे हैं। अर्थात् ज्ञान को जब तक प्रोडक्टिव नहीं बनाया जाएगा या कि ज्ञान को वर्क से नहीं जोड़ा जाएगा तब तक शिक्षा को कोई अर्थ नहीं है। इसके बगैर शिक्षा व्यवस्था हमको उपभोक्ता ही बनाएगी। ज्ञान को वर्क से जोड़ देने पर शिक्षा हमें प्रोडक्टिव बनाएगी अर्थात् तब हम उत्पादक होंगे, उपभोक्ता नहीं। अर्थात् हर व्यक्ति उत्पादक होगा। वह आत्मनिर्भर होगा यानी अपनी जरूरत की चीजों का उत्पादन आप खुद करेंगे। अर्थात् आपकी डिपैंडेंसी मार्केट से खत्म होगी। यानी बड़े सदर्भों में बुनियादी तालीम बाजार, पूँजीवाद व उपनिवेशवाद की विरोधी है। यह स्थानीय जरूरतों के हिसाब से स्थानीय संसाधनों का उपयोग करके स्थानीय लोगों द्वारा उत्पादन व वितरण को बढ़ावा देती है। जबकि वर्तमान पूँजीवादी शिक्षा व्यवस्था इस तरह के सहकार की जगह एलीयनेशन को बढ़ाया देती है। वह हमें लोभ की तरफ प्रवृत्त करती है, लाभ के बारे में सोचना सिखाते हुए वर्तमान शिक्षा व्यवस्था इस प्रक्रिया को आगे बढ़ाती है कि हर व्यक्ति दूसरे को अपना अदर (अन्य) मानने लगता है। और उस पर वर्चस्व स्थापित करने की कोशिश करता है। जबकि बुनियादी तालीम आत्म का विस्तार करती है। यह आत्म व अन्य के भेद को खत्म करती है। अर्थात् अहिंसक समाज की स्थापना हेतु प्रयास करती है।

चूंकि बुनियादी तालीम स्थानीय संसाधनों के उपयोग को बढ़ावा देती है। इसके कारण यह वर्तमान व्यवस्था की उस पूरी क्रिया पद्धति का विरोध करती है जिसमें कि वह कच्चे माल की खोज में पूरी दुनिया को बाजार में बदल देती है या कि कच्चे माल की खोज में दुनिया के तमाम राष्ट्रों पर वर्चस्व कायम करने की होड़ पैदा करती है। गांधी की 'बुनियादी तालीम' की अवधारणा वर्चस्व विरोधी तो है ही साथ ही साथ प्रकृति सापेक्ष भी है। बुनियादी तालीम अपनी संकल्पना में लघु व कुटीर उद्योगें को बढ़ावा देती है जिसके चलते भारी मशीनों की जगह मनुष्य के श्रम व कौशल की केन्द्रीयता बढ़ती है। अपितु बड़े संदर्भों में बुनियादी तालीम वर्गहीन समाज का स्वप्न ले कर आगे बढ़ती है। बुनियादी तालीम मनुष्य को ज्यादा नैतिक व संवेदनशील

बनाती है। क्योंकि बुनियादी तालीम मात्र हस्तकौशल नहीं है अपितु यह हस्त-मस्तिष्क हृदय का सहभाव है। जिसमें किसी एक का दूसरे पर वर्चस्व नहीं है।

अगर स्वातंत्र्योत्तर भारत में 'बुनियादी तालीम को वर्तमान शिक्षा व्यवस्था की जगह लागू किया गया होता तो आज भारत की तस्वीर ही दूसरी होती किन्तु तब वह संभवतः गांधी के सपनों का भारत होता, नेहरू के सपनों का नहीं। जो कि दुनिया को न तब मंजूर था और न ही अब है। अब तो स्थिति यह है कि 'बुनियादी तालीम' या 'स्वराज' पर बात करने वालों को हास्यास्पद समझा जाता है। कांग्रेस या कि किसी भी पार्टी के राजनीतिक एजेंडे में गांधी की बुनियादी तालीम कहीं नहीं है। किन्तु जब भी कहीं वर्तमान शिक्षा व्यवस्था के अल्टरनेट पर बात होगी बुनियादी तालीम 'पर बात करनी ही होगी। क्योंकि हिंसा की जगह अहिंसा व लाभ-लोभ की जगह सहभाव को स्थापित करने का रास्ता बुनियादी तालीम से होकर ही गुजरेगा।

पूर्व प्राथमिक एवं प्राथमिक शिक्षा के संदर्भ में बुनियादी तालीम

मिथिलेश कुमार

शिक्षा के उद्‍देश्यों एवं प्रक्रियाओं को लेकर शिक्षाविदों में सदैव मत-भिन्नता रही है तथा कोई सर्वमान्य धारणा विकसित नहीं हो पाई है। फिर भी यदि बहुप्रचलित धारणाओं की बात करें तो शिक्षा को *'जीवन के समग्र विकास के औजार'* के रूप में देखा गया है। लेकिन, यह इस बात पर निर्भर करता है कि यह औजार किस मूल्यबोध से प्रेरित हैं। यदि यह शिक्षण प्रक्रिया मनुष्य की स्वतंत्र चेतना, विवेकशीलता एवं रचनात्मकता को विकसित करने वाली प्रक्रिया है तो यह अहिंसक एवं सामाजिक बराबरी की ओर ले जाने वाली प्रक्रिया होगी। अन्यथा यह शिक्षा गैर-बराबरी और अस्वस्थ प्रतिस्पर्धा को बढ़ावा देगी।

शिक्षा को पारिभाषित करते हुए कहा गया है कि-

''शिक्षा वह प्रक्रिया है, जिसके द्वारा वयस्क होता हुआ व्यक्ति समूह के जीवन और संस्कृति में प्रवेश करता है।'

इसलिए महत्वपूर्ण यह है कि शिक्षा के आधुनिक मूल्यबोध में जीवन के समग्र विकास की गुंजाइश हो। बकौल नंदकिशोर आचार्य- *''हमारी वर्तमान शिक्षा-प्रणाली पाठ्यक्रम तय करने, कक्षा में उसका शिक्षण करने और अंत में एक परीक्षा के माध्यम से उस शिक्षण की सूचनात्मक जाँच करने के तीन चरणों में विभाजित हैं और इन तीनों चरणों का आपस में कोई तालमेल नहीं है। इस सारी प्रक्रिया में विद्यार्थी की रूचि, प्रतिभा, परिस्थिति और आवश्यकता पर कोई विचार नहीं किया जाता है। इस प्रक्रिया का सबसे दिलचस्प लेकिन दुखद पक्ष यह है कि उपरोक्त तीनों प्रक्रियाओं से अलग एक प्रशासक या नौकरशाह वर्ग इन सारी गतिविधियों को निर्देशित व संचालित करता है जो या तो राज्य का प्रतिनिधि होता है या फिर पूंजीपति या बाजार का।'*

इसीलिए इवान इलिच जैसे शिक्षाशास्त्री मानते हैं कि *'पाठ्यक्रम को सुधारने या*

बदलने से शिक्षा में कोई बुनियादी परिवर्तन नहीं लाया जा सकता है। हमें पूरी शिक्षा-प्रक्रिया को, जो आज भी मुख्यतः स्कूली-प्रक्रिया है, बदलना होगा।

इवान इलिच शिक्षा-प्रक्रिया में दो तरह के पाठ्यक्रम की बात करते हैं। एक-घोषित पाठ्यक्रम, दूसरा-गुप्त पाठ्यक्रम। इलिच अपनी प्रसिद्ध पुस्तक *'डी स्कूलिंग सोसाइटी'* में कहते हैं कि यह गुप्त पाठ्यक्रम घोषित पाठ्यक्रम की तुलना में विद्यार्थी के आचरण को अधिक प्रभावित करता है। इस गुप्त पाठ्यक्रम का मुख्य उद्देश्य विद्यार्थियों को बाजार का एक 'उपभोक्ता' बनाने का होता है। बर्ट्रेंड रसेल ने भी शिक्षा की प्रक्रिया के बारे में विचार प्रकट करते हुए लिखा है कि अधिकांश बच्चे अनजाने ही अपने माता-पिता और अपने अध्यापकों के असली विचारों को ग्रहण कर लेते हैं, लेकिन आमतौर पर वे उनकी उन धारणों को ग्रहण नहीं करते, जिनका वे प्रचार तो करते है, पर वास्तव में जो उनकी सच्ची धारणा नहीं होती। रसेल की यह बात समूची शिक्षण प्रक्रिया के बारे में भी उतना ही सच है।

इस प्रकार यह कहा जा सकता है कि आधुनिक शिक्षा-प्रक्रिया अपने स्वरूप और आचरण/व्यवहार में मानवीय स्वतंत्रता, गरिमा एवं रचनात्मकता का दमन करती है। जिससे गैर-बराबरी को बढ़ावा मिलता है एवं सार्थकता की जगह सफलता को महत्व दिया जाता है। यह प्रक्रिया परिवेश के साथ जीवंत रिश्ते के बजाय किताबी सूचना को वरीयता देकर मनुष्य को एक निर्जीव आंकड़े में तब्दील कर देती है।

जाहिर है कि समग्र शिक्षा प्रक्रिया में बुनियादी परिवर्तन की आवश्यकता है। यह तभी संभव है, जब पाठ्यक्रम और शिक्षण-प्रक्रिया के चुनाव में विद्यार्थियों की आवश्यकता, रूचि, परिस्थिति आदि को केन्द्रीय महत्व मिले तथा उसके क्रियान्वयन में उनकी सक्रिय सहभागिता भी हो। शिक्षा को अपनी प्रक्रिया और मूल्यांकन में सफलता और प्रतिस्पर्धा के बजाय सहभागिता, सार्थकता एवं आत्मावलोकन को महत्व मिले। यह तब तक नहीं हो सकता जब तक ज्ञान को उपयोगी-अनुपयोगी के ढाँचे में विभक्त करके देखा जाता रहेगा। आज ऐसे तरीकों को खोजना होगा जो शिक्षक-विद्यार्थी को प्रतिस्पर्धा के बजाए पूरक बनाएँ। इसके लिए जरूरी है कि सभी स्तरों पर शिक्षा की प्रक्रिया को खुलेपन, समानता एवं सहयोग की भावना से विकसित किया जाए।

उपरोक्त परिप्रेक्ष्य में बुनियादी तालीम की प्रासंगिक एवं उसके औचित्य पर विचार किया जा सकता है।

''हमे अपनी शिक्षा व्यवस्था में आमूल-चूल बदलाव लाना है। इसमें मस्तिष्क को हाथ के जरिये शिक्षित होना चाहिए। अगर मैं कवि होता तो पाँचों उंगलियों की संभावनाओं पर कविता लिखता। आप ऐसा क्यों सोचते हैं कि दिमाग ही सब कुछ है और हाथ-पैर कुछ नहीं? जो लोग हाथ को प्रशिक्षित नहीं करते और सामान्य ढंग से शिक्षा पाते हैं, उनमें जीवन का संगीत नहीं होता। उनके शरीर का हर अंग

प्रशिक्षित नहीं होता। सिर्फ किताबी ज्ञान बच्चे के भीतर इतनी जिज्ञासा नहीं जगा सकता है कि उसका पूरा ध्यान उस पर केन्द्रित हो सके। सिर्फ शब्दों की शिक्षा से बच्चे का दिमाग थक जाएगा और भटकने लगेगा। फिर हाथ वह काम करेगा जो उसे नहीं करना चाहिए। आँख वह देखेंगी जो उन्हें नहीं देखना चाहिए, कान वह सुनेंगे जो उन्हें नहीं सुनना चाहिए यानी वे वह काम नहीं करेंगे जिसके लिए वे बने हैं। ऐसे में जब वे अपने सही काम के लिए प्रशिक्षित नहीं किए जाते तो प्रायः उनकी शिक्षा ही उन्हें बर्बाद कर देती है। जो शिक्षा अच्छे-बुरे और अपने-पराये में भेद कर पाने की शिक्षा नहीं देती, वह मिथ्या हैं।'[1]

महात्मा गांधी द्वारा प्रतिपादित बुनियादी शिक्षा जिसे हमें 'नयी तालीम' के नाम से जानते हैं, उसका प्रमुख उद्‌देश्य चिंतन, अनुभूति और कर्म में एक अहिंसक व्यक्ति का निर्माण करना है। सामान्यतः बुनियादी तालीम को 'लर्निंग बाई डूइंग' या 'करके सीखो' तक सीमित कर उसे कुछ दस्तकारियों की शिक्षा मात्र मान लिया जाता है। निश्चय ही यह आजीविका-कौशल की भी शिक्षा है जो हर शिक्षा-पद्धति में होनी चाहिए। लेकिन इसका वास्तविक उद्‌देश्य एक ऐसे स्वावलंबी व्यक्ति का निर्माण करना है जो अपने परिवेश (प्राकृतिक व मानवीय) के साथ सर्जनात्मक रूप से जुड़ा हुआ हो। यही कारण है कि गांधीजी कहते हैं कि *"मनुष्य केवल शरीर नहीं है, केवल बुद्धि नहीं है, केवल हृदय अथवा आत्मा नहीं है। तीनों के समान विकास से मनुष्य का मनुष्यत्व सधता है। इसी में शिक्षा का सच्चा अर्थशास्त्र निहित है।"*[2]

यहाँ महत्वपूर्ण बात यह है कि बुद्धि, शरीर और हृदय (Head, Hand & Heart) का विकास न केवल समान होना चाहिए बल्कि उसकी गति की भी एक समान हो। तीनों में से किसी एक के प्रति उदासीनता मनुष्य के समग्र विकास में अवरोधक हो सकता है। यही कारण है कि शिक्षा को परिभाषित करते हुए गांधीजी ने कहा कि - *"शिक्षा से मेरा तात्पर्य ऐसी शिक्षा से है जो बच्चे और मानव के शरीर, आत्मा ओर मस्तिष्क से सर्वश्रेष्ठ को विकसित करे। साक्षरता न तो शिक्षा का अंत है न और न ही प्रारंभ। यह तो केवल एक साधन है, जिससे पुरुष और महिला शिक्षित हो सकते है। साक्षरता अपने आप में शिक्षा नहीं है। इसलिए मैं बच्चे की शिक्षा एक उपयोगी हस्तकला सिखाने से शुरू करूंगा, जिससे वह सीखना शुरू करने के साथ ही उत्पादन शुरू करने योग्य बन जाए।"*[3]

उपरोक्त आधारों पर परिकल्पित बुनियादी तालीम के मूल सिद्धांतों में निम्न बातें शामिल हैं -

1. राष्ट्रव्यापी स्तर पर सात वर्षों के लिए निःशुल्क और अनिवार्य शिक्षा उपलब्ध कराई जाए।

2. शिक्षा का माध्यम मातृभाषा हो।

3. इस पूरी अवधि (सात वर्षों तक) के दौरान शिक्षा का तरीका किसी शारीरिक

और उत्पादक काम पर आधारित हो और जो अन्य गतिविधियाँ विकसित की जाए तथा जो प्रशिक्षण दिया जाए, वह जहाँ तक संभव हो दस्तकारी से अभिन्न रूप से जुड़ा हो, जिसका चुनाव बच्चे के आसपास के वातावरण का भली प्रकार ध्यान रखते हुए किया जाए।

4. दस्तकारी के उत्पादों से इतनी आमदनी धीरे-धीरे होने लगे कि उस में शिक्षकों का पारिश्रमिक चुकाया जा सके।

वर्धा शिक्षा परिषद् के अध्यक्षीय भाषण के दौरान नयी तालीम की शिक्षण पद्धति को स्पष्ट करते हुए गांधी ने कहा कि -

''समस्त प्राथमिक शिक्षा किसी उद्योग या दस्तकारी के बीच में रखकर, उसके जरिये दी जानी चाहिए। नयी तालीम शिक्षा के साथ-साथ एक धंधा सिखा देने की चीज नहीं है। लड़कों को जो कुछ भी सिखाया जाए, सब किसी न किसी उद्योग या दस्तकारी के जरिये ही सिखाया जाए।''[4]

यहाँ यह स्पष्ट कर देना आवश्यक है कि नयी तालीम में धन्धा सिखाना प्रधान उद्‌देश्य नहीं है, जैसाकि अधिकांश लोग भ्रमवश समझते हैं, प्रधान उद्‌देश्य तो बच्चे को शिक्षित करना है, उसकी मानसिक, शारीरिक व आत्मिक शक्तियों को विकसित करना है। हाँ, उनको विकसित करने का माध्यम उद्योग द्वारा शिक्षण होगा। इसलिए नयी तालीम केवल उद्योग या दस्तकारी की ही शिक्षा नहीं है बल्कि उद्योग के माध्यम से बच्चों को सारी शिक्षा देना नयी तालीम है। जिस तरह आज प्रचलित शिक्षा पद्धति में लिखना-पढ़ना जानना ही एकमात्र शिक्षा का माध्यम है, उसी तरह नयी तालीम शिक्षण पद्धति में उद्योग के माध्यम से सभी विषयों की शिक्षा में देने की बात है। गांधी जी ने स्वयं स्पष्ट किया है, ''एक बात इस सिलसिले में मैं और साफ कर देना चाहता हूँ। मेरी तजवीज सिर्फ उद्योग सिखाने के लिए नहीं है। मैं तो उद्योग के द्वारा विद्यार्थियों को सभी विषयों का ज्ञान कराना चाहता हूँ। मेरी योजना में इतिहास, भूगोल, गणित, विज्ञान, भाषा, चित्रकला, संगीत, कसरत, व्यायाम, आरोग्य एवं आहारशास्त्र आदि सबका समावेश होता है। लेकिन मेरी शर्त यह है कि इन सबका ज्ञान कोरा किताबी ज्ञान न होना चाहिए। ज्ञान जीवनव्यापी होगा और वह उद्योगों द्वारा हासिल किया जाएगा।[5]

गांधी जी नयी तालीम शिक्षण-पद्धति के संदर्भ में तकली या वस्त्र-उद्योग के उदाहरण द्वारा स्पष्ट करते हैं कि *''शिक्षण का तरीका क्या होगा। इसके अंतर्गत तकली का पाठ विद्यार्थियों का पहला पाठ होगा, जिसके माध्यम से वह कपास का, लंकाशायर का, भारतीय वस्त्र-उद्योग विनाश का, अंग्रेजी हुकूमत का बहुत कुछ इतिहास सीख जाएगा। फिर कपास किस मौसम में बोई जाती है, उससे तमाम मौसम संबंधी ज्ञान, किस मिट्टी में बोई जाती है, अन्य कितने प्रकार की मिट्टी होती है, यह अपने देश में व दुनिया में कहां-कहाँ पायी जाती है, इसके माध्यम से भूगोल का*

ज्ञान कराया जा सकता है। कपास के साथ अन्य कौन-कौन सी फसलें बोईं जातीं हैं उनको कैसा वातावरण चाहिए। तकली कैसे चलती है, घूमने पर खड़ी क्यों रहती है, उसकी डंडी और गोल चकती का अनुपातिक संबंध इतना ही क्यों है उससे गति का विज्ञान तथा अन्य संबंधित विज्ञान का ज्ञान कराया जा सकता है। गणित का ज्ञान तो स्वाभाविक रीति से होगा ही क्योंकि जो सूत बच्चा कातता है उसके तार उसमें गिनवाए जाएँगे। बुनाई की प्रक्रिया में जाने पर तो उच्च गणित, बीज गणित, रेखा गणित आदि सभी का ज्ञान उपयोग के माध्यम से बच्चा सीखेगा ही। कपड़ा व सूत रंगने की प्रक्रिया में तमाम रसायनशास्त्र का ज्ञान दिया जा सकेगा। इस तरह कपास बोने से लेकर कपड़ा बनाने तक की प्रक्रिया में बच्चे को सभी विषयों की शिक्षा दी जा सकती है चाहे वह भौतिक विज्ञान हो रसायनशास्त्र, गणित हो या भूगोल, इतिहास हो या मौसम विज्ञान। इस शिक्षण पद्धति की यह विशिष्टता है कि इन सब विषयों को सीखते हुए बच्चे के दिमाग पर इन सबका जरा भी बोझ नहीं पड़ता। बच्चा अपने काम में मस्त, खेलता-कूदता है और गाता रहता है और इसी में बहुत कुछ सीख लेता है। इस पद्धति की मुख्य बात यह है कि उद्योग की तमाम क्रियाओं द्वारा बच्चों के अन्दर जो भी अच्छी चीज है, जो भी गुण है, उन सबका विकास लक्ष्य है तथा बच्चों को इतिहास, भूगोल, गणित, विज्ञान आदि के जो भी पाठ सिखाने हैं, सभी इस दस्तकारी से संबंधित होंगे।''[6]

इस तरह गांधी जी के अनुसार नयी तालीम शिक्षण पद्धति का उद्देश्य या ध्येय बालकों को केवल उत्तम कारीगर बनाना ही नहीं है बल्कि उद्योग की शैक्षणिक उपयोगिता का पूर्ण लाभ उठाकर उनका सर्वांगीण विकास करना है। उद्योग अथवा शिक्षण नयी तालीम का अंतिम लक्ष्य नहीं बल्कि उसका एक साधन मात्र है। प्राकृतिक तथा सामाजिक वातावरण के अनुरूप बालकों को अपने व्यक्तित्व का विकास करने में तथा उसकी आवश्यकताओं की पूर्ति करने की क्षमता उत्पन्न करने में सहायता देना ही नयी तालीम का लक्ष्य है।

नयी तालीम की विस्तृत एवं व्यवस्थिति योजना तैयार करने के लिए गठित डॉ. जाकिर हुसैन समिति ने भी अपनी रिपोर्ट में लिखा है कि *''शिक्षा की इस योजना का असल ध्येय यह कभी नहीं है कि महज ऐसे कारीगर पैदा किए जाएँ जो मशीन की तरह हाथ का काम कर सकते हैं। इसका ध्येय तो यह है कि दस्तकारी के अन्दर मनुष्य की शिक्षा को लाभ पहुँचाने की जो शक्तियाँ भरी पड़ी हैं, उन सबका पूरा-पूरा उपयोग हो। इसलिए यह जरूरी है कि दस्तकारी का काम स्कूल की पढ़ाई का एक अंग ही न हो, बल्कि दूसरे सब विषयों को सिखाने का यह एक माध्यम हो और दूसरे सब विषयों की पढ़ाई इसके जरिए आप-से-आप हो सके।''*[7]

इस तरह नयी तालीम शिक्षण पद्धति शिक्षण की व ज्ञान प्राप्ति की स्वाभाविक प्रक्रिया होने के साथ ही साथ वैज्ञानिक पद्धति भी है। क्योंकि वैज्ञानिक पद्धति भी

यही कहती है कि समस्त ज्ञान अवलोकन से और अनुभव से प्राप्त होता है। ज्ञान स्थूल से सूक्ष्म की ओर बढ़ता है, व्यावहारिक से सैद्धांतिक बनता है। पहले हम अवलोकन करते हैं, अनुभव करते हैं और फिर अनुमान की पद्धति से एक सामान्य नियम बनाते हैं। अनुमान सिद्ध हो जाने पर हम उस नियम से परिणाम निकालते हैं। लेकिन ऐसा करते समय भी हमें अनुभव की कसौटी हमेशा पास रखनी पड़ती है। यदि नियम अनुभव सिद्ध है परन्तु परिणाम अनुभव सिद्ध नहीं होते तो हमें नियम को ही त्यागना पड़ता है। इसका अर्थ यह हुआ कि समस्त ज्ञान जीवन व्यवहार से ही निकलता है और जीवन-व्यवहार में आना ही ज्ञान का अंतिम लक्ष्य है। किसी भी तरह के ज्ञान को जीवन-व्यवहार की कसौटी पर खरा उतरना होता है। नयी तालीम शिक्षण पद्धति के अंतिम स्वरूप पर गांधी जी इसी विधि से पहुँचे थे। गांधी जी ने पहले अपने बच्चों की शिक्षा के प्रयोग किए और उनसे प्राप्त अनुभवों को बड़े पैमाने पर बार-बार प्रयोग किया और अंततः निष्कर्षों पर पहुँचे। यह निष्कर्ष भी आगे प्रयोगों द्वारा परिवर्तित व उन्नत किए जाने के लिए खुले थे और आज भी खुले हैं।

पूर्व बुनियादी शिक्षा का स्वरूप

गांधीजी के अनुसार शिक्षण का यह काल बच्चे के गर्भावस्था में आने से, माँ के शिक्षण से प्रारम्भ होकर, सात वर्ष की उम्र तक का है।

"अगर बच्चे मेरे हाथ में रहें तो मैं ऐसी तालीम दूँगा कि वे बचपन से ही यह सीखें कि उत्पात नहीं करना, विध्वंस नहीं करना तथा विध्वंस की वृत्ति बुरी चीज है वे जो कुछ करें, वह सृजनात्मक हो। इसी में कला है।"[8]

शिक्षा में रचनात्मकता पर बल देते हुए गांधीजी कहते हैं कि *"बालकों को हम जो कुछ सिखायें, वह रचनात्मक हो, क्रियात्मक (सृजनात्मक) हो नाशक नहीं।"*[9]

पूर्व बुनियादी शिक्षा की पद्धति स्पष्ट करते हुए गांधीजी ने कहा, *"मेरी सिखाने की पद्धति यह होगी कि जब बच्चा बोलना शुरू करता है तब भाषा की तालीम (मौखिक) शुरू होगी। पहले रंगों की पहचान करायें फिर चित्रों से शुरू करें। अक्षर भी तो चित्र ही होते हैं। कोई तोते का चित्र बनाएगा, कोई चिड़िया का, तो कोई किसी अक्षर का इस प्रकार सबके अलग-अलग चित्र होंगे। लिखना चित्र द्वारा शुरू किया जाए। 1, 2, अ, आ आदि चित्र से सिखाये जाएँ। जब बच्चे अक्षर-चित्र द्वारा सीखेंगे तो अलग से उन्हें सिखाने की आवश्यकता नहीं होगी। पढ़ना, लिखना, हिसाब करना (गणित), सतत प्रवाह में अपने समय पर आएँगे। आज की तरह लिखाई-पढ़ाई और हिसाब नहीं सिखाये जाएँगे। पहले पढ़ना आ जाएगा तब चित्र रूप लिखना शुरू किया जाएगा। ऐसा होने से परिश्रम नहीं पड़ेगा। उसकी सब शिक्षा खेल-सी होनी चाहिए।"*[10]

पूर्व बुनियादी शिक्षा में काम की महत्ता को उजागर करते हुए गांधी कहते हैं

कि *"बच्चा जो कुछ करे या बनाये, काम की चीज बनाये। तब उसकी बुद्धि और हाथ-पैर का विकास साथ-साथ होता है। नयी तालीम में काम और खेल, ऐसे दो विभाग नहीं हैं। बच्चे के लिए तो सब खेल ही खेल है।"*[11]

स्वावलम्बन को नयी तालीम का एक मुख्य अंग बताते हुए गांधीजी ने आगे कहा, *"बचपन में ही यदि लड़के-लडकियाँ हमारे हाथ में आए और सात साल या उससे भी अधिक समय तक हम उनहें शिक्षित करें फिर भी यदि उनमें स्वावलम्बन की शक्ति न आये, तो हमें यह मानना पड़ेगा कि नयी तालीम का पूरा-पूरा अर्थ हमने ग्रहण नहीं किया। हमें जो आधुनिक शिक्षा दी जाती है उसी के कारण हमारे मन में दुविधा होती है कि शिक्षा स्वावलम्बी हो ही नहीं सकती। मेरा दृढ़ विश्वास है कि यदि नयी तालीम द्वारा हम बालक को पूर्ण स्वावलम्बी नहीं बना सके तो मानना होगा कि शिक्षक समुदाय उसे समझ ही नहीं पाया है। मेरी राय में नयी तालीम के जितने लक्षण हैं उनमें स्वावलम्बन एक मुख्य अंग या लक्षण है।"*[12]

गांधीजी का उपर्युक्त वक्तव्य पूर्व बुनियादी शिक्षा का सिद्धान्त रूप है। बालक की शिक्षा, उसके माँ-बाप की शिक्षा बुद्धि से सम्बन्धित है। आधुनिक शिक्षाशास्त्री भी यह बात मानते हैं कि बालक का सर्वांगीण विकास और शिक्षा उसके घरेलू वातावरण और उसकी वास्तविक सृष्टि पर निर्भर करते हैं। गांधी कहते है कि

"विद्यालय और घर के लालन-पालन में विरोधाभास नहीं होना चाहिए, क्योंकि उसका बालक के जीवन पर असर पड़ता है। इसी उम्र में बालक का अधिकतम शारीरिक और ऐन्द्रिक विकास होता है।"[13]

नयी तालीम में पूर्व बुनियादी शिक्षा की चार अवस्थाएँ मानी गयी हैं :-

1. गर्भावस्था से जन्म तक।
2. जन्म से लेकर ढाई साल तक।
3. ढाई साल से चार साल तक।
4. चार साल से सात साल तक।

पहली दो अवस्थाओं में माँ और बच्चा दोनों का पूर्व बुनियादी शिक्षा से सम्बन्ध रहता है क्योंकि माँ और बच्चे को इस दौरान अलग-अलग नहीं किया जा सकता। बच्चे की ढाई साल की उम्र से विद्यालय का काम शुरू होता है। इस अवधि में घर एवं स्कूल का वातावरण एक जैसा होने से बच्चे के विकास में अत्यधिक सहायता मिलती है। अन्तिम अवस्था में बालक को बुनियादी शिक्षा के लिए तैयार करने का समय है जब बालक स्वावलम्बन अर्थात् अपने काम स्वयं करना तथा ज्ञान और कर्म का सम्बन्ध स्थापित करना सीखता है।

यह सवाल किया जा सकता है कि यदि बुनियादी तालीम की इमारत इतनी ठोस थी तो वह भरभराकर क्यों गिर गई। आखिर क्यों नहीं बुनियादी तालीम का विस्तार हुआ। यह एक अलहदा सवाल है एवं इसके लिए कई राजनीतिक-आर्थिक-सामाजिक

कारण जिम्मेदार रहे हैं। जिस पर विस्तार से बात की जा सकती है। शिक्षा व्यवस्था का स्वरूप इस बात पर निर्भर करता है कि हम किस तरह का समाज बनाना चाहते हैं?

आज के समय में बुनियादी तालीम की सामयिकता दो संदर्भों में प्रासंगिक है। पहला मुद्दा शैक्षणिक श्रेष्ठता के माप से पैदा होता है। इसकी जड़ें मानव प्रकृति के सैद्धांतिक अवबोधन से पैदा होता है। क्या बड़ा हमेशा अच्छा होता है? क्या छोटा सुंदर नहीं हो सकता? क्या मशीनीकरण, विशेषज्ञता अथवा श्रम के विभाजन से दक्षता प्राप्त करने को चौमुखी विकास के मुकाबले प्राथमिकता दी जाए? बच्चों के सीखने में वास्तव में महत्वपूर्ण क्या हैं? आदि कुछ प्रश्न हमारे सामने हैं।

दूसरा मुद्दा शांति के लिए शिक्षा का है। जैसा कि पहले कहा जा चुका है कि गांधीजी के लिए नयी तालीम शैक्षणिक क्षेत्र में अहिंसा की अभिव्यक्ति है। वर्तमान में शांति शिक्षा को स्कूल पाठ्यक्रम में एक अन्य विषय के रूप में लेने की प्रवृत्ति है। एन.सी.एफ. 2005 ने भी शांति शिक्षा को स्कूली पाठ्यक्रम में शामिल करने की वकालत की है। इस विषय के अंतर्गत अंतरराष्ट्रीय राजनीतिक संबंध, संयुक्त राष्ट्रसंघ, परमाणु हथियारों के खतरे, गरीबी, भुखमरी, अन्याय, शोषण, विश्व तनाव आदि के बारे में जानकारी दी जाती है। इस प्रकार के पाठ्यक्रम की अपनी विशेषता है। ये इस प्रकार की सूचनाएँ नहीं हैं कि परीक्षार्थी रट कर पास हो जाए और फिर भूल जाए। शांति शिक्षा का संबंध हृदय और मस्तिष्क से है और इसकी दृष्टि यह होनी चाहिए कि शांति के लिए कोई मार्ग नहीं है, शांति ही मार्ग है। शांति शिक्षा का अर्थ है- शांति से जीना सीखना, तनावों व संघर्षों से मुकाबला करना तथा उसका समाधान सीखना। बुनियादी तालीम यहीं प्रासंगिक है।

संदर्भ

1. महात्मा गांधी, प्रशिक्षु अध्यापकों से बातचीत, हरिजन, 18 फरवरी, 1939, गांधी समग्र, भाग-68, पृ. 372-73
2. महात्मा गांधी, हरिजन, 11 अप्रैल, 1937, संपूर्ण गांधी वांङ्मय, खंड-65, पृ. 82
3. महात्मा गांधी, हरिजन, 31 जुलाई 1937, संपूर्ण गांधी वांङ्मय, खंड-65, पृ. 487
4. निम्न सिद्धांतों को 22-23 अक्टूबर, 1937 को वर्धा में आयोजित वर्धा शिक्षा परिषद के सम्मेलन में प्रस्ताव के रूप में पारित किया गया जिसे अखिल भारतीय कांग्रेस का फरवरी-मार्च, 1938 में हुई वार्षिक बैठक में राष्ट्रीय शिक्षा नीति के रूप में स्वीकार किया गया।
5. महात्मा गांधी, नयी तालीम की मूल कल्पना, हिन्दुस्तानी तालीम संघ, सेवाग्राम, वर्धा, पृ. 2
6. महात्मा गांधी, वर्धा शिक्षा परिषद् 1937 का विवरण, हिन्दुस्तानी तालीम संघ, सेवाग्राम, पृ. 32

7. जाकिर हुसैन, डॉ. जाकिर हुसैन समिति का विवरण, हिन्दुस्तानी तालीम संघ, सेवाग्राम, पृ. 127
8. महात्मा गांधी, उद्धृत - नयी तालीम-समग्र जीवन की तालीम, समग्र नयी तालीम, संपादक, शिवदत्त, नयी तालीम समिति, सेवाग्राम, 2006, पृ. 388
9. वही,
10. वही, पृ. 389
11. वही, पृ. 390
12. वही,
13. वही,

●●●